LES ENNEMIS

DE

VOLTAIRE

PAR

M. CHARLES NISARD

L'ABBÉ DESFONTAINES

FRÉRON

LA BEAUMELLE

PARIS : AMYOT, RUE DE LA PAIX

1853

AVIS.

L'auteur et l'éditeur de cet ouvrage se réservent le droit de le traduire ou de le faire traduire en toutes langues. Toutes contrefaçons ou traductions, faites au mépris de leurs droits, seront poursuivies en vertu des lois, décrets et traités internationaux.

LES ENNEMIS

DE

VOLTAIRE

DU MÊME AUTEUR

LE

LE TRIUMVIRAT LITTÉRAIRE
AU XVIᵉ SIÈCLE

JUSTE LIPSE, JOSEPH SCALIGER, ISAAC CASAUBON

1 vol. in-8º — Prix : 7 fr. 50 c.

Imprimerie ERNEST MEYER, 3, rue de l'Abbaye, à Paris.

PRÉFACE.

On se hasarde à publier ce livre, écrit pour la plus grande partie du moins, un peu tumultuairement, dans les premiers mois qui succédèrent à la révolution du 24 février. Le sujet n'en est pas nouveau sans doute, puisqu'il s'agit des querelles de Voltaire avec trois de ses principaux critiques ; mais comme il est à parier que la plupart des lecteurs ne connaissent de ces querelles que le gros, et qu'ils en jugent encore suivant l'impression dont ils ont été affectés par la couleur que leur a donnée Voltaire, on a pensé qu'il ne serait peut-être pas sans intérêt pour eux de voir le détail des faits qu'on a recueillis, soit dans Voltaire lui-même, soit dans les écrits de ses adversaires, s'expliquer, se contrôler et s'éclaircir par ce parallèle ; ce qui est le moyen le plus propre de conduire à la découverte de la vérité.

De ces trois critiques de Voltaire, deux sont journalistes ; le troisième ne l'était pas, bien qu'il ne lui manquât rien pour l'être, s'il eût voulu s'en donner la peine.

La puissance d'un journaliste dans la république des lettres était alors comme elle l'est encore aujourd'hui, considérable. Et ce qu'il y a de curieux, c'est que le journaliste qui n'a pas en général une médiocre idée de cette puissance, ne sait heureusement pas toujours jusqu'où elle peut aller; son journal devenant pour lui à la longue ce qu'une jolie femme devient pour son mari, un objet dont on perd de vue les qualités supérieures par l'usage qu'on fait tous les jours de ses qualités communes.

Cependant, même avec cette ignorance ou ce dédain de sa force, il en reste encore assez au journaliste pour qu'il n'ait rien à craindre d'une lutte avec le plus vigoureux athlète de la presse, qui ne serait pas journaliste. Considérez, je vous prie, quels avantages énormes, incalculables, il retire de la faculté d'entrer en lice tous les jours, de parler tous les jours à vingt, trente, quarante, cinquante mille lecteurs, de leur parler seul et avec la certitude de n'en être point contredit, puisque l'Évangile n'a pas plus d'autorité aux yeux des abonnés d'un journal que ce journal même; considérez encore qu'il n'attend pas, comme y est obligé l'auteur d'un livre, que le chaland vienne acheter sa feuille au lieu où elle se fabrique, mais que le même jour et au même moment l'État la transporte à des frais insignifiants sur toute la surface de la France et dans tous les pays de la terre; que s'il a quelque intérêt d'amour-propre ou de parti à affirmer un fait, il le reproduit dans les numéros de demain, d'après-demain, de tous les jours, jusqu'à ce qu'il juge que ce fait est solidement établi dans la croyance de ceux à qui il lui importe de le persuader; que s'il lui arrive de quelque part un démenti et que la loi le force à l'imprimer, il le fera précéder ou suivre de réflexions qui en atténueront la portée, il pourra même y revenir dans le plus prochain numéro, y trouver de nouvelles objections et donner enfin si bien le change aux lecteurs, qu'ils finiront par croire que c'est le démenti qui en a menti.

Il est hors de doute que quiconque, gouvernement ou simple particulier, voudra lutter à armes égales, c'est-à-dire de contradiction et de persévérance contre un instrument de publicité de cette nature, devra nécessairement se lasser le premier, et marquer par son silence qu'il s'avoue à peu près vaincu. Outre que bien peu de gens sont d'humeur à engager cette lutte, à cause des fâcheux effets qui peuvent résulter d'une polémique où de part et d'autre on finit par perdre de vue la modération et les convenances.

Voltaire ne savait pas tout cela, quand il osa trouver mauvais que Desfontaines et Fréron le critiquassent. Avec le secours de tout son talent, avec la complicité de la plus puissante coterie philosophique et littéraire qui fût jamais, les encyclopédistes; avec la tolérance, que dis-je, avec l'appui de magistrats qui servaient ses vengeances presqu'aussi religieusement que si elles eussent été des prescriptions de la loi; avec une armée d'intrigants lettrés à ses gages, qui signaient ses libelles ou en acceptaient la responsabilité quand ils étaient anonymes; enfin, et pour tout dire en un mot, avec l'opinion publique dont la faveur lui servait d'égide, Voltaire ne laissa pas de se sentir souvent désarmé en face du journalisme. La violence de ses plaintes, ses mensonges, ses ruses, toutes ses démarches enfin pour parvenir à faire cesser les attaques auxquelles il était en butte, et comme il disait, à en obtenir justice, tout cela joint à la complaisance pour lui du lieutenant de police qui voulait bien prendre la peine de discuter avec lui sur la nature du châtiment à infliger à ses censeurs, et qui lui conseillait de s'adoucir et d'être clément, tout cela, dis-je, prouve manifestement que Voltaire ne se faisait aucune idée juste ni de la puissance, ni des devoirs du journalisme, et que les magistrats ne les comprenaient pas plus que lui.

Quant à Desfontaines et à Fréron, il est certain qu'ils furent très-étonnés d'abord d'être si terribles, et qu'avant les mépris et les persécutions de Voltaire, ils pensaient faire la besogne du monde la plus légitime, sinon la plus innocente. C'est lorsqu'ils virent soulevés contre eux le pouvoir et Voltaire, et que, après avoir résisté avec quelque succès aux efforts de cette association faite en vue de les opprimer, ils eurent balancé la victoire, qu'ils mesurèrent toute l'étendue de leur puissance et qu'ils en abusèrent.

Il est sûr que la destinée de la critique, comme cela eut lieu dans la seconde moitié du XVIIIe siècle, avait suivi la destinée du goût et déchu avec lui. Ce n'est pas qu'elle n'eût encore et à un très-haut degré (les feuilles de Desfontaines et de Fréron en sont la preuve) le sentiment du beau ; mais déjà, tout en protestant en général au nom des vrais principes, elle les oubliait elle-même sitôt qu'elle avait intérêt à nuire à quelque auteur, et, par le mauvais ton, la violence et la partialité souvent révoltante de ses censures, elle outrageait continuellement ce goût dont elle prétendait dicter les arrêts. En quoi malheureusement le public semblait conspirer avec elle. Si personne n'était plus méprisé de lui que les Fréron et les Desfontaines, rien ne l'amusait autant que leurs insolences; rien ne le divertissait même comme les représailles ou les châtiments qu'elles leur attiraient. On peut même dire que ses sentiments à cet égard étaient pris en considération par les magistrats chargés de réprimer les délits de la presse, et qu'ils pesaient sur leurs décisions. Par exemple, ce ne fut pas tant à cause de l'influence et des amitiés de Voltaire, qui s'agitaient en faveur de ce dernier et étaient puissantes, que Desfontaines fut forcé de désavouer honteusement ses libelles, ce ne fut pas tant, dis-je, à cause de cela, que parce que le public attendait impatiemment qu'on lui fît voir un journaliste et tout à la fois un prêtre réduit à mentir pour sauver sa liberté, et qu'il eût regardé la suppression de cette contrainte avilissante comme un vol fait à ses plaisirs. Il en était de même à l'égard de Fréron. Non-seulement on se réjouissait qu'il fût de temps en temps mis à l'ombre au For-l'Évêque, mais encore à Paris, à Nantes et partout où on jouait l'*Écossaise,* le public se donnait rendez-vous au parterre pour battre des mains aux passages où Fréron était diffamé.

Aussi, la critique modérée et décente était-elle sans crédit. Les chutes successives du *Journal des Savants*, au commencement et au milieu du siècle, celle des *Observations* de l'abbé de La Porte, la suspension momentanée du *Mercure*, et enfin la mort de plusieurs autres recueils littéraires où, comme dans ceux-là, on observait quelque mesure, attestent qu'il fallait que le journalisme fût inique et brutal, s'il voulait intéresser et prospérer.

Sous ce rapport, le public d'aujourd'hui n'a peut-être pas changé d'esprit, mais ses sentiments envers le journalisme n'ont pas ce caractère de mépris et de malveillance qu'ils avaient autrefois. Est-ce parce que le public est blasé, et que, en littérature du moins, il sait faire quelque sacrifice à son amour pour le scandale, en faveur de la justice et de l'humanité? Je ne décide pas.

Ceux qui, de nos jours, exercent la profession de journaliste avec conscience et avec talent, sont respectés, sont aimés même et du public et des auteurs ; mais ceux qui n'ont ni l'un ni l'autre et ne savent qu'insulter, on les laisse donner cours à leur humeur malsaine, sans demander aux lois qu'elles les suppriment pour cause de salubrité publique, et même en conjurant leurs rigueurs si elles jugent à propos d'intervenir. Et encore que les premiers se montrent sévères, ils ne laissent pas d'être tenus pour des juges dont les arrêts ont droit à l'obéissance, surtout si ces arrêts sont motivés sur la connaissance de la matière qui en est l'objet, et s'ils sont rendus en termes honnêtes et courtois. L'auteur ayant l'amour-propre le plus délicat cédera plus facilement à la critique faite avec décence et modération, que l'auteur le plus modeste, à la critique impertinente ou grossière. Dans ce cas, c'est l'auteur vain qui se corrige et l'auteur modeste qui persévère. D'où on peut voir de quelle importance est le ton dans la critique, et combien il est essentiel, pour donner crédit à cet art difficile, que le journaliste ne sacrifie pas par exemple à l'unique plaisir de faire briller son esprit, la justice et les égards qu'il doit aux auteurs, afin qu'on ne le soupçonne pas d'avoir moins voulu juger un livre sérieusement et de bonne foi, que saisi l'occasion de ce livre pour donner une idée avantageuse de son propre mérite.

Ce défaut est très-commun dans Desfontaines et Fréron. L'abus qu'ils font de l'ironie en est une preuve. Rien ne montre mieux que cette figure, laquelle n'a pas toujours, il s'en faut, l'avantage d'être convainquante, qu'on manque de raisons solides contre les auteurs dont on a entrepris la critique, et qu'on couvre son impuissance à la faveur de jeux d'esprit qui ne sont la plupart du temps que des jeux de mots.

Aussi, n'est-ce pas comme critiques ayant su à merveille se défendre contre leur adversaire et encore mieux l'attaquer; ce n'est pas comme journalistes n'ayant pas craint de se ménager des succès par le scandale et de se faire assez d'amis parmi les médiocrités littéraires qu'ils ont prônées pour imposer aux hommes de talent qu'ils ont déchirés; ce n'est pas non plus comme ayant été très-habiles à manier l'ironie, le seul tempérament qu'ils apportassent à leurs critiques ; ce n'est pas sous ces différents aspects qu'il faut les considérer ; ils sont dignes qu'on cherche, sinon qu'on établisse ailleurs les fondements de leur renommée. C'est par leur goût sévère, par leur inviolable respect pour la tradition littéraire du XVII° siècle, par leur méthode de critique, toujours excellente, quand ils sont de sang-froid et désintéressés, qu'il faut les juger. Il est tels passages de leurs copieux écrits qui ne dépareraient pas trop un cours de littérature ; et pour ma part, j'ai toujours regretté qu'on n'ait pas fait pour Fréron ce que l'abbé de La Porte a fait pour Desfontaines. C'est dans les feuilles de ce journaliste que l'abbé a puisé tous les morceaux dont il a composé le recueil intitulé : *Esprit de Desfontaines*. Il y a dans ce recueil classé suivant un ordre méthodique, intelligent, des morceaux très-remarquables. Fréron méritait qu'on l'honorât d'un pareil recueil, ne fût-ce que pour sa critique de théâtre, qui est fine et savante, quoiqu'un peu prolixe, et où il surpassait Desfontaines.

Au reste, ce livre n'est que le commencement d'un travail que je me suis proposé d'achever un jour sur tous les écrivains qui ont eu des démêlés avec Voltaire et qu'on est convenu d'appeler ses ennemis.

1ᵉʳ Janvier 1853.

LES
ENNEMIS DE VOLTAIRE.

L'ABBÉ DESFONTAINES.

CHAPITRE PREMIER.

Le grand siècle littéraire en France, le XVIIe siècle, venait d'expirer. Racine, Bossuet et Boileau étaient morts à douze ans de distance (1699 à 1711); Fénelon ne leur avait survécu que de trois ans. Ainsi privé de ses plus illustres maîtres, le goût commença bientôt à déchoir, laissant dans l'âme de la génération littéraire, témoin et agent de sa décadence, le souvenir d'un tyran inflexible plutôt que d'un sage législateur.

Alors on s'affranchit peu à peu de son joug, et d'aristocratique qu'elle était, la république des lettres devint démocratique. Aux grands, aux vrais écrivains, succédèrent les hommes de lettres, lesquels prenant leur impuissance pour l'effet d'un assujétissement trop exclusif aux règles, crurent trouver le génie dans l'indépendance de l'esprit, et, comme aujourd'hui, donnèrent à des fantaisies de l'imagination le nom pompeux de progrès.

Fontenelle, que Fréron appela plus tard « le cor-
« rupteur de tous les genres d'écrire, » auquel il
reprocha de n'être « ni un grand homme, ni un gé-
» nie, mais un esprit souvent faux et louche » (Ann.
littér., 1759; tom I., p. 325), Fontenelle, disons-
nous, quoique contemporain des quatre personnages
cités plus haut, et Lamotte-Houdard, déployèrent les
premiers le drapeau de la révolte. Jean-Baptiste
Rousseau, avec plus de retenue et surtout avec plus
de talent que le second, ne laissa pas non plus que
de s'émanciper à leur exemple. Voltaire enfin, qui
les surpassa tous les trois par le goût, ou n'eut pas
assez de génie pour réparer le mal fait à cet objet
principal de son culte, ou lui porta lui-même de si
graves atteintes pour le besoin de sa polémique, qu'il
détruisit par ses écarts le bon effet de ses plus énergiques prédications. En un mot, l'art était en décadence; mais la critique allait triompher.

Parmi les gens de lettres qui la cultivèrent avec
succès, mais qui l'avilirent jusqu'à en faire l'instrument des plus odieuses calomnies, on remarque surtout Desfontaines, Fréron et La Beaumelle, tous
trois ennemis fameux de Voltaire. Mais aucun d'eux,
si ce n'est peut-être La Beaumelle, ne fut plus haï
de ce grand homme que Desfontaines, parce que
cette haine avait pris sa source dans la rancune que
laissent au fond d'une âme vindicative l'ingratitude
d'un obligé et la trahison d'un ami.

Pierre-François-Guyot Desfontaines naquit à
Rouen le 29 juin 1685. Il semble que la Providence, en le faisant naître en Normandie, dans le

pays de la chicane, et d'un père conseiller au Parlement, l'ait destiné à devenir quelque jour un suppôt de Thémis, ou, au pis-aller, un membre de la corporation hargneuse des procureurs. Néanmoins, elle permit qu'il embrassât la profession de critique, apparemment parce que cette profession s'éloignait le moins des deux autres, et que le besoin de chamailler trouve aussi bien à se satisfaire au moyen de la plume dans les feuilles d'un journal, qu'au moyen de la parole sous les voûtes d'une chambre de justice.

Desfontaines étudia et professa chez les Jésuites. Au bout de quinze ans, il s'ennuya de cette dépendance, sortit des Jésuites, et, avec la protection du cardinal d'Auvergne, obtint la cure de Thorigny, en Normandie.

A sa sortie des Jésuites, il avait trouvé un protecteur puissant dans ce cardinal d'Auvergne, le même qui lui avait fait obtenir sa cure, qui aimait les gens de lettres et qui le garda quelque temps chez lui. Depuis que l'emploi de bouffon près du prince avait été supprimé, on y avait suppléé par celui d'homme de lettres. Il est vrai que les princes subalternes seuls et quelques grands seigneurs s'étaient, après les rois, arrogé sur l'esprit ce droit de protection directe et humiliante; mais le préjugé s'en accommodait, et un homme de lettres aimait presque mieux être le commensal d'un grand et en user familièrement avec lui, que d'être le pensionnaire d'un roi et de lui être suspect.

L'obligation de dire la messe et de lire tous les

jours son bréviaire, parut à Desfontaines une nouvelle dépendance aussi lourde que la première. Bientôt son amour pour la liberté et un goût très-vif pour les lettres l'empêchèrent de remplir ses devoirs de pasteur. Alors il se démit de son bénéfice, ne voulant pas en toucher les revenus, sans le desservir.

L'abbé de La Porte (Esprit de Desfontaines, tom. I, préf.) loue fort cette délicatesse qui ne faisait pas moins d'honneur, dit-il, à la religion de l'abbé Desfontaines qu'à son désintéressement. On est de cet avis. On aura dans la suite si peu d'occasion de louer l'abbé Desfontaines, qu'il y aurait mauvaise grâce à ne pas s'associer à l'éloge que lui donne ici son abréviateur et son biographe.

Son début dans la carrière des lettres est modeste. Alors que nul écrivain n'eût osé signaler son existence autrement que par une tragédie et souvent même par un poème épique, lui, par une sage défiance du peu de solidité qui caractérise les débuts ambitieux, même quand ils sont couronnés de succès, écrivait une simple ode *Sur le mauvais usage qu'on fait de sa vie.*

Elle est dans le tome VI, page 127 des *Amusements du cœur et de l'esprit,* par Bruys.

Parmi la foule de lieux communs sur la vie qu'elle referme et que Jean-Baptiste Rousseau seul a pu élever à la hauteur de pensées neuves et sublimes; parmi de nombreuses antithèses qui tombent à la fin des strophes et qui donnent à celles-ci un faux air d'épigrammes, on remarque pourtant quelques vers qui valent la peine d'être retenus. Par exemple :

La vie est la première idole
Qui reçoit l'encens des mortels :
Cependant hélas! on l'immole
Aux pieds de ses propres autels.
L'ambition la sacrifie
A la glorieuse manie
De s'exposer dans les combats ;
Comme si la funeste gloire
Que nous assure la victoire
Nous dédommageait du trépas.

. . . .
Souvent, par une erreur fatale,
L'homme se plaint de l'intervalle
Qui retarde un heureux moment ;
Épris d'une indiscrète envie,
Il consent d'abréger sa vie
Pour hâter son contentement.

Cela n'annonçait pas sans doute un Pindare ; cela ne promettait pas même un La Motte dont notre abbé se montrera bientôt l'impitoyable censeur, faute de pouvoir être son rival : cependant, il y a dans ces vers une certaine mélodie qui ne déplaît point à l'oreille. Les quatre premiers de la première strophe sont une heureuse image. La contradiction qui gouverne les hommes dans l'usage de la vie, c'est-à-dire, la passion qu'ils ont pour la vie, et le peu de soin qu'ils en prennent, y est rendue avec une sobriété qui n'est dépourvue ni de force ni de grandeur.

En voici d'autres où la même idée est reproduite avec une variété d'expressions qui fait qu'on pardonne volontiers au poète de s'être répété :

Ah ! s'il est vrai que l'homme s'aime,
D'où vient que de se voir lui-même
Jamais son cœur ne se repaît ?
Quelle erreur, ou quelle faiblesse !
A le voir s'éviter sans cesse
Ne dirait-on pas qu'il se hait ?

Mais, n'est-ce pas s'arrêter plus que de raison sur une pièce dont le principal mérite est d'être un coup d'essai?

Rappelons seulement, avant de passer outre, qu'elle eut les honneurs d'une double traduction en hexamètres latins, l'une, *dans le goût d'Horace*, par M. Morice, élève de rhétorique au collége de Rennes, l'autre, *dans le goût de Juvénal*, par M. Fleuriau, élève de la même classe. Ainsi, aux yeux de ces excellents jeunes gens (car ils jugeaient eux-mêmes en ces termes de leur travail), l'ode de Desfontaines était à la fois une de ces causeries philosophiques familières au poète de Venouse, et une invective dans la manière du poète d'Arpinum; mais elle n'était pas une ode. On ne pouvait pas en faire une critique plus innocente et plus juste. En effet, l'ode de Desfontaines est une amplification de collége plus ou moins heureusement versifiée, et les deux rhétoriciens, en la rhabillant avec des centons d'Horace et de Juvénal, n'ont fait que restituer à ceux-ci les pensées que Desfontaines leur avait dérobées.

Desfontaines mit aussi en vers quelques psaumes. S'il le fit dans le dessein pieux de mortifier ses lecteurs, il y a parfaitement réussi. Après la lecture de ses psaumes, il n'est pas de péché qu'on ne rachète, à commencer par celui d'impatience.

Il vit enfin qu'il n'était pas né pour la poésie et prit un ferme propos d'y renoncer à jamais. Toutefois, si l'on en croit Voltaire, il ne put se défendre, dans le temps de la plus haute faveur du cardinal de Fleury, de faire contre ce prélat l'épigramme suivante :

> Du passé conservant un léger souvenir,
> Ébloui du présent, sans prévoir l'avenir ;
> Dans l'art de gouverner décrépit et novice,
> Punissant la vertu, récompensant le vice,
> Fourbe dans le petit et dupe dans le grand ;
> Malgré son air altier accablé de son rang ;
> On connaît à ces traits, même sans qu'on le nomme,
> Le maître de la France et le valet de Rome.

Voltaire (A Thiriot, 23 avril 1739) ne trouvait de bon dans cette épigramme que ce vers :

> Fourbe dans le petit et dupe dans le grand.

ajoutant qu'on lui faisait le cruel honneur de le lui imputer. On ne lui rendait pas complétement justice, car l'épigramme tout entière est de sa façon.

J'en donnerai deux raisons : la première est que l'imputation de Voltaire n'est fondée sur aucune preuve, si ce n'est que, selon lui, Desfontaines faisait des vers *incognito;* la seconde est que l'épigramme est tellement dans l'esprit de Voltaire, on y trouve si bien son style, son goût pour l'antithèse et jusqu'à son mépris pour la cour de Rome, qu'il n'est pas douteux qu'elle ne soit de lui. La profession de Desfontaines surtout le mettait à l'abri de ce dernier soupçon, outre que, en sa qualité d'ex-jésuite, il était trop respectueux envers le Saint-Siége et trop partisan de la soumission absolue envers le pape, pour railler un cardinal de l'avoir poussée si loin.

Ainsi pensèrent d'ailleurs les contemporains de Voltaire.

Après la publication de ses psaumes, Desfontaines vit qu'il s'était trompé de genre et qu'il ne rimerait que malgré Minerve. Il brisa sa lyre ; mais la rancune lui resta au cœur.

Il ne pardonna guère à la poésie française le tort qu'elle lui avait fait, et il s'en vengea plus tard en la calomniant.

Il y a dans ses *Observations sur les écrits modernes* plusieurs passages où l'on trouve les traces de sa rancune. On me permettra d'en offrir ici des échantillons :

« Auprès des vers latins, dit-il, les vers français ne sont à mon gré, oserai-je le dire, que des colifichets barbares. Nos ennuyeuses rimes ont cependant presque étouffé parmi nous le goût de la poésie latine, si flatteuse pour l'oreille, par sa mesure et par sa cadence, et si agréable à l'imagination, en peignant les objets bien autrement que ne peut faire notre langue vulgaire. Non que la versification française n'ait ses grâces et ses charmes ; mais il faut avouer qu'elle n'approche pas de la versification des anciens Romains, non plus que de celle des Grecs qui lui a servi de modèle. Les agréments de la nôtre sentent toujours leur origine, c'est-à-dire, la barbarie et l'ignorance. » (Observations sur les écrits modernes, tom. V, pag. 195.)

« Bien des personnes sont médiocrement touchées du talent de la poésie. J'avoue que si l'on consulte une austère philosophie, il est assez difficile de justifier cette gêne que l'on se donne, pour exprimer ses pensées avec une certaine cadence, et pour les renfermer dans un certain nombre de syllabes. La parole étant uniquement destinée à faire passer les pensées de notre esprit dans celui des autres, il semble contraire à la raison, de se rendre l'usage de ce moyen si difficile et si incommode. » (Ibid., tom. XIX, pag. 121.)

Et enfin :

« Les vers sont indifférents pour la poésie. Plusieurs odes de Pindare ne sont point en vers, et toute la poésie hébraïque qui tire sa force de sa liberté, n'est assujétie à aucune mesure. La langue française, comme celle des hébreux, est expressive, très-touchante, en pure prose. Notre idiome ainsi que notre génie, respire naturellement l'heureuse liberté. La mesure et la rime sont un esclavage. Notre Parnasse moderne est donc une galère, et nos rimeurs des forçats. » (Jugements sur les écrits nouveaux, tom. I, pag. 18).

Ne croirait-on pas entendre les récriminations d'un amant chassé par sa maîtresse, pour n'avoir pas eu le talent d'entretenir chez elle la haute opinion qu'elle s'était faite de son mérite? Que signifie ce jargon, sinon que Desfontaines ayant été mauvais poëte, ça été la faute de la poésie et non la sienne? Je veux bien que les vers soient indifférents en poésie : mais où Desfontaines qui ne savait pas le grec, a-t-il vu que Pindare avait fait des odes en prose? Son antipathie pour La Motte qui voulait qu'on en fît de pareilles, et dont il s'est si bien moqué, lui troubla-t-elle la cervelle, au point qu'il ne songeât pas à se renseigner à cet égard? Le Parnasse français est une galère : parbleu! qui en doute? Ce n'est pas Boileau qui passait une journée à marteler cinq ou six des meilleurs vers qu'il ait jamais faits : ce n'est pas non plus Racine qui écrivait *Athalie*, comme pour prouver qu'on pouvait intéresser, passionner le spectateur par la seule magnificence de la poésie, à défaut presque de toute intrigue dramatique.

Fréron qui fut l'élève de Desfontaines, ne s'exprima jamais ainsi sur la poésie, quoiqu'il en eût également fait de mauvaise. Aussi Voltaire l'estima-t-il toujours, littérairement parlant, plus que Desfontaines; il lui en donna des témoignages forcés sans doute, mais à cause de cela même d'autant plus flatteurs, et c'est ce qu'il refusa à Desfontaines.

Notre abbé revint enfin à sa nature normande, et arbora l'étendard de la chicane, sous le titre de critique.

Il finissait donc par où d'ordinaire commencent tant d'écrivains qui s'asseyent résolument sur le siége de juge, avant d'avoir donné aucun gage de leur mérite comme justiciables; mais du moins s'il manqua d'équité, on ne peut pas dire qu'il manqua de science. A part ses mauvaises mœurs, sa mauvaise foi et sa méchanceté, il montra dans sa nouvelle profession une intelligence, un savoir, un esprit, un goût, que pas un de ceux qui l'avaient précédé dans la carrière ou qui lui avaient fait concurrence, n'égala jamais.

CHAPITRE II.

Le premier ouvrage qui le tenta, est la *Religion prouvée par les faits*, par l'abbé Houteville. Desfontaines l'examina et publia à ce sujet des remarques historiques, philosophiques et théologiques, en vingt *Lettres*, qui peuvent être très-savantes, mais qui ont aussi une propriété soporifique très-fortement accusée. Elles n'en firent pas moins beaucoup de bruit. Les hommes compétents qu'elles intéressèrent ne manquèrent pas de les attribuer au père Hognan, jésuite, soit pour ne pas dépouiller la Société de l'honneur d'avoir écrit un livre ennuyeux, soit par jalousie contre Desfontaines; car le mérite de notre abbé commençait déjà d'offusquer les yeux. Néanmoins on reconnut qu'il avait eu part à ces *Lettres*, en ce sens qu'il avait, en effet, critiqué le style de l'ouvrage, mais qu'il avait laissé au père Hognan le soin de juger le fond. Ainsi Desfontaines fut libre de croire que son collaborateur seul était responsable de l'ennui du public, et que le peu d'intérêt qu'on trouvait à la lecture de ces *Lettres* revenait de droit aux observations du grammairien.

Mais, à vrai dire, on ne rencontre le critique, sinon supérieur, du moins vif, enjoué et sarcastique que dans les *Paradoxes littéraires*, écrits à l'occasion de la tragédie d'*Inès de Castro*, d'Houdard de La Motte. Il les publia en 1723.

Il en expose ainsi le but dans une espèce d'avant-propos :

« Tout le monde sait que le *Paradoxe* est une proposition extraordinaire et contraire au sentiment commun des hommes, à laquelle on prête certaines couleurs qui la rendent vraisemblable. Le faux comme le vrai est du ressort du paradoxe, mais plus souvent le faux. Quand on dit à un homme qu'il avance un paradoxe, c'est comme si on lui disait que son sentiment, étant opposé à l'opinion commune, est en même temps opposé à la vérité.

» J'ai donc eu raison d'appeler *Paradoxes* les choses que je vais dire, puisqu'elles sont non-seulement très-peu conformes à l'opinion du public, mais que je les juge moi-même très-fausses. Que si pourtant quelqu'un par hasard les trouve vraies, je déclare que c'est contre mon intention que cet accident arrivera. La méprise sera sur le compte du lecteur et non sur le mien. Je ne prétends point que les réflexions suivantes soient trouvées vraies, mais seulement un peu vraisemblables. Il y a une espèce de plaisir à masquer l'erreur et à imiter le vrai. Ça été mon seul but. Les quatre *Paradoxes littéraires* que je vais avancer, regardent la tragédie d'*Inès de Castro*, estimée avec raison, et que je serais au désespoir d'avilir, n'étant point du tout satirique. »

Pour l'intelligence de ceci et surtout pour bien

sentir l'ironie qui perce au travers de ce dernier paragraphe, il faut dire que, tout en protestant pour la personne de La Motte d'un respect qu'il n'observe pas toujours, Desfontaines s'était posé en critique à outrance des ouvrages de ce poète. Il suppose donc que si certaines gens non moins hostiles à La Motte que lui-même, trouvent vraies les choses qu'il va dire sur La Motte, ce n'est pas une raison pour qu'elles le soient en effet, puisque l'opinion publique, en se déclarant contre elles, leur imprime ce caractère poradoxal qui est le contre-pied du consentement général ; que si cependant elles paraissaient vraisemblables, il aura lieu d'être satisfait, n'ayant pas eu d'autre but que d'arriver à cette simple imitation du vrai, qui amuse sans avilir la personne, objet de cet amusement.

Il reconnait donc volontiers que le public n'a pas tort dans son engouement pour La Motte ; cependant, quel mal y aurait-il si on était d'un autre avis ? Ne peut-on se donner un moment le plaisir de la contradiction ? Et, puisqu'on est convenu de ne se livrer qu'à un jeu d'esprit, le peut-on faire avec succès, si l'on marche à la suite des opinions reçues, et si, ne pouvant être spirituel, on n'est pas au moins singulier ?

Desfontaines soutient parfaitement cette raillerie jusqu'à la fin ; et chose merveilleuse, il convainquit le public dont il refroidit la passion pour *Inès de Castro,* sans cesser de se moquer de lui.

Mais la limite qui sépare la critique même bien intentionnée de la satire est si étroite, qu'en dépit de ses protestations de n'être point satirique, Desfontaines l'eut bientôt franchie. Plus d'une fois, son antipathie pour La Motte l'emporte au-delà des convenances et de l'équité. Non content de rire, comme tout le monde en riait, de la vanité naïve et imperturbable du vieillard, de ses systèmes bizarres touchant les tragédies, les odes et les poèmes épiques en prose, toutes choses qui fournissaient une ample matière à la critique, il n'admet pas par exemple avec La Motte qu'une femme, aimant un homme sans qu'elle en soit aimée, puisse ne pas se venger si l'objet de son amour la reçoit avec froideur, qu'elle favorise l'union de cet homme avec une rivale dont elle sait qu'il est épris, et s'immole elle-même pour n'être pas un obstacle à leur bonheur. Il trouve cette situation contraire aux mœurs et à la nature, donnant ainsi à entendre que, pour un prêtre, il pense des femmes comme le ferait un Lovelace, et montrant de plus qu'il ignore que si la nature n'est pas corrigée par la raison, il faut désespérer de la vertu.

Il est choqué qu'un roi, irrité contre un fils qui s'est marié clandestinement et qui se révolte même pour maintenir intacts l'honneur et les droits de sa femme, laisse tomber sa colère, à l'aspect imprévu des enfants de ce fils; il estime que le sang dans le roi a parlé trop vite, que ce roi ne marchande pas assez sa pitié, qu'il ne tient pas assez rancune à un fils à la valeur duquel il est pourtant redevable de la conservation de sa couronne, et qu'il doit apparemment le poursuivre de sa haine, jusqu'à la troisième génération.

Il insiste d'autant plus sur ce point qu'à la première représentation d'*Inès*, le parterre avait semblé partager son sentiment. A l'arrivée des enfants sur la scène, on n'avait su d'abord que penser de ce coup de théâtre jusqu'alors inusité ; on hésita un moment ; enfin, on prit le parti d'en rire.

Mademoiselle Duclos, qui jouait *Inès*, s'interrompit alors, et dit avec une sorte d'indignation :

« Ris donc, sot parterre, à l'endroit le plus beau. »

Et elle continua son rôle. Les enfants furent applaudis, et la pièce eut plus de quatre-vingts représentations.

Mademoiselle Duclos ne s'était point trompée. La scène des enfants est la plus pathétique et ajoutons la plus conforme à la nature. Le parterre n'en rit pas d'abord ; il rit d'avoir hésité, parce qu'il en fut honteux, et parce qu'on est toujours plus enclin à tourner une faute en plaisanterie qu'à l'avouer spontanément, ingénûment. Mais dès qu'on lui eut fait voir qu'il s'abusait, il fit amende honorable et vengea sur soi-même le poète qu'il avait méconnu.

Il n'en fut pas de même de Desfontaines ; il persista dans son opinion.

« Il est vrai, dit-il (1er *Paradoxe*), que plusieurs ont ri à la vue de trois petits enfants conduits par la gouvernante qui leur fait faire *serviteur* au roi. On ne saurait dire que ce spectacle soit ridicule, et cependant il a fait rire. Pourquoi cela ? C'est que l'enfance paraît dégrader la scène, où l'on est accoutumé de voir des hommes faits et raisonnables, et rien de puéril. Si l'on faisait monter dans la chaire d'une église un enfant de sept ans pour y débiter un sermon appris par cœur et prononcé avec une certaine onction enfantine, j'en serais peut-être touché; mais peut-être aussi serais-je tenté de rire. Les enfants d'Inès offrent à l'esprit et au cœur un certain tragique, mais leur petite figure sur la scène n'offre aux yeux qu'un comique méprisable. Le doute seul où le parterre a été, selon M. de La Motte (Préface d'*Inès*), s'il devait rire ou pleurer, est une satire échappée à cet auteur contre lui-même. »

Tant d'auteurs, depuis La Motte, ont reproduit cette situation sur la scène et avec succès, qu'il est fâcheux pour Desfontaines de n'en avoir pas saisi le mérite, comme de n'avoir pas prévu l'excellent parti qu'on en tirerait dans la suite. Quant à cet enfant qui débiterait un sermon en chaire, on cherche vainement ce qu'il a de commun avec ceux qui viennent représenter sur la scène des personnages muets; la comparaison est donc fausse et par conséquent absurde.

Il résulte de là que Desfontaines était dépourvu de sensibilité. Tout son esprit ne suffit pas pour racheter ce défaut, que peut-être même son esprit lui eût donné, s'il ne l'eût pas eu naturellement.

Il est plus heureux quand il dénonce les fautes de goût de La Motte; mais entraîné par sa verve railleuse, il tombe lui-même dans les mêmes fautes, et ses traits d'esprit ne sont plus que des lazzis de Turlupin.

Quelque docte d'ailleurs que soit sa critique d'*Inès de Castro*, on donnerait les quatre-vingt-dix ou cents pages dont elle se compose pour les quelques vers suivants, parce qu'ils sont plus vite lus, et qu'ils touchent bien plus juste les défauts de cette tragédie, tout en les exagérant :

Combien dans cette Inès que l'on admire tant
  Trouvez-vous d'acteurs inutiles ?
— J'en trouve dix. — Quoi! dix ? c'en est trop. — Tout autant.
— Je hais les spectateurs qui sont si difficiles.
  — De quel usage est don Fernand ?
— A vous dire le vrai, ce muet confident
  Pourrait rester dans la coulisse.
— Que sert l'ambassadeur ? — Sans lui faire injustice,
On pourrait se passer de son froid compliment.
— En voilà déjà deux : passons donc plus avant.
A-t-on plus de besoin de Rodrigue et d'Henrique?
— L'un est un faux amant, l'autre un faux politique.
  — Et les deux grands de Portugal ?
— Ce sont les deux acteurs qui parlent le moins mal. (Ces deux
    personnages sont muets.)
— Parlons des deux enfants et de la gouvernante;
Qu'en direz-vous ? — La scène est fort intéressante ;
Mais on pourrait aussi les retrancher tous trois.
— Quand nous serons à dix, nous ferons une croix.
— Ce dixième à trouver sera plus difficile.
— Et Constance à la pièce est-elle plus utile ?
  — On sait fort peu ce qu'elle y fait ;
Mais tout ce qu'elle dit, c'est le beau. — C'est le laid.
  Fût-on cent fois plus idolâtre
  Des ornements ambitieux,
Tout auteur qui s'en sert pour fasciner les yeux,
  N'entendit jamais le théâtre ;
Et c'est bien insulter au goût des spectateurs,
  Que leur offrir quatorze acteurs
Que Corneille et Racine auraient réduits en quatre.

La critique d'*Inès* par Voltaire est la plus courte et n'est pas la moins spirituelle ! La Motte lui ayant dit à propos de *OEdipe :* « c'est le plus beau sujet du monde ; il faut que je le mette en prose ; » Voltaire lui répondit : « faites cela et je mettrai votre *Inès* en vers. »

Se trouvant un jour au café Procope, dans une réunion de jeunes étourdis qui ne le connaissaient pas et qui déchiraient sa tragédie, La Motte eut la patience de les écouter pendant une demi-heure et de garder l'incognito. Il se leva enfin, et s'adressant à un ami qui était devant lui : « Allons donc, monsieur, lui dit-il, nous ennuyer à la soixante-douzième représentation de cette mauvaise pièce. »

Mais revenons à Desfontaines. Tout ce qu'on pourrait dire de ses critiques et de toutes les autres, au sujet d'*Inès de Castro*, ne vaut pas sans doute ou du moins n'est pas autant l'expression de la vérité, que ce qu'il en dit lui-même plus tard dans son *Nouvelliste du Parnasse*, Tom. I, page 224. Et, chose singulière, dans l'espèce de condamnation qu'il prononce contre elles, il enveloppe les *Paradoxes !*

« Il est certain, dit-il, que ceux qui ont écrit contre M. de La Motte, ont quelquefois manqué d'attention, de modération, et peut-être de bonne foi dans leur critique. Ce reproche peut tomber principalement sur l'auteur des *Paradoxes littéraires*, petit ouvrage à qui l'on a fait plus d'honneur qu'il ne mérite, et sur celui de l'*Apologie* de M. de La Motte, ouvrage trop ironique et trop long. »

On se demande d'où provenait ce revirement d'opinion, d'ailleurs très-honorable, de la part de Desfontaines. Était-ce caprice ou repentir? Mais La Motte venait de mourir lorsque Desfontaines écrivait ces lignes; d'où on peut inférer que le sentiment des injustices du critique se réveilla quand l'objet en eut disparu, et que la haine ou l'amour-propre abdiqua en présence d'un tombeau.

Content de la faveur qu'avaient obtenue les *Paradoxes*, Desfontaines consacra quelques jours à la paresse. Seulement, pour occuper ses loisirs, il se fit éditeur, et jeta les yeux sur l'œuvre la plus considérable de cette époque, sur celle du moins qui excitait le plus vif et le plus général, en un mot sur le poème de *la Ligue*, par M. de Voltaire. On sait que *la Henriade* parut pour la première fois sous ce titre.

Le procédé de Desfontaines était un genre de piraterie littéraire alors fort commun. Ceux qui en étaient victimes le toléraient, parce que la passion de la célébrité trouve son compte à tout ce qui contribue à agrandir celle-ci et à la propager, et que le vieil adage *on ne prend qu'aux riches*, quoiqu'il se vérifiât à leurs dépens, ne laissait pas de les confirmer dans la haute opinion qu'ils avaient d'euxmêmes.

De plus, les livres ainsi publiés étant, pour la plupart, de nature suspecte, les auteurs étaient bien aises, en cas d'accident, d'être en mesure de décliner toute espèce de responsabilité dans l'impression de ces livres, outre qu'ils pouvaient accuser les éditeurs de les avoir falsifiés : ce en quoi ils ne mentaient pas toujours.

Témoin Desfontaines, qui intercala dans le VI⁰ chant de la *Ligue* les deux vers suivants :

En dépit des Pradons, des Perraults, des H...,
On verra le bon goût fleurir de toutes parts.

La rime indique assez que le mot laissé en blanc s'applique à Houdard de La Motte.

Ainsi Desfontaines trouvait commode de donner encore quelque petite satisfaction à sa vieille haine contre La Motte, en en mettant l'expression dans la bouche de Voltaire.

Je vous laisse à penser comment Voltaire apprécia le procédé.

Le *Journal des Savants* venait de mourir encore une fois. L'histoire des différentes vies et morts de ce premier recueil périodique de critique littéraire en France est assez curieuse pour qu'on s'y arrête un moment.

Le *Journal des Savants* fut fondé en 1672, par M. de Sallo, conseiller au Parlement de Paris.

Au lieu de se borner à de simples extraits des ouvrages, les rédacteurs de ce journal crurent qu'il fallait prendre plus au sérieux les devoirs de critique, lesquels, pensaient-ils, ne leur commandaient pas de louer exclusivement les auteurs, quelque mince que fût leur mérite. Mais tous les auteurs, bons et mauvais, également irrités contre leurs juges, se liguèrent pour demander la suppression de ce journal, qui mourut, pour ainsi dire, le lendemain du jour où il était né. L'abbé Gallois entreprit de le faire revivre;

mais oubliant trop tôt la leçon qu'avaient reçue ses devanciers, il s'émancipa, trouva bientôt sur son chemin les mêmes ennemis, et vit son journal périr de leurs mains, d'autant plus coupable qu'il était récidiviste.

Il en fut de même des tentatives du docte président Cousin.

C'était le second magistrat qui succombait à cette tâche, et puisque le caractère respectable de ces personnages n'était pas une garantie suffisante contre la haine des écrivains, il n'était pas à espérer que d'autres rédacteurs s'offrissent pour remplacer les premiers et que le journal pût se relever de longtemps.

Aussi, le crut-on supprimé pour toujours. La Hollande eut pour le coup le monopole de la critique des ouvrages français.

Mais on eut bientôt honte de recevoir de l'étranger des jugements littéraires que tant de gens en France étaient en état de porter, et la vanité nationale, rappelant le courage au cœur des critiques français, fit encore une fois renaître de ses cendres le *Journal des Savants*.

Un illustre abbé, M. Bignon, conseiller au Parlement de Paris, fut chargé de pourvoir aux premiers besoins du nouveau-né.

Il fit choix de quelques écrivains qui devaient traiter chacun les matières qui convenaient le plus à son talent et à son genre d'étude.

Les plus connus étaient M. Andry, médecin de la Faculté de Paris, et l'abbé Raguet.

Rien de plus opposé que ces deux caractères.

L'un, Andry, examinait principalement les ouvrages qui regardaient sa profession. Imbu du préjugé qui mettait au-dessous des médecins les suppôts de la confrérie de Saint-Côme, c'est-à-dire, les chirurgiens, et les ravalait au rang de garçons servants des Purgon et des Diafoirus, il dénigrait impitoyablement tout ouvrage qui sortait de leurs mains, frondait leurs velléités d'indépendance, et tendait sans cesse à les ramener sous le joug des médecins. Aigre d'ailleurs, personnel, entêté, satirique, sans finesse et sans grâce, il était pourtant distingué dans sa profession; mais infiniment moins savant, moins spirituel que Gui-Patin, il était aussi intolérant. Il n'épargnait pas non plus ses confrères quand l'occasion s'en présentait. Ce tyran de la Faculté était l'ami de Voltaire.

L'autre, l'abbé Raguet, était l'homme du monde le plus doux et le plus traitable. Il voyait tout en beau. L'optimisme était son dieu. Ayant deux ou trois places et à peu près autant de bénéfices, plus heureux que le docteur Pangloss, mais aussi philosophe que lui, il en avait adopté la maxime : que tout est pour le mieux dans le meilleur des mondes possibles, et de plus, il pensait que chacun a le droit de ne pas être troublé dans la jouissance des biens que lui a départis la Providence. C'est pourquoi il était attentif à chatouiller agréablement la fibre sensible des gens de lettres et à ne mortifier personne.

Le premier était un brutal qui ne se mettait guère en peine de se faire des ennemis, et il y réussissait à son gré; le second était un doucereux qui, ayant un but contraire, y réussissait avec un égal succès.

L'un, bourdon disgracieux, l'autre, sonnette au timbre argenté, et tous deux alternant leurs sons à des intervalles réglés, produisirent dans le *Journal des Savants* une sorte de duotonie, s'il est permis de parler ainsi, qui mit en fuite les abonnés.

Le pauvre journal allait mourir encore. On pensa que son malaise venait apparemment de ce qu'il n'avait qu'un médecin; on lui en donna trois! Ce qu'il advint, on le devine assez. Le mal empira. Quelques chirurgiens, par des brochures où les insolentes doctrines d'Andry et consorts étaient discutées, ne laissèrent pas au moribond un moment de répit. De son côté le trio médical continua d'y dérouler le tableau lugubre de toutes les infirmités humaines, et la peste de Marseille qui arriva en 1720, ayant donné lieu à l'examen d'une quantité considérable de brochures qui parurent à cette occasion, il n'y eut plus moyen, dit l'abbé de La Porte, de soutenir la lecture du journal. Les libraires ne voulurent plus l'imprimer, et il dut périr encore au commencement de l'année 1723.

Les railleurs dirent à ce sujet que le *Journal des Savants*, étant en proie aux médecins, ne pouvait pas vivre longtemps et qu'il était enfin mort de la peste.

Dans ces circonstances, l'abbé Desfontaines fut appelé à le restaurer. Il se prêta sans peine à une entreprise si conforme à son goût, et le *Journal des Savants* reparut au mois de janvier 1724, après une interruption de sept mois.

Dans un avertissement, les éditeurs, sans doute

par l'organe de Desfontaines, annoncent quelques changements dans l'exécution matérielle du journal. Ils y posent ensuite le plan de leur critique. Un danseur sur la corde raide ne manie pas mieux le balancier.

Il peut être intéressant de mettre en regard des prospectus d'aujourd'hui ce prospectus d'autrefois.

« Nous nous éloignerons également, disent les nouveaux éditeurs, de la basse flatterie et de la censure amère. Nous voudrions pouvoir toujours louer, mais l'équité s'y oppose. Le bon goût et le progrès des lettres sont intéressés au discernement des ouvrages. Ainsi, nous louerons et nous censurerons aussi quelquefois. Mais quand nous pourrons donner des éloges, on s'apercevra du moins que nous ne prétendrons pas rendre des arrêts. A proprement parler, nous ne jugerons point; nous ne voulons être que les échos des savants, et dresser tout au plus le dispositif du jugement qu'ils auront rendu avant nous. Nous supplions donc tous les auteurs présents et à venir, de ne nous pas savoir mauvais gré, lorsque nos extraits ne leur paraîtront pas assez favorables, et être persuadés que ce sera toujours sans partialité que nous parlerons de leurs écrits. Lorsque nous en aurons fait remarquer les défauts, nous nous offrons d'insérer dans le journal leur apologie, pourvu qu'elle soit assaisonnée de politesse et fondée en raison. Ils nous rendront alors généreusement le bien pour le mal, en fournissant à notre ouvrage le mérite des disputes littéraires et les ornements d'une docte polémique. » (Journal des Savants, avertissement de l'année 1724).

Du reste, pas un mot de récrimination ou d'éloge adressé aux rédacteurs précédents qui avaient laissé périr le journal. Quelques mots pourtant sur ce sujet n'eussent pas été superflus.

On eût pu rassurer par là, et faire revenir le public, en déclarant au moins en quoi ils avaient failli et comment on éviterait leurs sottises. Ceci entrait même dans les nécessités de l'annonce. Mais Desfontaines et ses collaborateurs s'en abstinrent et gardèrent un respectueux silence sur ceux dont ils recueillaient la succession :

Eh ! peut-on hériter de ceux qu'on assassine ?

Desfontaines goûta bientôt tous les avantages qui résultent d'une certaine réputation littéraire pour le bien-être et pour la vanité. Son nom seul suffit pour remettre à flot le journal et lui attirer de nouveau les suffrages des savants de l'Europe.

Pour la France, elle eut lieu de se féliciter d'être rentrée en possession d'un de ses plus anciens et plus honorables priviléges, celui d'influer sur les jugements littéraires et scientifiques dans le monde entier par l'autorité de ses journalistes.

C'était en France, c'était à Paris qu'était né le premier journal, et ce premier journal avait dans la suite servi de modèle à tous les journaux et même à tous les Mémoires des Académies de l'Europe. Ce journal qui n'était autre que celui des *Savants* était donc le père de toute cette lignée qui florissait à Amsterdam, à La Haye, à Londres, à Oxford, à Berlin, à Genève et, je pense, jusqu'à Saint-Péterbourg. On n'aurait su du moins lui contester le droit d'ainesse : et peut-être même eut-il encore la supériorité du mérite qui n'est pas toujours le partage des aînés.

Desfontaines avait à peine pris racine dans la nouvelle entreprise, qu'une fâcheuse aventure vint compromettre à la fois la réputation, la liberté du journaliste et l'existence du journal lui-même.

CHAPITRE III.

Une grossière illusion des sens, une erreur impardonnable dans le choix de la personne qui en fut l'objet, un peu trop de laisser-aller dans la manière dont il céda aux besoins de son tempérament, pensèrent le mener à la Grève et l'y faire brûler pour venger les mœurs outragées.

Ayant corrompu un ramoneur que, à cause de son fer et de son bandeau, dit Voltaire, il avait pris pour un amour, il fut saisi, dit-on, *flagrante delicto*, et conduit à Bicêtre.

On commençait à instruire son procès. Il y allait pour lui des fagots, parce que le délit dont on l'accusait était devenu si commun, qu'on disait que Paris avait besoin d'un exemple. L'active intervention de Voltaire le sauva.

Il y avait quinze jours seulement qu'ils se connaissaient; mais comme c'était par Thiriot que la connaissance s'était faite, Voltaire pensa qu'il était de son devoir de servir l'abbé comme s'il eût été son meilleur ami.

Quoique malade, et ainsi qu'il le dit quelque part, moribond, il se fit transporter à Fontainebleau où était la cour, se jeta aux pieds de M. de Fréjus, sollicita madame de Prie, alors toute puissante, et obtint la liberté du prisonnier, à condition qu'il ne se montrerait pas dans Paris.

Dans le temps de cette négociation, il en écrivait les détails et les progrès à madame de Bernières, son amie, et parente de Desfontaines, dans des lettres où il appelait celui-ci *leur pauvre ami;* il prenait la peine d'informer l'abbé des mêmes choses et de la même manière. En un mot, il montra dans cette affaire un zèle ardent qu'il ne ménageait pas chaque fois qu'il s'agissait d'obliger un ami.

Au bout de quelques jours, Desfontaines sortit de Bicêtre.

« Je n'oublierai jamais, monsieur, écrit-il alors à Voltaire, les obligations infinies que je vous ai; votre bon cœur est encore bien au-dessus de votre esprit, et vous êtes l'ami le plus essentiel qui ait jamais été. Le zèle avec lequel vous m'avez servi me fait, en quelque sorte, plus d'honneur que la malice et la noirceur de mes ennemis ne m'a causé d'affront par l'indigne traitement qu'on me fait souffrir. Il faut se retirer pendant quelque temps. *Fallax infamia terret.*

« J'ai une lettre de cachet qui m'exile de trente lieues de Paris. C'est avec plaisir que je vais chercher la solitude; mais je suis bien fâché que cette retraite me soit ordonnée. C'est un reste de triomphe pour les malheureux auteurs de ma disgrâce. Je consens d'aller en province, et j'y vais très-volontiers. Mais tâchez, monsieur, de faire en sorte que l'ordre du roi soit levé par une nouvelle lettre de cachet, en cette forme :

« Le roi, informé de la fausseté de l'accusation » intentée contre le sieur abbé Desfontaines, consent » qu'il demeure à Paris. »

» Si vous obtenez cet ordre de monsieur de Maurepas, c'est un coup essentiel. Au surplus, je promets, *parole d'honneur*, à monsieur de Maurepas, de m'en aller incessamment, et de ne point revenir à Paris qu'après lui en avoir demandé la permission secrètement.

» Voilà, mon cher ami, ce que je vous prie à présent d'obtenir pour moi. Je vous aurai encore une obligation infinie de ce nouveau service. C'est, à mon gré, ce qu'on peut faire de plus simple pour réparer le scandale et l'injustice, en attendant que je puisse faire mieux et que j'aie les lumières nécessaires pour découvrir les ressorts cachés de l'horrible intrigue de mes ennemis.

» Malgré la noirceur de l'accusation et le penchant du public à croire tous les accusés coupables, j'ai la satisfaction de voir les personnes, même indifférentes, prendre mon parti. Les Nadal, les Danchet, les Depons, les Fréret, sont les seuls, dit-on, qui traitent ma personne comme, toute ma vie, je traiterai leurs infâmes outrages et leur indigne caractère.

» Adieu, mon cher ami, je me recommande à vous. »

(Vie de Voltaire, aux pièces justificatives.)

Conformément à la prière de Desfontaines, Voltaire se remit en campagne et demanda l'annulation de l'ordre d'exil.

Comme l'affaire traînait en longueur, il engagea Desfontaines à se retirer chez madame de Bernières, à la campagne, et il continua ses démarches.

Au mois de novembre, il n'avait point encore réussi, et il en faisait part en ces termes à Desfontaines :

« J'ai bien parlé de vous à M. de Fréjus ; mais je sais par mon expérience que les premières impressions sont difficiles à effacer... Je ne sais aucune nouvelle de l'abbé Bignon. Je serais bien fâché de sa maladie, s'il vous avait fait du bien... Je ne puis m'accoutumer à voir l'abbé Raguet (collaborateur du *Journal des Savants*) dans l'opulence et dans la faveur, tandis que vous êtes négligé. Cependant, n'aimez-vous pas encore mieux être l'abbé Desfontaines que l'abbé Raguet ? »

(A madame de Bernières, 13 novembre 1725.)

Croirait-on, après des preuves si manifestes, si honorables et si affectueuses des bons sentiments et de l'obligeance de Voltaire, après des protestations de reconnaissance si peu équivoques de la part de Desfontaines, que celui-ci achevait, dans le même temps et presque sous les yeux de madame de Bernières et de Thiriot, un libelle qu'il avait commencé à Bicêtre contre son bienfaiteur, et qu'il osa montrer ce libelle à Thiriot, pour s'assurer apparemment si Thiriot trouverait ce tour aussi plaisant qu'il le trouvait lui-même.

Trois lettres de Thiriot écrites à Voltaire, l'une en mai 1726, l'autre en décembre 1738, et la troisième en janvier 1739, attestent ce fait incroyable; et bien que, à cause de certains ménagements qu'il pensait devoir garder envers Desfontaines, Thiriot ait montré plus tard, à reconnaître ces lettres, une répugnance qui équivalait presque à un désaveu, elles n'en sont pas moins authentiques, certifiées par un notaire, et d'autant plus dignes de foi, la première surtout, qu'elles furent écrites dans le moment où l'indignation de Thiriot était toute récente, et alors qu'il venait de forcer Desfontaines à jeter au feu son libelle. (Vie de Voltaire; Défense de mon oncle, dans les Mélanges historiques; Mensonges imprimés, dans les Mélanges littéraires. Lettre au marquis d'Argence, 19 novembre 1736; le Préservatif, § 26.)

Il n'est donc pas douteux que Desfontaines ne fût coupable de l'acte que Voltaire ne cessa jamais de lui imputer, et il est avéré que, dans le temps même que celui-ci agissait avec le plus de zèle pour le tirer de Bicêtre, Desfontaines mettait à profit, pour le railler et pour le diffamer, les quelques instants qui précédèrent son élargissement.

Peut-être que la pudeur lui eût commandé d'ajourner cette audacieuse expression de son ingratitude et d'attendre au moins que Voltaire y eût donné quelque prétexte; mais non : il avait hâte d'épancher sa bile, comme s'il eût craint qu'une sage réflexion n'en arrêtât le cours, ou comme s'il eût pris à tâche de justifier cette maxime, qu'il n'y a que ceux qui méritent un bienfait qui sachent le reconnaître.

Il avait donc à peine recouvré sa liberté qu'il publia son libelle : tel est le nom qui convient à cet écrit, nonobstant qu'il ait la prétention de n'être qu'une simple critique littéraire ; c'est le caractère que lui impriment les obligations sacrées que Desfontaines avait contractées envers son libérateur, et qui ne l'engageaient pas seulement pour le passé, mais pour le présent et pour l'avenir. Ce libelle a pour titre : *Apologie de Voltaire adressée à lui-même*. Comme il en sera question souvent dans la suite de ce travail, il importe de le faire connaître en peu de mots.

Il consiste dans une critique fort superficielle de la *Henriade*. Il y a quelques tours assez fins, et dès le début, on voit que le genre d'attaque favori du libelliste est l'ironie. Cependant, au bout de quatre ou cinq pages, l'auteur est fort en peine de soutenir cette figure ; et bientôt il est obligé de l'abandonner tout-à-fait. C'est qu'il était difficile de continuer sur ce ton, à chacun des défauts qu'on remarque dans la *Henriade*, et Desfontaines n'avait pas assez d'imagination pour aller ainsi jusqu'au bout, sans provoquer un mortel ennui. Mais comme il voulait satisfaire à la fois sa démangeaison de parler et pallier son impuissance, il s'avisa de mettre dans la bouche d'un interlocuteur les objections qu'il adressait à

Voltaire, et pria celui-ci d'y répondre lui-même. Ce n'était pas une manière habile de se tirer d'embarras.

Quoi qu'il en soit, voici un passage assez plaisant qui peut donner une idée du reste.

« Je suis charmé des amours d'Henri IV et de Gabrielle d'Estrées. Rien n'y languit. A peine Gabrielle voit-elle Henri qu'elle lui accorde les dernières faveurs. Cet agréable endroit de votre poëme me dégoûte de tout ce que j'ai lu en ce genre. Je ne puis plus souffrir les amours d'Énée et de Didon, ni celles de Télémaque et d'Eucharis, où tous les replis du cœur et tous les combats de la vertu sont exposés avec trop de délicatesse et d'art. A quoi bon sur ces choses tenir l'esprit en suspens dans l'attente d'un dénoûment très-ordinaire? Le mieux est d'abréger et d'en venir au fait. » (Apologie, etc., dans le tome VII, page 267, de la *Bibliothèque française* de Dusauzet.)

On remarque dans cette *Apologie* deux traits d'une impudence singulière.

Le premier est qu'après avoir trouvé très-déplacé que Saint-Louis, dans la *Henriade*, entretienne Henri IV de mille choses profanes, et qu'au lieu, par exemple, de parler au prince de son salut, de sa conversion, il lui parle de guerre, de beaux-arts, de philosophie, de poésies et nullement de religion ; que Saint-Louis, qui était la bonté même, soit un satirique et un médisant, et dise du mal de Pradon, de La Motte et même de Perrault, Desfontaines, pour prouver ce qu'il avance, a l'effronterie de citer les deux vers de sa façon qu'il a introduits dans l'édition de la *Henriade*, faite par lui-même, et qu'on a cités plus haut.

Le second trait n'est pas moins hardi. Desfontaines ayant, ainsi qu'on le conçoit, un grand intérêt à n'être pas connu pour l'auteur de l'*Apologie*, la met résolument sur le compte d'un autre.

« Celui, dit-il, qui vous adresse cette *Apologie*, est l'auteur de la comédie du *Nouveau Monde* (l'abbé Pellégrin). Vous voyez que je ne me déguise pas pour vous. Je sais que vous n'avez pas fait beaucoup de cas de cet ouvrage; mais les sentiments sont libres, et je ne vous en sais pas mauvais gré. D'ailleurs, je ne suis pas de ces auteurs que les suffrages précipités du public préviennent extraordinairement en leur faveur. Si ma pièce n'a pas été aussi goûtée à l'impression qu'elle l'a été au théâtre, ce revers est assez ordinaire aux auteurs dramatiques. J'ai devant les yeux des exemples qui me consolent. »(Ibid., pages 263, 264 et 279.)

Ainsi, tout en se déchargeant sur l'abbé Pellégrin de la responsabilité de l'*Apologie*, il ne laisse pas d'avoir l'air de le railler doucement des vicissitudes de sa comédie; et en même temps qu'il lui rappelle que des accidents de la même nature arrivent tous les jours à d'autres auteurs, il insinue que M. de Voltaire est un de ceux-ci, et il propose cet exemple à l'abbé Pellégrin pour le consoler.

Quoique parfaitement sûr, par suite des révélations de Thiriot, que Desfontaines était l'auteur de l'*Apologie*, Voltaire crut devoir dissimuler, par égard, je suppose, pour quelques amis respectables que l'abbé et lui cultivaient en commun, et il attendit jusqu'au jour où, las enfin d'avoir souffert en silence pendant dix ans les critiques de Desfontaines, il trouva bon de tirer de l'oubli le vilain péché de l'ingrat qu'il avait sauvé des fagots, et de déchirer cette plaie que le temps avait cicatrisée.

Cependant l'aventure de Desfontaines avait fait du bruit. Sa position au *Journal des Savants* en fut ébranlée. On y agita la question de savoir s'il y serait maintenu. Heureusement que l'abbé avait encore des protecteurs. Prévenu, travaillé par eux, le lieutenant de police écrivit à l'abbé Bignon, directeur du journal, une lettre où il expliquait le cas de Desfontaines, et où, apparemment, il le justifiait; l'abbé Bignon lut cette lettre dans l'assemblée des journalistes, lesquels jugèrent tout d'une voix que Desfontaines garderait son emploi.

Mais le coup était porté. Rebuté de son travail par l'état de gêne et de suspicion dans lequel il dut être aux yeux de ces mêmes collègues qui l'avaient amnistié, il abandonna le journal, et rentra de nouveau en possession de son indépendance.

C'est alors qu'il publia son *Dictionnaire néologique*.

CHAPITRE IV.

Le *Dictionnaire néologique* n'a pas tout-à-fait deux cents pages dans l'édition d'Amsterdam, 1731. C'est un recueil intéressant et quelquefois amusant des mots, des tours de phrases, des barbarismes, des mignardises de langage, des néologismes enfin, qui envahirent le domaine des lettres au commencement du dix-huitième siècle et qui se substituaient de toutes parts à la langue sévère, harmonieuse et pure du dix-septième.

Au rebours des écrivains de ce dernier siècle, lesquels faisaient consister la perfection du style dans l'art d'exprimer clairement, naturellement ses pensées, les néologues du siècle postérieur, se défiant de la clarté et du naturel comme de deux qualités trop immédiatement voisines de la manière de parler de tout le monde, prirent à tâche de raffiner sur le choix et la construction des mots, à tel point que leur style était un composé d'énigmes qu'on ne pouvait deviner avec le seul secours de la grammaire, et pour l'intelligence desquelles il fallait de toute nécessité avoir plus d'esprit que ceux qui les avaient proposées.

On conçoit, du reste, combien les grandes pensées étaient incompatibles avec un pareil style. Aussi, n'en avait-on la plupart du temps que de puériles, d'une délicatesse outrée et très-souvent de fausses, telles qu'elles se produisaient dans les idylles, les élégies, dans toutes les poésies légères en général et dans les romans.

Plus que tout autre, Desfontaines fut sensible à cette dégradation des lettres. On lui a rendu justice, quand on a dit de lui, que personne ne connaissait mieux les règles et les raisons des règles, ne les développait avec plus de finesse, d'agrément, de clarté, ne saisissait avec autant de précision les différents degrés du beau et les moindres nuances du ridicule. L'œil sans cesse ouvert sur les plus imperceptibles défauts, et poussant même à cet égard la surveillance jusqu'à la jalousie, il les sentait vivement et ne faisait grâce à aucun d'eux.

Il n'est pas étonnant, après cela, qu'il ait eu pour ennemis tous les médiocres écrivains de son temps, et même ceux qui ne voulaient être médiocres en rien. Il n'en épargna guère dans son *Dictionnaire néologique*. Mais sa critique, qui se bornait à une interprétation pure et simple, en langue vulgaire, des subtilités et des afféteries de ces écrivains, leur faisait plus de mal que s'il eût entrepris de les combattre avec les armes et selon la tactique d'un censeur de profession.

Je pense que le lecteur ne sera pas fâché de prendre une connaissance plus particulière du *Dictionnaire néologique,* au moyen de quelques citations.

« *Mêmeté.* Remarquez la *mêmeté* des deux systèmes (Mémoires de Trévoux, avril 1725).

« *Mémoire.* Savez-vous bien ce que c'est qu'être précis et laconique? c'est *se gagner la mémoire.* Notre fabuliste moderne (La Motte) le dit, fable 3, liv. V.

Gagnez-vous la mémoire, en ménageant les mots.

« *Déménager.* L'auteur des *Fables nouvelles* (La Motte), pour dire que la fleur du pêcher tombe, dit, fable 2, liv. IV :

La fleur du pêcher *déménage.*

« C'est ainsi qu'on peut appeler l'automne la saison du *déménagement* des feuilles. Le poète ne dit pas, la fleur tombe ; cela serait trivial et prosaïque, mais la fleur *déménage.* Par là, un fait simple est tourné en action. C'est comme s'il disait : Elle prend le dessein de déloger, fait son paquet, l'emporte et va faire son séjour à terre. Que de choses dans ce mot *déménage!*

« *Haye.* Un fameux poète de nos jours (La Motte) appelle une *haye* qui entoure un jardin le *suisse d'un jardin,* fable 7, liv. I.

« *Sciencé.* Qui a beaucoup de science. « De cette famille sortait Maximus, homme fort éloquent et fort *sciencé* », dit l'auteur de la traduction des *Fastes d'Ovide,* imprimée chez Barbou, page 248.

« *Sentimenté.* Adjectif : qui est rempli de sentiment. Le style de l'élégie doit être doux, naturel, touchant et *sentimenté*. (Observations sur chaque espèce de poésies, à la fin du *Traité de la poésie française*, du père Mourgues, imprimé il y a trois ans chez Musier.)

« *Phrase*. Pour l'ordinaire, il ne faut qu'un petit travail mécanique de la phrase pour mettre de la délicatesse et de la finesse dans une pensée simple et commune. Si j'avais dit, par exemple : Le bonheur des amants consiste dans leurs désirs, je me hâterais aussitôt de tourner et de retourner cette phrase, jusqu'à ce que j'eusse trouvé celle-ci : Les biens ne sont qu'en désirs dans le cœur des amants (La Motte, fab. 12, liv. V). Tu remarqueras, cher lecteur, l'art qu'il y a d'avoir changé le mot *bonheur* en celui de *biens*. Ce changement te paraît d'abord une bagatelle; mais, si tu y prends garde, cela forme une image charmante. Il semble que les biens des amants soient en désirs dans leurs cœurs, comme les biens d'un financier sont en louis d'or dans un coffre-fort. Cependant, selon les philosophes, les biens sont l'objet du cœur et ne sont pas dans le cœur qui les désire, encore moins dans les désirs. Les biens désirés ou possédés causent le bonheur; mais ne sont pas le bonheur.

« *Craint*. Rendre quelqu'un *plus craint* est un larcin que M. de Voltaire n'aurait pas dû faire à nos néologues.

Ma rigueur implacable
En me *rendant plus craint*, m'a fait plus misérable.
(Hérode et Mariamne). »

En voilà assez pour que le lecteur se forme une opinion sur cet ouvrage singulier, et peut-être qu'il ait l'envie de le parcourir. On y voit comment, par cette sorte de combat en tirailleur, Desfontaines pouvait avoir raison des novateurs plus aisément que s'il eût fait jouer contre eux sa grosse artillerie.

Il est à remarquer d'ailleurs que Desfontaines met au nombre des néologismes des mots qui, depuis, ont conquis chez nous le droit de cité; tels sont: *frivolité, popularité, scélératesse, insolite, improductible, inattaquable*, etc. Évidemment, le besoin de critiquer à tout prix emporte l'abbé au-delà des bornes. Lorsque, dans la composition d'un mot nouveau, on parvient tout ensemble à flatter l'oreille, qui est une partie considérable du goût, et à se rendre intelligible à tous les lecteurs, il ne faut pas être si sévère quand on en voit si peu survivre à la privation de ces deux qualités.

Fontenelle, La Motte, Marivaux, Crébillon fils, Moncrif, Roy, Camusat, le père Catrou, l'abbé de Pons, l'abbé Dubois, les journalistes de Trévoux, Montesquieu même et Voltaire, sont les principaux auteurs fustigés dans ce livre. Les mots, les phrases ou fragments de phrases qui y sont critiqués, sont rangés par ordre alphabétique et suivis les uns les autres de remarques souvent très-spirituelles, presque toujours justes, quelquefois amères et malveillantes, et la plupart du temps assaisonnées d'une excellente ironie.

Après ce relevé des hardiesses néologiques, Desfontaines conçut le plan d'un ouvrage qui, au fond comme dans la forme, fût la satire de ceux qui les avaient commises. Bientôt après, il le publia sous le triple titre d'*Éloge historique de Pantalon-Phœbus; Réception de Christophe Mathanasius à l'Académie,* et *Pantalo-Phœbœana.* Ces trois opuscules se suivent et ont le même objet, c'est-à-dire, la personnification sous le nom de Pantalon-Phœbus de tous les auteurs cités dans le *Dictionnaire néologique*, et l'attribution à ce type singulier de tous les écrits qui appartiennent à ces mêmes auteurs. Le style de ces opuscules est un véritable habit d'arlequin. Les expressions les plus bizarres, les tours les plus extravagants y sont rassemblés et accommodés de manière à former une histoire burlesque des faits et gestes de Pantalon-Phœbus, une biographie invraisemblable, mais pleine de sens et d'esprit, qui prend le héros à sa naissance et le suit jusqu'à sa mort.

J'en citerai quelques passages, qui feront sans doute mieux connaître ce livre étrange que la définition que j'en viens de donner. Quoique devenu assez rare d'ailleurs en librairie, ce livre n'est pas introuvable, nous en recommandons la lecture aux fantaisistes et aux truands de la littérature. Ils y apprendront à se connaître, et, s'il plaît à Dieu, à se corriger.

« Cependant, dit Desfontaine, si Pantalon-Phœbus aimait la promenade, ce n'était pas celle des Tuileries... mais la promenade du quai de la Grenouillère où il se plaisait à contempler *l'érection de plusieurs maisons...* Cette sorte d'*érection* attirait ses regards curieux, vu qu'il avait du goût pour l'architecture... Ainsi, lorsqu'il se promenait en ce lieu, il *percevait les émoluments* de son *mouvement récréatif,* et ne marchait pas *à l'incertain,* comme la plupart de ceux qui *sortent à la campagne.* Il se promenait donc volontiers et prenait plusieurs fois dans la semaine *ses repas d'air pur.* »

Plus loin :

« Un jour qu'il s'amusait mélancoliquement à voir *faire des constructions* de bateaux... il *avisa* une jeune fille... Par *un entraînement invincible,* il en tomba aussitôt amoureux... Cette fille paraissait pauvre... Il attribua à la parure de l'âme le négligé du corps... Il s'approcha d'elle et l'apostropha de ce compliment délicat : *En vérité, mademoiselle, la nature ne vous a rien épargné de ce qui peut inviter l'amour-propre à n'être point modeste.* — Ah! que vous êtes *gracieux,* répondit-elle. — On ne saurait assez *gracieuser* une personne telle que vous, répliqua Pantalon : votre figure *est un fardeau de grâces nobles et imposantes.* — Hélas! reprit la demoiselle, mes haillons ne sont pas *gratiables.* Encore, si je m'offrais à vous dans une propreté qui *mît ma figure en valeur,* je craindrais moins d'encourir la *disgrâce de votre imagination.* — Que dites-vous? répliqua le tendre Pantalon ; *les habits superbes ne reprendront jamais sur mon imagination les droits que ma morale leur dispute.* » (Pantalon-Phœbus, p. 12 et suiv.)

En toute autre circonstance, quatre pages écrites sur ce ton ennuieraient mortellement le lecteur et lui feraient jeter le livre. Mais ici, indépendamment d'un certain intérêt d'action qui anime le récit, on est arrêté à chaque instant par le désir de vérifier à quels écrivains il est fait allusion dans les phrases qui ont frappé le plus par leur invraisemblance ou par leur singularité; et cet examen ne laisse pas d'être instructif. On aime à reconnaître l'opinion de la postérité dans le jugement porté par Desfontaines sur Fontenelle que ses instincts merveilleux et son extrême délicatesse n'ont pas empêché de donner dans le Phébus, sur La Motte que sa prédilection pour la prose, justifiée d'ailleurs par ses écrits, n'en a pas préservé davantage, sur Marivaux qui est tombé dans la galimathias, à force de subtiliser. Tous trois payèrent ce tribut à une mode détestable, et les autres auteurs flagellés dans le livre de Desfontaines les imitèrent à l'envi, en les dépassant.

La *Réception de Mathanasius à l'Académie* et son discours de remerciements ont pour but de tourner en ridicule les cérémonies de cette nature et les harangues qui s'y débitaient. Mais Fontenelle y est plus particulièrement attaqué, le discours de Mathanasius et celui du Doyen de l'Académie étant tous deux formés de lambeaux arrachés aux *Éloges* de l'illustre académicien.

On sait que La Motte avait une vanité naïve et imperturbable; c'est ce que Desfontaines se propose principalement de démontrer dans le *Pantalo-Phœbœana*.

Par exemple, il fait ainsi parler La Motte, page 3 du *Pantalo-Phœbœana* :

« L'abbé D. P. (de Pons), mon ami, mon sectateur,

mon adorateur, mon protecteur, mon enfant, mon tout, m'a dit qu'il avait un neveu auquel il n'avait jamais pu faire apprendre aucune de mes fables, quoiqu'il l'ait souvent châtié pour cela, et que cependant ce petit drôle apprenait en moins de rien celles de La Fontaine !

» *Nota.* Il faudra tâcher de pénétrer quelle est la raison bizarre de cette préférence. »

Et page 7 :

« Depuis l'année 1710, j'ai rêvé je ne sais combien de fois que j'abattais la statue d'Homère et que l'abbé D. P. (de Pons) me mettait à sa place. »

Enfin, page 11 :

« Je regarde les éloges qu'on me donne comme ces devoirs que l'on n'a point de mérite à remplir, tant ils sont indispensables, mais qui déshonorent quand on y manque. Ce qu'il y a d'étrange, est qu'on se fait honneur aujourd'hui de me trouver mauvais poète. Les temps sont bien changés ! Il y a vingt ans qu'on aurait jeté des pierres à un homme qui se serait avisé de dire que je faisais mal des vers. A présent, on rit au nez de celui qui vante mes poésies. Le dégoût passera, et le temps ramènera les hommes à l'amour du vrai et du beau. Ainsi soit-il ! »

Pour ce qui est du mauvais goût de La Motte, Desfontaines nous en offrira ces deux échantillons :

« Quand je voudrai employer cette pensée commune : La noblesse, les biens, le luxe, la splendeur, imposent à l'esprit et nous font paraître grands à nos yeux ; pour la rendre fine, délicate, nouvelle, je la tournerai ainsi : La noblesse, les biens, le luxe, la splendeur, sont autant d'échasses que les hommes prennent pour leur propre grandeur. » (Pantalo-Phœbœana, pag. 7.)

« J'ai connu deux amis qui s'aimaient tendrement, quoiqu'ils fussent de sentiments contraires :

« L'un était pour la blonde, et l'autre pour la brune;
» L'un prenait-il l'endroit, l'autre prenait l'envers ! » (Ib. ib.)

Sur quoi Desfontaines fait cette réflexion :

« Ces deux vers ont un air badin et tant soit peu libertin qui plaira. »

A la fin de ces opuscules, on lit encore la *Lettre d'un rat calotin à Citron Barbet*, au sujet de l'*Histoire des Chats*, par Moncrif.

Ce rat, jaloux des éloges extravagants donnés à l'ennemi né de son espèce, cherche à déterminer le chien Citron à partager son ressentiment, et profite de cette occasion pour faire une critique assez plaisante du livre de Moncrif.

Rien, en effet, de plus fade que ce livre, et c'est une chose pitoyable qu'un homme d'esprit ait perdu cinq ou six ans à compiler dans les auteurs grecs et latins tout ce qui a pu être dit de bon ou de mauvais, de vrai ou de faux sur les chats. On remarque dans cet ouvrage une foule de proverbes bas, donnés par l'auteur comme de belles sentences; des détails grossiers d'une badinerie lascive sur ce qui se passe dans les gouttières entre les chats et les chattes; une sotte et impertinente relation d'un concert de cochons, et quelques puérilités sur le compte de Fontenelle, qui soulèvent à bon droit l'indignation et le dégoût du satirique rongeur.

« Dans la septième lettre, dit le rat, on avance que M. de Fontenelle contait, il y a quelques jours, *qu'étant enfant, il avait un chat dont il s'amusait extrêmement.* Voici la conséquence de cet aveu, conséquence que vous ne devineriez pas, quoique fort naturelle aux yeux de l'auteur : c'est que *dans l'enfance, le goût pour les chats peut être regardé comme le présage d'un mérite supérieur!* » (Lettre d'un rat calotin, pag. 83.)

Que de gens ont eu le même penchant que Fontenelle et dont néanmoins le mérite supérieur est encore à se révéler! Il est dommage que Moncrif n'ait pas fait cette réflexion, comme aussi qu'il n'ait pas vu que l'extrême rareté des mérites de ce genre est sans doute un effet de la vengeance des chats, lesquels frappent de stérilité l'esprit des enfants qui les brutalisent pour la plupart en les caressant, et cèdent à l'irrésistible envie de leur tirer la queue.

Ailleurs (Ib. ib.), c'est le même Fontenelle qui imaginait, étant enfant, des discours qu'il prononçait sur-le-champ. Mais comme il ne pouvait se faire écouter de ses camarades et qu'il ne voulait pas se passer d'auditoire, *il prenait son chat, et le plaçant dans un fauteuil, il l'érigeait en spectateur.* Moncrif ne dit pas si le chat écoutait; il est à croire qu'au moins il regardait, faveur singulière et qui ne laisse pas de flatter encore bien des orateurs.

Il fallait que Moncrif eût la rage de faire des livres pour en écrire un comme celui-ci et pour oser y produire de pareilles niaiseries. Passe encore s'il n'eût pas enveloppé dans le ridicule dont il se couvre un homme aussi illustre que Fontenelle, en le citant à l'appui d'une opinion non moins absurde que fausse.

Que de noblesse encore, que d'agrément et de justesse sont rassemblés dans cette comparaison :

« C'est dans les gouttières que nous ferions bien d'aller chercher de l'éducation ; c'est là que nous trouverions des exemples admirables d'activité, de modestie, d'émulation noble, et de haine de la paresse. Lorsqu'Annibal, ne se permettant aucun repos, observait sans cesse Scipion, afin de trouver l'occasion favorable pour le vaincre, quel modèle avait-il devant les yeux? Il guettait son ennemi comme le chat fait la souris. » (Histoire des Chats, lettre 6, pag. 86.)

Quand on songe que Moncrif eut l'impudence de se présenter, appuyé sur de pareils titres, à l'Académie française et le bonheur d'y être reçu, il ne faut pas s'étonner de voir aujourd'hui tant d'héritiers de son jargon affecter aussi son audace et vouloir forcer les portes de l'Académie, en passant sur le ventre des écrivains éminents mais modestes qui s'y morfondent.

Par la flétrissure imprimée, en raillant, au front de Pantalon-Phœbus, cette incarnation de tous les charlatans littéraires de son temps, Desfontaines a bien mérité des lettres. Aussi, est-ce en vain que Voltaire parle avec mépris de ces opuscules satiriques, les seuls qui châtiassent avec succès les outrages faits au bon goût ; ils furent cause de la popularité de Desfontaines, et encore aujourd'hui, ce sont les seuls de tous ses écrits qui se laissent lire avec un véritable intérêt et quelque plaisir.

Il est vrai qu'on les attribue en partie à un avocat nommé Bel, et quelques philologues sont encore, à l'heure qu'il est, de ce sentiment. Mais, en vérité, ils valaient bien la peine que Bel réclamât, et, comme on ne dit pas qu'il l'ait jamais fait, ils demeurent acquis, selon moi, à Desfontaines.

Au reste, ce n'était pas sans raison qu'on disputait ses livres, à Desfontaines; il en donnait lui-même le droit à ses contradicteurs.

On a vu la part qui lui revenait dans la critique de la *Religion prouvée par les faits*, par l'abbé Houteville, et que cette critique ne lui appartient que de compte à demi avec le père Hognan. Il publia vers le même temps une traduction de *Gulliver*, dont l'abbé Markan avait, dit-on, fait tous les frais; trois discours de Xénophon, en français, qui sont dans les œuvres de Saint-Réal, et qui sont d'autant plus la propriété de cet écrivain, que Desfontaines ne savait pas le grec; une traduction de *l'Histoire romaine*, de Laurent Echard, auteur anglais, par Daniel Larroque et l'abbé Guyon, pour laquelle Desfontaines remplit l'office de simple correcteur du style.

Cette complaisance avec laquelle plusieurs écrivains de ce siècle, originaux ou traducteurs, se soumettaient à sa censure préalable ou bien acceptaient sa collaboration, peut donner la mesure de la popularité dont il jouissait dans le monde littéraire, de l'estime singulière qu'on avait pour ses conseils, et du peu de fond qu'il y avait à faire sur un livre quelconque, s'il ne consentait à le patroner.

Pendant son séjour en Angleterre, Voltaire avait écrit en Anglais un *Essai sur l'Épopée*, qu'il chargea Desfontaines de traduire en français « pour pénitence d'avoir écrit un libelle contre lui, au sortir de Bicêtre. » (Au marquis d'Argens, 19 novembre 1736.)

Ordinairement, on n'impose pour pénitence au pécheur qu'un acte pénible ou désagréable : c'en était donc un de cette nature que la traduction par Desfontaines de l'*Essai* de Voltaire. Voltaire se serait-il ici raillé de lui-même ?

Quoi qu'il en soit, Desfontaines ne se tira pas de son travail au gré de Voltaire. Il y avait, selon celui-ci, autant de contresens que de lignes. Desfontaines y disait que les Portugais avaient découvert l'Amérique. Il traduisait *les gâteaux mangés par les Troyens*, par ces mots : *faim dévorante de Cacus;* prenant le mot anglais *cake* qui signifie *gâteau*, pour Cacus, et les Troyens pour les vaches du Cyclope. Voltaire corrigea ses fautes, et fit imprimer cette traduction à la suite de la *Henriade*, en attendant qu'il eût lui-même le loisir de refaire son *Essai sur l'Épopée*, en français.

Voltaire ayant exécuté ce dessein, Desfontaines eut le mauvais goût de s'en fâcher et d'en vouloir à celui qu'il nommait encore, par respect humain, son ami, d'avoir usé d'un bien qui était le sien. (Lettre de Voltaire aux Auteurs de la *Bibliothèque française*, 20 septembre 1736.)

C'est pourquoi, à compter de ce jour, « ne se croyant pas lié par la reconnaissance au point de manquer à ses devoirs comme journaliste; » (Vie de Voltaire par Lepan, 1837, page 118) Desfontaines entreprit de critiquer quelques ouvrages de Voltaire, dans le *Nouvelliste du Parnasse*, recueil périodique qu'il venait de fonder en société avec l'abbé Granet.

Néanmoins, tout en critiquant Voltaire, il lui dorait, comme on dit, la pilule, ses censures étant à ses éloges comme l'unité est à la centaine. Mais, comme rien ne trahit plus l'aigreur que le ton doucereux, que Voltaire préférait une hostilité franchement déclarée à des louanges tempérées par quelques restrictions, que le bienfaiteur enfin avait autant de mémoire et plus de rancune peut-être que l'obligé; le peu de ménagements que, sous le titre spécieux d'amitié, ces deux hommes observaient encore l'un envers l'autre, se dissipa insensiblement, et disparut enfin tout-à-fait dans une épouvantable tempête. Mais n'anticipons pas sur les événements.

Les dispositions malveillantes de Desfontaines se manifestèrent dès les premiers mois de la publication du *Nouvelliste du Parnasse*, et portèrent à faux.

Dans la dix-huitième lettre de ce recueil, écrit soi-disant par un parent ou ami de feu M. de Campistron, on faisait à Voltaire des reproches pleins d'amertume et de dureté, de ce qu'il avait insulté à la mémoire de cet écrivain dans une brochure de sa façon où il s'était servi de ces termes indécents, *le pauvre Campistron*.

Mais Voltaire n'était pas l'auteur de cette brochure, qui avait pour titre : *Lettre d'un spectateur français* au sujet d'*Inès de Castro*. On reconnaît seulement que l'auteur véritable cherche à donner le change en imitant autant qu'il est possible le style de Voltaire; mais, à la vulgarité de son esprit, on devine plutôt un Aristarque inexpérimenté et présomptueux du parterre qu'un législateur du Parnasse.

Voltaire prit la peine de se justifier.

Il le fit avec succès et avec cette modération onctueuse dont il parlait si bien le langage, quand il voulait paraître homme de bonne compagnie.

Toutefois, il prit acte de l'agression.

Une imprudence faillit, dans ce temps-là, mener encore Desfontaines, non pas à Bicêtre, mais à la Bastille.

Le libraire Jore ayant publié le procès du père Girard et de la belle La Cadière, Desfontaines mit en tête de ce livre une préface un peu ironique où les directeurs de conscience et les parlements n'étaient peut-être pas traités avec tout le respect que les uns revendiquaient pour leurs conseils, les autres pour leurs arrêts.

Une lettre de cachet fut lancée contre Jore, qui était alors l'éditeur de Voltaire. Celui-ci fut assez heureux pour le savoir et assez prompt pour avertir à temps le libraire. Un quart d'heure plus tard, Jore était à la Bastille.

Comme on sut que Voltaire l'avait fait sauver, l'opinion qu'il était lui-même l'auteur de la préface se répandit bientôt parmi les jésuites et les magistrats. Cette préface cependant était de Desfontaines. On le sut à la fin et on s'étonna que l'abbé ne couchât pas en prison. Il en eut encore, à ce qu'il paraît, l'obligation à Voltaire, lequel avec autant d'orgueil que d'insolence, disait que Desfontaines n'avait mérité la Bastille que lorsqu'il l'avait payé d'ingratitude, un homme, en bonne justice, ne devant pas être coffré pour avoir suivi la morale des jésuites, ni pour l'avoir décriée.

Voltaire est le seul qui rapporte ce fait (Lettres à Cideville et à Formont, novembre et décembre 1734). Peut-être alors y a-t-il lieu d'en douter. Mais à la manière dont le poète insiste sur cette nouvelle mésaventure de Desfontaines, on remarque qu'il s'applique à rendre de jour en jour plus considérable la distance qui sépare le bienfaiteur de l'obligé, que le nouveau service par lequel il venait de se recommander une fois encore à la reconnaissance de Desfontaines, entrera dans le plan de récriminations qu'il médite déjà contre lui, et qu'il rassemble un à un et laisse s'accumuler les faits accusateurs, pour un jour en accabler d'un seul coup l'imprudent journaliste.

De son côté, Desfontaines en usait avec Voltaire tout comme si rien de nouveau n'était venu soustraire ce bienfaiteur obstiné à sa juridiction, et qu'au contraire les faits anciens eussent déjà trop vieilli pour qu'on s'avisât d'en demander compte à sa mémoire.

Des *Observations critiques sur le Temple du Goût*

ayant paru en 1733, Desfontaines fut soupçonné d'en être l'auteur. Pour Voltaire, il n'en douta pas un moment. Toutefois, pensant qu'il n'était pas encore à propos d'éclater, trop de gens à l'estime desquels il tenait lui-même s'intéressant toujours à Desfontaines, il eut recours à un procédé dont il faisait déjà usage, et qui lui servait comme de soupape de sûreté, dans les moments où il y eût eu péril pour sa vie à ne pas ouvrir une issue au trop-plein de sa colère. Ce procédé consistait dans une de ces petites pièces de poésies philosophiques et morales qui, sous le nom d'épîtres, d'ode, de discours en vers et de satires, exercices faciles et propres à lui éclaircir la bile comme à lui entretenir la main, donnaient lieu à des allusions si transparentes que ses ennemis qui en étaient l'objet n'y étaient pas moins bien reconnus que s'ils eussent été nommés.

Voici celle qu'il se permit sur Desfontaines, dans son *Discours sur l'Envie :*

Cent fois plus malheureux et plus infâme encore
Est ce fripier d'écrits que l'intérêt dévore,
Qui vend au plus offrant son encre et ses fureurs ;
Méprisable en son goût, détestable en ses mœurs ;
Médisant qui se plaint des brocards qu'il essuie,
Satirique ennuyeux, disant que tout l'ennuie ;
Criant que le bon goût s'est perdu dans Paris,
Et le prouvant très-bien du moins par ses écrits.
. . . .
Hélas ! quel est le fruit de tes cris imbéciles ?
La police est sévère ; on fouette les Zoïles.
Chacun, avec mépris, se détourne de toi ;
Tout fuit, jusqu'aux enfants, et l'on sait trop pourquoi.

Desfontaires qui croyait toujours observer des ménagements à l'égard de Voltaire, voyant qu'il en était si mal récompensé, supprima tout-à-coup les éloges dont il prenait soin de tempérer ses critiques, et, parce que ses premières *Observations* sur le *Temple du Goût* avaient été d'autant plus désagréables à Voltaire qu'elles paraissaient avoir concouru avec la menace d'une lettre de cachet dirigée contre le poète, si son *Temple* n'était rebâti sur un nouveau plan (Lettre de Voltaire à Thiriot, 1er mai 1733), Desfontaines se plut à arroser de quelques gouttes de vinaigre la blessure que les injonctions de la police avaient rouverte au cœur de Voltaire, et il débuta dans son nouveau journal (Observations sur quelques écrits modernes, t. Ier, pag. 4 et suiv.), par une critique fort spirituelle et fort juste de la restauration du *Temple du Goût*.

« Je vais débuter, dit-il, par vous rendre compte d'un ouvrage assez peu connu dans Paris : c'est le *Temple du Goût*, par M. de Voltaire. Ce *Temple*, direz-vous, y a fait tant de bruit, il a suscité tant d'ennemis à son auteur, on y a trouvé tant d'esprit et d'imprudence... Ce n'est pas de ce *Temple*-là, monsieur, qu'il s'agit; c'est d'un autre très-différent, quoique bâti de la même main. On ne lit plus au frontispice ces paroles : *Nec lædere, nec adulari*; inscription qui convenait si peu à l'ancien édifice, et qui serait encore assez mal placée sur le nouveau.... Il y a à la tête de l'ouvrage une lettre badine qui est une espèce d'apologie de l'auteur, où, après avoir établi une différence entre la critique, la satire et le libelle, il prétend que son *Temple* ne contient que de la critique. Ce trait de Despréaux contre le plus célèbre de nos poètes lyriques :

> Pour trouver un auteur sans défaut,
> La raison dit Virgile et la rime Quinault.

c'est de la satire, selon lui, et de la satire injuste, parce qu'il est aussi peu vrai de dire que Virgile est sans défaut, que de dire que Quinault est sans naturel et sans grâce. Mais sans examiner s'il y a de l'injustice dans ce trait, et si on doit le prendre à la rigueur, il me semble que ce n'est point là de la satire, mais de la critique, parce qu'elle n'atteint Quinault que comme auteur. Mais pour ne pas disputer sur les mots, si on veut l'appeler satire, c'est au moins de la satire permise, parce qu'elle est purement littéraire. A l'égard du libelle, on sait que c'est un amas injurieux de traits personnels qui attaquent la conduite et les mœurs. M. de Voltaire a donné pour exemple les fameux couplets attribués à M. Rousseau... Mais si M. Rousseau voulait donner à son tour un exemple du libelle, je crois qu'il pourrait citer le *Temple du Goût*, de l'édition de France où il est si maltraité. Dans celle de Hollande, il y a plus de modération ; ce n'est plus que de la critique, mais de la critique amère... On avait reproché à l'auteur, quoiqu'injustement, qu'il semblait dégrader dans son *Temple* nos plus célèbres écrivains, pour s'y réserver la place la plus distinguée, et qu'il sous-entendait modestement qu'il était le seul écrivain parfait. Il a eu égard à ce reproche, et pour se disculper, il s'est pincé lui-même en galant homme, mais doucement, comme vous le pensez bien. »

Cette nouvelle ondée tomba sur la tête de Voltaire, et, comme on le pense bien aussi, sans la rafraichir. Cependant il amassait, s'il est permis de parler ainsi, des trésors de vengeance, et ses amis les plus intimes auxquels il en faisait part de temps en temps, jugeaient de l'état actuel de son âme que l'effet qui en résulterait un jour pour Desfontaines serait terrible, mais décisif.

« Les *Observations* de l'abbé Desfontaines, écrit Voltaire à Cideville (20 septembre 1735), sont des outrages qu'il fait, une fois par semaine, à la raison, à l'équité, à l'érudition et au goût. Il est difficile de prendre un ton plus suffisant et d'entendre plus mal ce qu'il loue et ce qu'il condamne. Ce pauvre homme, qui veut se donner pour entendre l'anglais, donne l'extrait d'un livre anglais (*Alciphron* ou le *Petit Philosophe*, par G. Berkeley, évêque de Cloyne ; dans le tome Ier, lettre 8, des Observations), fait en faveur de la religion, comme un livre d'athéisme. Il n'y a pas une de ses feuilles qui ne fourmille de fautes. Je me repens bien de l'avoir tiré de Bicêtre et de lui avoir sauvé la Grève. Il vaut mieux, après tout, brûler un prêtre que d'ennuyer le public : *Opportet aliquem mori pro populo*. Si je l'avais laissé cuire, j'aurais épargné au public bien des sottises. »

Toute la haine de Voltaire éclate dans ces dernières et cruelles paroles. Heureusement qu'il y a là beaucoup de fanfaronnade et qu'il n'est pas aussi méchant qu'il en a l'air. En effet, on le voit bientôt après suspendre une dénonciation publique qu'il se préparait à lancer contre Desfontaines, pour ne pas aggraver le péril auquel le critique s'était exposé de nouveau, en tournant l'Académie française en ridicule.

CHAPITRE V.

Quelque raison personnelle qu'eût Voltaire d'en vouloir à Desfontaines, et quel que fût son droit d'user de représailles, il s'efforçait de donner le change au public sur sa vengeance, en présentant sa cause particulière comme celle de tous les gens de lettres, et en répondant au journaliste, comme s'il eût eu mission de le faire en leur propre nom.

C'est pourquoi, avant de relever les critiques dont il était l'objet dans les *Observations* de Desfontaines, il commence presque toujours par s'indigner contre celles qui s'adressent aux ouvrages d'autrui, et s'il vient à parler ensuite des attaques qui le regardent, c'est comme sans préméditation, et parce qu'en sa qualité de partie d'un corps exposé tout entier, la défense de ce corps serait incomplète, si une seule des parties qui le composent perdait ses droits à la protection dévolue au tout.

Ce désintéressement n'était pas sans habileté ; il conciliait d'abord à Voltaire les gens de lettres en butte aux censures de Desfontaines, et il lui donnait de plus un air d'impartialité. Pour Desfontaines, il n'en était que plus cordialement et plus généralement détesté.

Voltaire eut lieu sans doute de s'applaudir de cette tactique, car il y revint encore et souvent dans sa polémique contre Fréron.

La tragédie de la *Mort de César* fut, dans ce temps-là, jouée au collége d'Harcourt, par les élèves de cet établissement. Voltaire, en la composant, s'était proposé deux buts, celui d'enrichir la république des lettres, en faisant connaître aux Français le goût des Anglais, et celui de donner une tragédie sans femme et sans amour.

Il pensait en même temps réformer Shakespeare et imiter Racine : double prétention, dont l'une est encore aujourd'hui traitée de souverainement téméraire par les Anglais, et dont l'autre ne sert qu'à faire ressortir davantage l'immense supériorité de l'auteur d'*Athalie*.

On n'en doit pas moins à Voltaire cette obligation, sinon d'avoir été parmi nous l'interprète fidèle du génie de Shakespeare, du moins de nous avoir inspiré l'envie de l'interroger à sa source et de nous confirmer par cet examen dans l'opinion avantageuse que nous avions déjà de notre littérature nationale.

Il fit plus. En voulant réformer Shakespeare et nous apprendre quel homme il était, en révélant même ses défauts de ce ton de plaisanterie qui semble impliquer dans un contradicteur le défaut de toute autre raison, il ne laisse pas de le juger avec un sens exquis. Que ceux qui se vantent de braver le goût et qui, plus le poète anglais est grossier, plus ils l'admirent, que ceux-là, dis-je, raillent Voltaire d'être trop délicat ; ni leur enthousiasme, ni leur dédain ne prévaudront contre la critique de l'homme qui, plus que personne au monde peut-être, a eu l'instinct du beau et du vrai.

La pièce jouée, on l'imprima avec beaucoup de vers estropiés, et quelques-uns de la façon d'un régent de rhétorique.

Desfontaines ne manqua pas de dire ce qu'il en pensait, et il s'exprima ainsi :

« La *Mort de César*, tragédie de M. de Voltaire, représentée au collège d'Harcourt, le 11 du mois dernier, est imprimée depuis quelques jours. Dans cette pièce composée de trois actes, il n'y a ni femme, ni amour. Tous les personnages s'y tutoient comme égaux, et Brutus même y tutoie César, qu'il reconnaît pour son père et qu'il ne laisse pas de vouloir assassiner. Ce Romain, plus quaker que stoïcien, a des sentiments plus monstrueux qu'héroïques. Si cette pièce, dont le plan, la conduite, le dialogue, le style et les pensées sont dans le goût du théâtre anglais, pouvait être un peu utile aux mœurs, en inspirant un zèle généreux pour la patrie et pour la liberté publique, elle pourrait aussi dans un autre sens leur être préjudiciable, par l'exemple d'un courage féroce et dénaturé. Le caractère de César est un peu faible ; il n'a de grandeur que celle que lui donnent les flatteries d'Antoine. On ne sait à la fin ce que devient Brutus, le chef et l'âme de la conjuration : l'action est finie à la huitième scène du dernier acte ; celle qui suit est une espèce d'oraison funèbre de César, en forme de controverse. Antoine et les Romains disent chacun leur pensée sur la mort, et l'on sort pour aller mettre le feu aux maisons des conjurés.

» Cette tragédie (si on peut lui donner ce nom), malgré tous ses défauts, porte toujours l'empreinte de son auteur, c'est-à-dire, d'un grand génie et d'un grand écrivain. On y admire plusieurs pensées vives, mâles et neuves et de fort beaux vers. Mais qu'il y en a de faibles et de durs! Que d'expressions vicieuses! que de mauvaises rimes! Je crois que l'auteur, dont les lumières, les talents et la réputation sont fort au-dessus de la critique, ne regarde lui-même cet ouvrage que comme une tentative singulière. En la livrant à un théâtre de collége, il a prétendu essayer de faire connaître en France le goût du tragique anglais : je suis persuadé enfin qu'il n'a jamais fait cette pièce pour la scène française, encore moins pour l'impression. Au reste, qu'il me soit permis de remarquer que l'amour de la patrie est fort différent en France et en Angleterre : en France, il n'est point distingué de l'amour du prince; nous ne sommes bons sujets et bons citoyens qu'autant que nous aimons et que nous respectons le chef de l'État, notre maître, notre législateur, notre père. Il est vrai, d'ailleurs, que César avait opprimé la République et usurpé l'autorité; mais, suivant les règles de la saine morale, il n'appartenait ni à Brutus, ni à Cassius, ni aux autres conjurés, qui étaient des particuliers dans la République, de punir le tyran : d'où je conclus que la *Mort de César* et toutes les tragédies de cette espèce, prises à la rigueur, pourraient être des pièces beaucoup plus dangereuses que celles où règne l'amour. Mais heureusement que nous sommes dans des circonstances où la morale n'a rien à craindre de ces représentations. »

Desfontaines cite ensuite une lettre de Voltaire, qu'il venait, dit-il, de recevoir à l'occasion de cette pièce :

A Cirey, près de Vassy, en Champagne, 7 septembre 1735.

« Je m'amusai, il y a quelques années, de faire une tragédie en trois actes de la *Mort de J. César*. C'est une pièce tout opposée au goût de notre nation. Il n'y a point de femme dans cette pièce ; il n'est question que de l'amour de la patrie : d'ailleurs, elle est aussi singulière par l'arrangement théâtral que par les sentiments. En un mot, elle n'est point faite pour le public... Voilà la tragédie aujourd'hui imprimée, à ce que j'apprends, pleine de fautes, de transpositions et d'omissions considérables. On dit même que le professeur de rhétorique d'Harcourt, qui était chargé de la représentation, y a changé plusieurs vers : ce n'est plus mon ouvrage. Je sens bien cependant qu'on me jugera comme si j'étais l'éditeur, et que la calomnie se joindra à la critique. Tout ce que je demande, c'est que l'on sache que cette pièce n'est point imprimée telle que je l'ai faite. Je vous prie d'en dire deux mots dans l'occasion. » (Observations sur les écrits modernes, lett. 27, t. 11, pag. 270 et suiv.)

Malheureusement, cette sorte de capitulation offerte en vue de prévenir les attaques n'eut pas de succès ; le siége de Desfontaines était fait, c'est-à-dire son article composé, lorsque la lettre de Voltaire arriva, et le journaliste imprima tout simplement l'une à la suite de l'autre.

Ce témoignage public du peu de compte que faisait Desfontaines des observations et de la prière qui sont l'objet de cette lettre, irrita profondément Voltaire. L'impression seule de la réclamation du poète immédiatement après la critique qu'elle avait pour but d'empêcher, était un acte passablement perfide ; Desfontaines l'aggravait en supprimant le passage de la lettre où Voltaire le priait de garder le secret sur cette même lettre, et en révélant, nonobstant qu'il fût également prié de n'en rien faire, le lieu d'où elle lui était écrite. Or, cette seconde indiscrétion contre laquelle voulait le prémunir l'auteur de la lettre, dans des termes que, pour abréger, j'ai dû retrancher, était celle que Voltaire appréhendait le plus.

Il était alors à Cirey chez madame la marquise du Châtelet, dans les bonnes grâces de laquelle il commençait à être fort avant. Soit crainte d'être inquiété de nouveau par la police dans cette douce retraite, soit répugnance à voir le nom de celle qu'il aimait mêlé même indirectement à ses propres querelles, il accusa Desfontaines d'avoir trahi un des premiers devoirs de la société, en abusant de sa confiance, et il lui prodigua les épithètes les plus déshonorantes dans les lettres qu'il écrivit à cette occasion à quelques-uns de ses amis. (A Berger, septembre ; à Thiriot, 4 octobre ; à d'Olivet, 4 octobre 1735.)

Il s'éleva en même temps avec véhémence contre la critique de sa tragédie ; il se fondait principalement sur ce qu'il n'avait pas voulu faire une pièce française, mais donner une idée du théâtre anglais : prétexte spécieux comme il ne manquait jamais d'en alléguer toutes les fois qu'une de ses œuvres était jugée avec sévérité, et que, persuadé au fond de l'équité de ces jugements, il avait honte d'en convenir. Il niait encore qu'il fût l'auteur de ces vers durs ou faibles, de ces expressions vicieuses, de ces mauvaises rimes qui arrachaient à Desfontaines ses exclamations désobligeantes ; il se fatiguait à démontrer que les coupables étaient ou le régent de rhétorique chargé de monter la *Mort de César* pour les élèves du collége d'Harcourt, ou les éditeurs, ou les imprimeurs, ou quiconque avait contribué à donner sans son aveu une publicité prématurée à sa tragédie.

C'était encore là une des habitudes, il faudrait dire une des roueries de Voltaire. A l'entendre, ses éditeurs ont presque tous été des faussaires ; il va sans dire que pas un d'eux, en le falsifiant, n'avait le talent de le faire parler comme il aurait parlé lui-même.

Quant à la critique de Desfontaines, elle est loin d'être irréprochable. S'il a raison de signaler des défauts de style considérables dans la pièce en question, s'il qualifie avec justice du nom de controverse la huitième scène du dernier acte, s'il fait entendre qu'elle est, comme il est aisé de s'en convaincre, une sorte de superfétation, si enfin il n'était pas tenu de distinguer, dans une tragédie publiée sous le nom de Voltaire, la main de l'ouvrier de celle du rapiéceur, il était tenu du moins de ne pas comparer le stoïcien Brutus à un quaker, et de ne pas oublier que les quakers sont si pacifiques qu'il ne leur est pas même permis de porter l'épée; il n'est pas excusable de dire que ce même Brutus était un simple particulier de la République, puisqu'il était sénateur et préteur; il se rendait ridicule en osant avancer que la *Mort de César* était une pièce contre les mœurs : « Est-ce donc à lui, observe Voltaire, à parler des mœurs? »

Et il entre tout-à-coup dans une longue série de récriminations éloquentes contre Desfontaines :

« Quelle fureur, s'écrie-t-il, possède cet homme, qui n'a d'idées dans l'esprit que celles de la satire, et de sentiments dans le cœur que ceux de la plus lâche ingratitude? On croirait peut-être, à son procédé, que c'est un homme qui a beaucoup à se plaindre de moi et qui cherche à se venger à tort et à travers : c'est cependant le même homme pour qui je me trainai à Versailles, étant presque à l'agonie, pour qui je sollicitai toute la cour, et qu'enfin je tirai de Bicêtre. C'est ce méchant homme que le ministère voulait faire brûler, contre qui les procédures étaient commencées; c'est lui à qui j'ai sauvé l'honneur et la vie; c'est lui que j'ai loué comme un assez bon écrivain, quoiqu'il m'eût fort faiblement traduit; c'est lui enfin qui, depuis ces services essentiels, n'a jamais reçu de moi que des politesses, et qui, pour toute reconnaissance, ne cesse de me déchirer. » (A. Berger, septembre; à Thiriot, 4 octobre 1735.)

Ces plaintes, pour être justes, n'en sont pas moins pitoyables. On y reconnaît avec peine le philosophe qui se pare du nom sans la chose, ignore l'art de faire le bien pour le bien, et regrette une bonne action dont il est l'auteur, parce qu'elle a profité à un sujet indigne; on y voit encore l'orgueilleux écrivain que ne rassurent sur sa valeur ni la haute opinion qu'il a de lui-même, ni ses succès éclatants, ni le rang élevé qu'il occupe et que personne ne lui dispute dans les lettres, ni même le peu de crédit que, malgré leur incontestable talent, quelques-uns de ses adversaires trouvent parmi les lecteurs, toutes les fois qu'ils s'avisent de le décrier.

Il avait rendu sans doute un très-grand service à Desfontaines et il a raison de s'en prévaloir; car, s'il ne fallait, pour assurer le souvenir des bienfaits, que compter sur la mémoire de celui qui les a reçus, ils risqueraient fort de tomber dans l'oubli; mais, en confondant sans cesse dans Desfontaines l'ingrat avec le critique et en se faisant un argument de son mauvais cœur contre son mauvais goût, Voltaire finit par nous faire douter à quoi il est le plus sensible, des coups portés à l'amour-propre de l'écrivain, et du mépris qu'on témoigne pour les services du bienfaiteur.

D'ailleurs il n'est pas possible d'accorder à Voltaire que les expressions qu'emploie Desfontaines, pour le juger, ne soient pas de la critique permise, et qu'elles soient, comme il le répète à outrance, de la satire. Certes, le journaliste n'était pas, vis-à-vis du poète, dans les conditions voulues d'un juge impartial; néanmoins il ne pouvait guère se prononcer à son égard autrement qu'il le fait, sous peine ou d'être un apologiste décidé, ou de donner une analyse de la pièce dans le genre de celle d'un libretto de ballet-pantomime.

Quoi qu'il en soit, ne voulant pas s'abaisser à demander une rétractation à Desfontaines, Voltaire engagea Thiriot, auquel il supposait de l'influence sur le journaliste, à lui faire sentir l'infamie de son procédé et ce à quoi il s'exposait.

Il pria en outre Thiriot de demander à l'abbé Prévost, son ami, et auteur d'un journal périodique intitulé le *Pour et contre*, qu'il lui soit rendu justice dans ses feuilles, en cette occasion. (A Thiriot, 4 octobre 1735.)

Dans tous les cas, il réserva sa vengeance contre Desfontaines.

« Que dira-t-il, s'écrie-t-il dans la même lettre, quand il verra à la tête de la *Henriade*, ou de mes autres ouvrages, l'histoire de son ingratitude? »

Elle sera sanglante, en effet, cette histoire; elle résumera toutes les turpitudes dont Voltaire se borne, quant à présent, à charger Desfontaines dans des confidences faites à des tiers fort enclins à les divulguer; puis elle sera rendue publique au moyen d'un libelle où le graveur, reproduisant l'infamie de Desfontaines et le châtiment qui en fut la suite, burinera profondément les traits timidement esquissés par la plume de l'écrivain.

Voltaire, en attendant, essayait de tous les moyens pour faire revenir Desfontaines de son jugement sur la *Mort de César*.

Outre Thiriot, son principal négociateur dans

cette conjoncture délicate, il sollicita l'abbé Asselin, proviseur du collége d'Harcourt.

Celui-ci, personnage grave, circonspect, comme il convenait à sa double qualité de prêtre et de chef de pension, ne paraissait pas être homme à se laisser duper par les doléances exagérées de Voltaire, non plus qu'à se laisser persuader par ses protestations, alors même que Voltaire les eût assaisonnées de quelques grossiers quolibets, comme il le faisait pour le divertissement particulier des Berger et des Thiriot.

Aussi, le langage que Voltaire parle avec lui est-il un peu différent. Il est amer, sans doute, mais il est aussi empreint d'une certaine onction qui donne à la douleur de Voltaire une apparence de sincérité.

L'abbé Asselin, malgré ses très-légitimes défiances, en fut touché. Comment ne l'eût-il pas été, lorsque Voltaire, avec une déférence qui l'honore, non-seulement faisait appel à son bon cœur et à son équité pour opérer une réconciliation entre les deux partis, mais encore lui en offrait tout de suite un moyen facile, en disant : qu'il est fâché du procédé de Desfontaines, surtout parce que Desfontaines ayant du mérite, sachant l'anglais et devant avoir lu Shakespeare, était à portée de donner sur le goût anglais et sur une tragédie française écrite dans ce goût, des lumières au public; qu'il lui pardonne d'ailleurs volontiers, dans l'espoir que, par les choses désagréables semées contre lui dans vingt de ses feuilles, Desfontaines n'a point eu l'intention de l'outrager : qu'il a rejeté bien des propositions de vengeance qui lui ont été faites par les ennemis du journaliste; qu'il souhaite de le voir revenir à lui avec l'amitié qu'il est en droit d'en attendre ; qu'il proteste que la sienne ne sera pas altérée par la différence de leurs opinions ; qu'enfin, il trouvera bon que la lettre où il s'exprime en ces termes conciliants lui soit communiquée. (A l'abbé Asselin, 24 octobre et 4 novembre 1735.)

Avec de pareils préliminaires, la paix devait être bientôt conclue. Desfontaines fit un bon accueil aux avances de Voltaire ; il rétracta en partie, dans la lettre 34 de ses *Observations*, ce qu'il avait dit dans la lettre 27 de la *Mort de César*, c'est-à-dire que, sans s'expliquer sur le fond de sa critique, il affecta de croire que les falsifications de la tragédie, dont Voltaire accusait tout le monde, étaient évidentes, et que sa critique ne s'adressait plus désormais qu'à ceux qui les avaient commises.

Voltaire se déclara satisfait.

Alors il écrivit à Desfontaines une lettre de remerciments où l'on peut juger tout ensemble de sa modestie, de sa dissimulation et de son extrême sensibilité, car il y a de tout cela dans sa lettre, et elle est trop curieuse pour qu'on n'en cite pas ici quelques fragments.

« Si l'amitié vous a dicté, monsieur, ce que j'ai lu dans la feuille trente-quatrième que vous m'avez envoyée, mon cœur en est bien plus touché que mon amour-propre n'avait été blessé des feuilles précédentes. Je ne me plaignais pas de vous comme d'un critique, mais comme d'un ami ; car mes ouvrages méritent beaucoup de censure ; mais moi je ne méritais pas la perte de votre amitié... Il importe peu au public que la *Mort de César* soit une bonne ou une méchante pièce ; mais il me semble que les amateurs des lettres auraient été bien aises de voir quelques dissertations instructives sur cette espèce de tragédie qui est si étrangère à notre théâtre... Je suis persuadé que vous auriez rendu un service aux belles lettres, si au lieu de parler en peu de mots de cette tragédie comme d'une pièce ordinaire, vous aviez saisi l'occasion d'examiner le théâtre anglais et même le théâtre d'Italie, dont elle peut donner quelque idée. »

Après quelques réflexions sur les différences qui distinguent les produits de la scène française de ceux des théâtres étrangers, Voltaire continue ainsi :

« Vous devez connaître, à la manière dont j'insiste sur cet article, que je suis revenu à vous de bonne foi, et que mon cœur, sans fiel et sans rancune, se livre au plaisir de vous servir autant qu'à l'amour de la vérité. Donnez-moi donc des preuves de votre sensibilité et de la bonté de votre caractère : écrivez-moi ce que vous pensez et ce qu'on pense sur les choses dont vous m'avez dit un mot dans votre dernière lettre. La pénitence que je vous impose est de m'écrire au long ce que vous croyez qu'il y ait à corriger dans mes ouvrages dont on prépare en Hollande une très-belle édition. Je veux avoir votre sentiment et celui de vos amis. Faites votre pénitence avec le zèle d'un homme bien converti, et songez que je mérite, par mes sentiments, ma franchise, par la vérité et la tendresse qui sont naturellement dans mon cœur, que vous vouliez goûter avec moi les douceurs de l'amitié et celles de la littérature. » (A Desfontaines, 14 novembre 1735.)

On ne peut nier qu'il y ait vraiment de l'effusion dans ces paroles de Voltaire, et qu'il pensât au moins quelque chose de ce qu'il disait. Cependant, il est douteux que Desfontaines ait accepté ce principe, qu'il importait peu au public que la *Mort de César* fût une bonne ou une méchante pièce. Outre que là était précisément la question, puisque le public ne pouvait pas être indifférent à une œuvre sortie de la plume de Voltaire, Desfontaines ne pouvait-il pas trouver mauvais que le poète lui prescrivît ainsi son devoir, et que passant sur l'injustice de sa critique, il lui en contestât même l'utilité ?

C'est ainsi que Voltaire gâtait toujours par quelque endroit ses meilleures actions, et qu'en définitive les traités de paix qu'il pensait avoir signés avec ses ennemis n'étaient que des armistices.

Pareille chose arriva de sa paix avec Desfontaines.

A peine fut-elle conclue que, par un acte dans lequel on ne saurait décider s'il y eut plus de malice que d'indiscrétion, Desfontaines la compromit et souleva de nouveau la bile de Voltaire, lorsqu'elle commençait à peine de se reposer.

Le comte Algarotti étant sur le point de partir pour un voyage scientifique au pôle-nord, Voltaire lui adressa une épître confidentielle qui tomba, on ne sait comment, entre les mains de Desfontaines.

Apparemment que l'abbé pensa qu'elle ferait bonne figure dans son journal, et il demanda à Voltaire la permission de l'y insérer.

Voltaire s'y opposa formellement, et il donna des raisons qui n'étaient pas à dédaigner.

Desfontaines cependant passa outre et publia l'épitre.

« Le corsaire de Desfontaines, écrivit à ce sujet Voltaire à Thiriot, a bien les vices que vous n'avez pas. Vous connaissez cette guenille que j'avais écrite au comte Algarotti; l'abbé Desfontaines me demande la permission de l'imprimer ; je lui fais répondre au nom de M. et madame du Châtelet qu'ils regarderont cette impression comme une injure personnelle; je le prie, je lui recommande de se donner bien de garde de publier cette bagatelle... A peine a-t-il reçu ma lettre, qu'il imprime! » (A Thiriot, 30 novembre 1735.)

Voici la cause de la juste susceptibilité de Voltaire: on lit à la fin de l'épitre au comte Algarotti les vers suivants :

> Allez donc, et du pôle observé, mesuré,
> Revenez aux Français apporter des nouvelles.
>   Cependant je vous attendrai,
> Sous mon méridien, dans les champs de Cirey,
> N'observant désormais que l'astre d'Émilie.
> Échauffé par le feu de son puissant génie,
>   Et par sa lumière éclairé,
>   Sur ma lyre je chanterai
> Son âme universelle autant qu'elle est unique ;
> Et j'atteste les cieux mesurés par vos mains,
> Que j'abandonnerais pour ses charmes divins
>   L'équateur et le pôle arctique.

On comprend sans peine combien M. et madame

du Châtelet étaient intéressés à prévenir l'indiscrétion de Desfontaines, monsieur surtout, auquel seul il appartenait de parler en vers ou en prose des charmes divins de madame, personne n'étant censé les connaître que lui. Pour Voltaire, j'imagine qu'il dut payer d'audace et d'esprit dans cette circonstance, et que, comme il avait affaire à un mari débonnaire, il lui persuada que les petites licences qu'il avait prises sur le papier au sujet de sa femme n'étaient que des licences poétiques.

Ni lui cependant, ni M. et madame du Châtelet ne renoncèrent à obtenir justice contre Desfontaines et à le faire repentir de son imprudence. Les deux époux parlèrent d'en écrire au garde-des-sceaux, et ce projet, ainsi qu'on le verra tout-à-l'heure, paraît avoir eu un commencement d'exécution.

Mais un danger plus grave ayant dans le même temps atteint Desfontaines, et tout particulier qui l'eût alors poursuivi pour quelque offense personnelle ayant eu la chance de paraître le complice de ses persécuteurs, les hôtes de Cirey abandonnèrent leur projet.

CHAPITRE VI.

Cette fois-ci, c'était l'Académie française qui tombait de tout le poids de ses quarante membres sur le corps du pauvre Desfontaines.

On venait de publier une harangue fictive de l'abbé Segui, où cette illustre et alors très-vindicative compagnie avec plusieurs personnes de distinction se trouvaient directement insultées.

Tout le monde attribua cette pièce à Desfontaines. Sur le cri public, et à l'instigation des plus grosses perruques de la compagnie, le lieutenant-criminel le fit arrêter et conduire au Châtelet.

Dans une lettre adressée à l'abbé d'Olivet, et qui fut lue publiquement à l'Académie, Desfontaines protesta sur son honneur qu'il n'avait point eu part à ce libelle. Mais, interrogé juridiquement, il confessa qu'il en était l'auteur.

L'abbé De la Porte dit qu'il eût pu facilement se tirer d'affaire, en nommant la personne de qui il tenait cet écrit. Si cela est vrai, s'il est vrai, ainsi que Desfontaines le publia dans la suite, qu'il prit sur son compte une affaire si délicate, pour ne point trahir le secret d'un ami, on ne saurait assez le louer de sa générosité.

Mais Desfontaines en était-il bien capable? Rien dans sa conduite antérieure ne le prouve, tandis que sa mauvaise grâce à reconnaître un service qu'il avait reçu prouverait bien plutôt qu'il n'était pas d'humeur à se sacrifier pour le service d'autrui, cette complaisance devant surtout entraîner la perte de sa liberté.

Quoi qu'il en soit, il fut convaincu à la Chambre de l'Arsenal d'avoir vendu trois louis, au libraire Ribou, ce libelle qu'il avait désavoué sur son honneur, et fut condamné.

Voltaire, qui avait d'excellentes raisons d'en vouloir à l'Académie, n'ayant pas pu se faire agréer par elle, pensa que Desfontaines avait eu tous les droits du monde de s'en moquer, et qu'un pareil acte était plus digne de récompense que de châtiment.

Aussi, à peine est-il informé que Desfontaines est en prison, prêt à être conduit aux galères pour avoir tourné en ridicule l'Académie, « et ainsi châtié de ses crimes pour avoir fait une bonne action » (A Thiriot, 25 janvier 1736), qu'il écrit à l'abbé Asselin, et lui recommande de ne pas faire usage d'une lettre qui lui avait été confiée, dans laquelle M. et madame du Châtelet se plaignaient vivement de Desfontaines, et le menaçaient, selon toute apparence, de le déférer aux tribunaux. « L'abbé Desfontaines, ajoute-t-il, est malheureux, et dès ce moment je lui pardonne. Si vous savez où il est, mandez-le-moi ; je pourrai lui rendre service et lui faire voir, par cette vengeance, qu'il ne devait pas m'outrager. » (A l'abbé Asselin, 29 janvier 1736.)

En vérité, peu s'en faut qu'on ne pardonne à Desfontaines son ingratitude, quand il semble que Voltaire ne mette tant d'acharnement à le servir que pour multiplier les occasions de le diffamer.

Il se donnait encore ce plaisir, dans le temps même qu'il s'offrait de tirer Desfontaines de prison, et, dans une ode sur l'*Ingratitude,* adressée au maréchal de Richelieu, il écrivait les vers suivants :

Quel monstre plus hideux s'avance ?
La nature fuit et s'offense,
A l'aspect de ce vieux Giton ;
Il a la rage de Zoïle,
De Gacon l'esprit et le style,
Et l'âme impure de Chausson.

C'est Desfontaines, c'est ce prêtre,
Venu de Sodôme à Bicêtre,
De Bicêtre au sacré vallon ;
A-t-il l'espérance bizarre
Que le bûcher qu'on lui prépare,
Soit fait des lauriers d'Apollon ?

Il m'a dû l'honneur et la vie,
Et dans son ingrate furie,
De Rousseau lâche imitateur,
Avec moins d'art et plus d'audace,
De la fange où sa voix coasse,
Il outrage son bienfaiteur.

Quand Voltaire eut écrit ces vers, un remords le saisit, mais un remords singulier. « Je vous envoie l'ode sur l'*Ingratitude,* dit-il à Berger (février 1736);

j'ai dédaigné de parler de Desfontaines; il n'a pas assez illustré ses vices. »

D'où venait cet accès d'indulgence? De ce que Desfontaines, qui, grâce à quelques protections puissantes, avait recouvré la liberté de sa personne et de sa plume, avait tout d'abord fait usage de celle-ci pour dire du bien de la tragédie d'*Alzire*.

« La tragédie d'*Alzire* de M. de Voltaire, lit-on au tome IV, page 144 de ses *Observations,* a eu un très-grand succès. J'y prends toute la part possible comme son admirateur et son ami... J'aurai soin de vous rendre compte de cette pièce au premier jour et je ferai mes efforts pour en parler dignement. Je serai le panégyriste de cet illustre écrivain lorsque je croirai qu'il le mérite, c'est-à-dire, que je le serai presque toujours. Pourrais-je avoir jamais la pensée de ternir la gloire d'un auteur qui contribue en son genre à celle de ce règne? On me mande que les principales beautés de cette tragédie consistent dans des situations admirables, dans des surprises bien ménagées, dans des peintures du plus parfait et du plus haut coloris et dans la noblesse des caractères bien soutenus, surtout de ceux d'Alvarès et de Zamore. On ajoute que le cinquième acte est au-dessus de tout. »

Sauf quelques petites restrictions qui durent produire sur Voltaire l'effet de la pile de Volta sur les corps qu'on galvanise; le poète n'eût pas mieux dit, s'il se fût loué lui-même. Une si grande complaisance de la part de Desfontaines en appelait une autre, Voltaire la lui témoigna, en faisant rentrer les trois strophes dans son portefeuille.

Cette marque de défiance peint bien l'homme. En effet, quand après avoir ressenti une joie vive des louanges de Desfontaines, Voltaire, refroidi, se mit à en peser les termes, il trouva d'abord que les restrictions du journaliste étaient quelque peu impertinentes ; puis, que ces mêmes louanges, dont la douce fumée lui avait un moment monté au cerveau et amolli le cœur, n'étaient que l'écho du bruit public recueilli par Desfontaines ; que celui-ci n'avait eu garde d'en prendre l'initiative et qu'il conservait sans doute l'arrière-pensée de les modifier, de les tempérer, selon qu'il jugerait que le poète l'aurait plus ou moins mérité.

Alors, il se sut bon gré de la précaution qu'il avait prise et du doute qu'il avait conçu de la sincérité de Desfontaines.

Toutefois, avant de rétablir ses strophes vengeresses, il attendit le compte-rendu auquel s'était engagé le critique. Jusque-là il jouit du succès de son *Alzire*, bravant les parodies et les chansons satiriques dont elle était l'objet et dont celle qui suit n'est pas la moins plaisante :

Pour Montez
Alvarez
Est en peine :
Car son fils, fier et brutal,
Traite horriblement mal
La race Américaine.
Vers pompeux,
Deux à deux

Il débite :
D'ailleurs tout manque au sujet ;
Clarté, vraisemblance, et
Conduite.

Tendre Alzire, tu déplore
Ton triste hymen, quand Zamore
Sort d'un trou :
Mais par où?
On l'ignore.
Mis au cachot, il arma
Dans les bois mille ma-
Tamores.

En amour,
C'est un tour
Trop précoce,
Qu'aller loin de son époux,
Courir le guilledoux
La nuit même des noces.

Mal en prend
A Gusman,
Qui pour preuve
De foi chrétienne en sa fin,
Lègue à son assassin
Sa veuve.

Mais, soit qu'il eût oublié son engagement, soit, ce qui est plus probable, qu'il craignît qu'en examinant *Alzire,* quelque réflexion maligne ne lui échappât et ne vînt gâter son impartialité, Desfontaines ne se pressa point de vérifier si le bien qu'on lui avait dit de cette tragédie était vrai et garda pour le moment du moins le silence.

Voltaire devina sa pensée, et dès lors n'eut plus de scrupule.

Ces strophes, que par égard pour les vices trop obscurs de Desfontaines, il avait cru devoir supprimer, il les rétablit tout-à-coup, en en donnant à son ami Thiriot une raison qui n'était pas précisément la véritable, mais qui, si elle lui épargne l'aveu d'une faiblesse, découvre en même temps toute la profondeur de sa méchanceté.

« J'avais ôté, dit-il, ce monstre subalterne d'abbé Desfontaines de l'ode sur l'*Ingratitude* : mais les transitions ne s'accommodaient pas de ce retranchement, et il vaut mieux gâter Desfontaines que mon ode, d'autant plus qu'il n'y a rien de gâté, en relevant sa turpitude. Je vous envoie l'ode, chacun est content de son ouvrage ; cependant je ne le suis pas de m'être abaissé à cette guerre honteuse. » (A Thiriot, le 23 septembre 1738.)

Diffamer un homme qui, bien que décidément ennemi, n'en observe pas moins aux yeux du public la conduite d'un ami, et le sacrifier à la crainte de gâter une ode, est une licence qui n'avait point encore, que nous sachions, été pratiquée ni surtout recommandée en poésie. Le malheur est que l'ode de Volaire n'en fut pas meilleure. Mais Voltaire faisait peu de cas de ce genre, et il avait ses raisons pour être si dédaigneux.

C'en était assez de cette ode pour qu'enfin Desfontaines éclatât et fît voir à Voltaire que les effets de la vengeance ne sont pas moins terribles dans un journaliste que dans un philosophe. Mais l'ode avait été adressée au maréchal de Richelieu sous la condition apparemment qu'elle ne serait pas divulguée. Il est douteux néanmoins qu'elle n'ait pas circulé en manuscrit, ces sortes de pamphlets volants pouvant toujours être désavoués, d'autant que la signature de l'auteur n'y figurait jamais. Desfontaines n'avait donc pas à répondre à ce qu'il ne connaissait pas par la voie de l'impression, ni à ce qui n'étant qu'une pièce manuscrite et anonyme, rentrait dans la catégorie de ces libelles méprisables qui paraissaient chaque jour contre lui et qu'il dédaignait de réfuter. Aussi ne changea-t-il rien à ses procédés à l'égard de Voltaire. On remarque seulement dans sa critique non pas plus de sévérité, mais je ne sais quoi de railleur et de provoquant; d'où l'on infère que Desfontaines, soupçonnant que la patience de Voltaire serait bientôt à bout, jugeait à propos de lui faire pressentir par un ton un peu plus dégagé qu'auparavant, qu'on l'attendait de pied ferme et qu'on avait bec et ongles pour se défendre.

La comédie de l'*Enfant prodigue* venait d'être représentée. Voltaire n'ayant pas voulu livrer son nom au parterre, tout Paris s'évertuait à deviner l'auteur, la plupart des gens n'ayant que cette ressource pour pouvoir prononcer en connaissance de cause sur le mérite de la pièce; seul Desfontaines le découvrit, et voici en quels termes il en fit part au public :

« J'ai vu les sentiments partagés au sujet de l'auteur inconnu de la comédie dont il s'agit. Pour moi, je ne me suis pas mépris un instant, et, sans prétendre ainsi dévoiler le mystère, je dirai seulement que le grand poète peut quelquefois se dégrader, en offrant du bas et du trivial ; qu'il peut mettre sur la scène des rôles insipides qu'il a crus de bon goût dans son cabinet, et débiter de froides plaisanteries qui ont ri à son imagination échauffée. Mais, au milieu de toutes les défectuosités qui frappent les connaisseurs, le génie distingué et rare perce. On reconnaît en général la singularité du talent de l'auteur caché, à la légèreté du style, à l'enjouement du dialogue, à la finesse de quelques traits, à l'élégance caractéristique de plusieurs vers frappés de main de maître. » (Observations, t. VI, pag. 312.)

Voltaire, qui n'était peut-être pas très-éloigné de ces sentiments sur sa propre pièce, persista dans un silence qu'on pouvait regarder jusqu'à un certain point comme un désaveu, affectant de craindre d'être découvert et prenant toutes les précautions pour ne l'être pas.

« Est-il vrai, dit-il à Berger (29 novembre 1736), que ce monstre d'abbé Desfontaines ait parlé de l'*Enfant prodigue?* Ce brutal ennemi des mœurs et de tout mérite saurait-il que cela est de moi? »

Il n'en douta bientôt plus, à la manière perfide avec laquelle Desfontaines parle des affaiblissements et des illusions des grands poètes, et surtout à la lecture de ces louanges épigrammatiques et subtiles dont la délicatesse ressemble si fort à une injure ; il n'en douta pas non plus, quand Desfontaines y eut ajouté cette appréciation ironique de sa modestie :

« On dit que l'autruche, pressée par les chasseurs, cache sa tête derrière un arbre, et que parce qu'elle ne voit pas, elle s'imagine n'être pas vue. L'auteur de l'*Enfant prodigue*, qu'on est bien loin de vouloir rabaisser par cette comparaison, fait à peu près la même chose, et lorsque tout Paris est persuadé que cette pièce est une des productions de l'auteur de la *Henriade*, il prend le parti de la désavouer. A-t-il craint qu'elle ne fût jugée digne de lui? Le succès des représentations a dû le rassurer... Il est vrai que quelques personnes, trompées par les défauts qui s'y trouvent, n'ont pu y reconnaître l'auteur de la *Henriade;* mais enfin, le voile est levé. Les comédiens et les propres amis de l'auteur ne font aucune difficulté de reconnaître la *Henriade* et l'*Enfant prodigue*, pour les enfants du même père. Cet auteur aurait-il voulu imiter la Galatée de Virgile : *Et fugit ad salices?* Sa seule orthographe pour laquelle, d'ailleurs, il a soutenu une espèce de thèse, suffirait pour le trahir, s'il avait eu une vraie intention de se cacher. » (Observations, t, XI, p. 289.)

Mais un événement imprévu l'empêcha de se préoccuper davantage de cet incident.

Voltaire étant venu de Cirey à Paris, fut obligé, au bout de trois mois, d'en partir tout-à-coup, à cause de son *Mondain* qui souleva contre lui les âmes pieuses, et, ce qui était plus grave, quelques philosophes d'une austérité un peu trop chatouilleuse. Ils obtinrent de M. de Chauvelin et du cardinal de Fleury, que l'auteur et le livre fussent poursuivis.

Averti à temps du danger, Voltaire reprit en toute hâte la route de Cirey, d'où il partit le 4 novembre 1736 pour la Hollande.

De toutes les poursuites dont il avait été l'objet,

celle-ci lui fut la plus sensible. Le *Mondain*, en effet, ne méritait pas cette rigueur; c'est un éloge assez gai du luxe, de la mollesse, de tous les arts et de tous les plaisirs. Le scandale était venu de ce qu'en regard de cette peinture séduisante de tout ce qui chatouille et ravit les sens, Voltaire avait esquissé en termes assez lestes, la vie d'Adam et d'Ève dans le paradis terrestre.

Le souvenir de cette persécution ne cessa de troubler sa bile durant toute sa vie. « Il y a quinze ans, dites-vous, écrit-il à d'Argental (28 août 1750), que cela s'est passé. Non, il y a un jour; ces injustices atroces sont toujours des blessures récentes. »

Son premier soin, dès qu'il fut à Leyde, fut de chercher quel pouvait être son dénonciateur. Il résulta de ses informations, lesquelles ne firent sans doute que justifier ses pressentiments, que le coupable était Desfontaines.

« Les curieux d'anecdotes, dit-il dans la note finale du *Mondain*, seront bien aises de savoir que ce badinage fut composé immédiatement après le succès d'*Alzire*. Ce succès anima tellement les ennemis littéraires de l'auteur, que l'abbé Desfontaines alla dénoncer la petite plaisanterie du *Mondain* à un prêtre nommé Couturier, qui avait du crédit sur l'esprit du cardinal de Fleury. Desfontaines falsifia l'ouvrage, y mit des vers de sa façon, comme il avait fait à la *Henriade*. L'ouvrage fut traité de scandaleux, et l'auteur de la *Henriade*, de *Mérope* et de *Zaïre*, fut obligé de s'enfuir de Paris. »

Voltaire articule contre Desfontaines deux imputations graves : celles de dénonciateur et de falsificateur. La seconde serait la plus vraisemblable, Desfontaines étant sujet à caution. Néanmoins, dans les choses de cette nature, il est toujours permis, il est même d'obligation stricte de douter des allégations de Voltaire, alors même qu'en y mêlant des noms propres, c'est-à-dire en indiquant des témoignages à l'appui de sa parole, il sollicite le lecteur à en contrôler la véracité. Or, parmi les gens de lettres de ce temps-là, ceux qui, dans leurs querelles, croyaient devoir garder publiquement quelque mesure, n'avaient pas honte, quand ils désespéraient d'avoir raison les uns des autres par la seule puissance du talent, de se dénoncer réciproquement à la police comme de vils coquins ; ils s'entr'accusaient ensuite de ce sale procédé, sans qu'aucun d'eux se mît fort en peine d'en être lui-même plus ou moins convaincu, ni de le vérifier dans les autres. La trop grande prodigalité dont on usait dans l'échange de ces sortes de compliments en émoussait la pointe, et la protection dont chacun avait besoin auprès du pouvoir, pour la libre publication de sa pensée, s'achetait volontiers à tout prix.

Les récréations de Voltaire, pendant son séjour à Leyde, étaient de corriger ses ouvrages de belles-lettres ; mais son occupation sérieuse était d'étudier Newton et de tâcher de réduire ce géant à la mesure des nains ses confrères. C'est ce qu'il appelait mettre Briarée en miniature. Sa grande affaire était donc que les traits fussent ressemblants, besogne difficile à laquelle il achèverait, pensait-il, de perdre sa santé déjà fort menacée; mais cette considération ne le découragea pas.

Il travaillait donc avec ardeur à ses *Éléments de la Philosophie de Newton*, lorsqu'informé par les hôtes de Cirey qu'il n'avait plus à craindre en France pour sa sûreté personnelle, il résolut d'y revenir, sans prendre même le temps de finir son travail.

Toutefois, avant de se mettre en route, il remit au libraire Leydet, en Hollande, les premiers chapitres des *Éléments*, et partit, emportant le reste du manuscrit. Le libraire fit achever l'ouvrage par un mathématicien du pays, et mit en vente le volume contenant vingt-cinq chapitres, après avoir ajouté au titre donné par Voltaire ces mots : *mis à la portée de tout le monde*.

Cette réclame, si innocente en elle-même, si rebattue, et qui ferait moquer de lui le libraire assez étranger à son siècle pour l'employer aujourd'hui, cette réclame fut le point qui, de même que l'aimant attire la foudre, attira immédiatement la critique, en lui inspirant une de ces cruelles plaisanteries si chères à l'esprit français, et qui suffisent pour frapper de déconsidération un ouvrage tout entier.

On dit donc que la formule ajoutée au titre renfermait une faute d'impression, et que ce n'était pas *mis à la portée* qu'il fallait lire, mais *mis à la porte de tout le monde*.

On attribua ce méchant mot à Desfontaines qui n'avait fait sans doute que le répéter, mais qui, pour cette seule indiscrétion, mit le comble à la haine que lui avait vouée l'auteur des *Éléments*.

Cela ne l'empêcha pas de parler de cet ouvrage dans ses feuilles, et d'apprécier en ces termes la nouvelle tentative de Voltaire :

« Il serait ridicule, ce me semble, qu'un philosophe renonçât à la philosophie dans un âge un peu avancé, afin de s'adonner à la poésie; mais il sied, au contraire, à un poète de renoncer aux vers à cet âge pour devenir philosophe. *Turpe senex vates.* Je ne suis donc pas de ceux qui trouvent mauvais que M. de Voltaire se soit à la fin dégoûté d'emprisonner ses pensées et de mesurer des mots, et qu'il ait voulu donner un noble essor à son esprit, en l'élevant aux sublimes objets de la philosophie... C'est dommage qu'il ait donné dans le newtonianisme qui est une mauvaise physique, réprouvée de tous les bons philosophes de l'Europe... Il faut d'ailleurs être né géomètre ou physicien pour réussir dans la géographie et dans la physique, comme il faut être né poète pour acquérir de la gloire sur le Parnasse moderne. M. de Voltaire a incontestablement reçu de la nature le talent de la poésie; mais la nature est-elle si prodigue de ses dons, et n'y a-t-il pas quelque incompatibilité entre le génie des vers et le génie de la philosophie? Les premiers progrès qu'on fait dans quelque science ont coutume de flatter l'amour-propre. On travaille avec ardeur, on lit avec assiduité, on écrit pour soi-même et on conclut aisément que ce qu'on écrit pour s'instruire peut servir à instruire les autres. Tels sont, selon les apparences, les motifs qui ont porté M. de Voltaire à écrire sur le newtonianisme, et à publier ensuite ce qu'il a écrit. » (Observations, t. XV, pages 49 et 73.)

Après avoir ainsi, par une allusion injurieuse et très-déplacée à l'âge de Voltaire, qui n'avait alors que quarante-quatre ans, après avoir ainsi loué le poëte de son renoncement à la poésie pour consacrer son temps et ses forces à l'étude de la philosophie, et néanmoins après lui avoir en même temps contesté qu'il fût propre à traiter cette sorte de matière, Desfontaines attaque avec une grande vivacité le système de Newton, et le déclare hors d'état d'obtenir jamais en France la popularité qu'on prétend lui ménager. Une bonne partie des sarcasmes qu'il prodigue au philosophe anglais viennent s'abattre sur la tête de l'interprète français, d'autant moins mesurés et d'autant plus amers qu'il fait plus d'efforts pour mettre ce dernier hors de cour et que le besoin de sa cause l'y ramène à chaque instant.

Convaincu enfin qu'il n'y avait rien à gagner avec ce détracteur incorrigible, et qu'il fallait, pour se sauver lui-même, le perdre dans le public où son crédit s'étendait et se fortifiait de plus en plus, Voltaire brocha le *Préservatif* et le livra à l'impression.

CHAPITRE VII.

En examinant la conduite de Voltaire dans ses querelles avec ses ennemis ou avec ses critiques, lesquels il ne distinguait pas les uns des autres, on s'étonne du soin qu'il mettait d'abord à se dissimuler, lorsqu'il se décidait à repousser leurs attaques, et ensuite de son opiniâtreté dans le mensonge, quand il était démasqué.

On voit bien, il est vrai, parce qu'il le répète à satiété, qu'il méprisait trop ses ennemis pour les combattre de sa personne, et qu'à cet égard il s'en reposait sur le zèle de ses amis; on voit encore qu'il proteste à chaque instant de son dégoût pour les batailles livrées sur le terrain de la littérature, de son horreur pour les libelles dont il n'a jamais écrit, dont il n'écrira, dit-il, jamais un seul; du respect enfin qu'il se doit à lui-même et des soins dont il n'est pas libre de frustrer les objets sérieux qui le réclament tout entier. Néanmoins, comme il se prétendait déshonoré, toutes les fois qu'en le critiquant on ne s'était pas renfermé dans les bornes très-étroites qu'il avait prescrites lui-même, on ne comprend pas son dédain pour des attaques qui eussent appelé la répression des lois, si elles eussent été aussi énormes qu'il le déclarait, de même qu'on ne s'explique pas ses désaveux, toutes les fois que son style, ses indiscrétions et la notoriété publique le signalaient comme ayant répondu.

C'est apparemment qu'avec tout son orgueil, Voltaire avait conscience des fautes que ses critiques relevaient dans ses écrits, et que, n'ayant pas le pouvoir de démontrer d'une manière victorieuse que ses fautes n'en étaient pas, d'une part, il couvrait son impuissance du prétexte commode que les censures dont il était l'objet étaient autant de diffamations, de l'autre, à la faveur de ses libelles anonymes et pseudonymes, il échappait à une accusation directe et personnelle de ne dire tant d'injures à ses adversaires que parce qu'il manquait de bonnes raisons à leur opposer.

Ajoutez à cela une crainte excessive de se commettre, rendue nécessaire par le souci de sa liberté individuelle continuellement menacée, et par la nature délicate de quelques relations, comme celles qu'il avait avec madame du Châtelet, une soif de vengeance inextinguible, une colère d'autant plus bruyante qu'elle succédait à un silence longtemps et violemment comprimé, et vous aurez le secret de toutes les contradictions, de toutes les imprudences et de ces démentis effrontément donnés aux vérités les plus évidentes, qu'on remarque dans ses œuvres en général, et en particulier dans sa correspondance.

Le principal exemple de cette audace dans le mensonge, glorifié d'ailleurs par Voltaire et qu'il éleva jusqu'à la hauteur d'une théorie, est sans contredit le *Préservatif.* C'est une petite brochure de quarante et quelques pages, rédigée, suivant les expressions mêmes de Voltaire (A d'Olivet, 29 janvier 1739), en forme de table de matières, et divisée en trente numéros. Les vingt-six premiers, réfutation souvent juste et non pas toujours spirituelle de quelques jugements des *Observations* de Desfontaines, ne sont, à vrai dire, qu'un prétexte, un acheminement au vingt-septième, lequel est l'histoire détaillée de la fameuse aventure de Desfontaines, de son ingratitude et de son déshonneur. Voltaire en fit parvenir le manuscrit au chevalier de Mouhi, qu'il autorisait à en tirer le meilleur parti possible et à s'en déclarer l'auteur. Ce plan fut arrêté et soutenu constamment par les parties intéressées.

Pendant qu'on imprimait le *Préservatif*, Voltaire, pour tromper son impatience, et surtout pour alléger son cœur d'une partie du ressentiment qu'y avaient fait naître les dernières railleries de Desfontaines sur les *Éléments de Newton*, Voltaire décocha contre son ennemi cette épigramme :

> Pour l'amour anti-physique
> Desfontaines flagellé,
> A, dit-on, fort mal parlé
> Du système newtonique.
> Il a pris tout à rebours
> La vérité la plus pure,
> Et ses erreurs sont toujours
> Des péchés contre nature.

Cette épigramme circula dans le public; elle servit comme d'introduction au *Préservatif*, lequel parut enfin, vers le milieu de 1738, et, ainsi qu'il avait été convenu, sous le nom du chevalier de Mouhi.

Une estampe ignoble était jointe à la brochure. Elle représente Desfontaines à genoux, recevant le fouet de la main d'un homme qui le lui donne à tour de bras. Au-dessus de ce groupe repose, sur un nuage, et entre deux amours, dont l'un a laissé tomber son flambeau, une déesse qui semble présider à l'exécution et qui paraît être Vénus se vengeant des outrages faits à son culte.

Au bas de l'estampe, on lisait cette inscription qu'il importe de reproduire en respectant l'orthographe :

> Jadis curé, jadis jésuite,
> Partout connu, partout chassé,
> Il devint auteur parasitte,
> Et le public en fut lassé.
> Pour réparer le temps passé
> Il se déclara s......;
> A Bissêtre, il fut bien fessé;
> Dieu récompense le méritte.

Il est des épreuves contre lesquelles la patience la plus exercée ne saurait tenir. Celle-ci était terrible; un saint y eût échoué, et bien loin d'être un saint, Desfontaines n'était qu'un prêtre indigne, de mœurs plus qu'équivoques, déconsidéré parmi ses concitoyens, et tout plein de rancune et de fiel.

Il fut transporté de douleur et de rage, et annonça

hautement l'intention de se venger. Thiriot en informe Voltaire. Il lui mande que Desfontaines prépare une réponse au *Préservatif;* mais il ne lui dit pas qu'interrogé par les amis de Desfontaines sur l'*Apologie de Voltaire,* c'est-à-dire, sommé de déclarer s'il avait, ainsi qu'on l'avançait dans le *Préservatif,* affirmé à Voltaire que Desfontaines avait, en effet, écrit ce libelle en 1724, au sortir de Bicêtre, et que le même Desfontaines avait, sur son injonction, jeté au feu le manuscrit, il ne dit pas qu'il répondit d'une manière si vague, si embarrassée, que Desfontaines en conclut que Thiriot démentait le fait cité dans le *Préservatif,* et se proposa d'exploiter ce démenti, pour confondre le diffamateur.

Cependant, Thiriot semble avoir demandé à Voltaire ce qu'il avait à faire dans cette circonstance, comme s'il n'était pas de sa loyauté, de son devoir d'agir immédiatement, d'agir sans conseil, et de venir en aide à son plus ancien ami.

Voltaire entrevoit la lâcheté de Thiriot, et il lui répond :

« Vous ferez comme il vous plaira à l'égard de ce monstre d'abbé Desfontaines ; mais vous pouvez assurer que je n'ai pas d'autre part au livre trèsfort qui vient de paraître contre lui, que d'avoir écrit, il y a deux ans, à M. Mafféi, la lettre qu'on vient d'imprimer. » (A Thiriot, 24 novembre 1738.)

Eh ! c'est justement cette lettre à Mafféi, qui irrite Desfontaines, et qui est le fondement de la réplique qu'il prépare. Il s'inquiète bien, vraiment, des autres attaques que le *Préservatif* dirige contre lui ; il se soucie bien d'y être traité de sot, de présomptueux et d'ignorant; que ces injures viennent ou non de Voltaire, que lui importe? Ce qui le touche, c'est d'être représenté dans une lettre écrite et signée de la main de Voltaire, et dans une estampe qui le dispute d'énergie avec cette même lettre, comme un homme flétri par la main du bourreau, pour le plus sale, le plus infâme de tous les vices, comme un misérable qui déchire son bienfaiteur le lendemain même du jour où il en a reçu le bienfait.

Voltaire prend donc sciemment le change sur la susceptibilité de Desfontaines ; aussi ajoute-t-il bien vite, et comme persuadé que Thiriot non plus que Desfontaines ne se paieraient de cette monnaie :

« Assurez-le, d'ailleurs, que j'ai en main de quoi le confondre et le faire mourir de honte, et que je suis un ennemi plus redoutable qu'il ne pense. »

Ces rodomontades n'effrayaient guère Desfontaines. Elles l'encourageaient au contraire, parce que, outre qu'elles trahissaient la peur de Voltaire, celui-ci, à moins de l'accuser de vol ou d'assassinat, ne pouvait dire, contre lui, pis qu'il ne l'avait fait dans sa lettre scandaleuse à Mafféi.

Il poursuivit donc son entreprise; il y travailla avec ardeur.

Plus le danger approchait, plus Voltaire l'appréhendait, plus il s'efforçait de le conjurer. Tantôt il regrettait d'avoir été trop loin, tantôt il menaçait d'aller plus loin encore. Mais par-dessus tout la conduite de Thiriot le désolait.

« Je ne sache pas, dit-il, qu'on ait imprimé rien de mes lettres à Afféi ; mais ce que j'ai écrit, soit à lui, soit à d'autres, sur l'abbé Desfontaines, a beaucoup couru. Si on m'avait cru, on aurait plus poli, plus aiguisé cette critique (le Préservatif). Il était nécessaire de réprimer l'insolente absurdité avec laquelle ce gazetier attaque tout ce qu'il n'entend point ; mais je ne peux être partout, et je ne peux tout faire. » (A Thiriot, 6 décembre 1738.)

Après ces précautions prises en vue de dépister Thiriot et de le persuader qu'il n'est pas l'auteur du *Préservatif;* après ce témoignage de défiance donné à un ami dont il commençait à bon droit de suspecter la fidélité, Voltaire continue :

« Au reste, je ne crois pas que vous balanciez entre votre ami et un homme qui vous a traité avec le mépris le plus insultant dans le *Dictionnaire néologique...* Il ne m'a jamais ni écrit, ni parlé de vous que pour nous brouiller ; jamais il n'a employé sur votre compte un terme honnête. Si vous aviez la faiblesse honteuse de vous mettre entre un tel scélérat et votre ami, vous trahiriez également et ma tendresse et votre honneur. Il y a des occasions où il faut de la fermeté. C'est s'avilir de ménager un coquin. Il a trouvé en moi un homme qui le fera repentir jusqu'au dernier moment de sa vie ; j'ai de quoi le perdre : vous pouvez l'en assurer. »

Thiriot, qui était aussi fin que Voltaire, mais qui était plus prudent, n'était pas dupe des protestations et des recommandations de son ami. Il craignait d'ailleurs que Voltaire ne s'engageât trop avant et ne l'entraînât avec lui. Or, il aimait son repos par-dessus tout, et sa philosophie ne lui avait pas appris que le repos acquis par le sacrifice de l'amitié est une lâcheté.

Il essayait donc de calmer Voltaire, et il se défendait d'avoir à se plaindre de Desfontaines, en alléguant que les outrages dont il était l'objet dans le *Dictionnaire néologique* y avaient été introduits par un éditeur de Hollande, qui avait imprimé ce livre à l'insu de Desfontaines, et que Desfontaines le désavouait.

« Je ne me rends point sur le Desfontaines, lui réplique Voltaire, et je vous soutiens que le pied-plat dont vous me parlez, qui vous a si indignement accoutré dans son libelle néologique, c'est lui-même; mais je ne vous dis que ce que vous savez. Vous cherchez à ménager un monstre que vous détestez et que vous craignez. J'ai moins de prudence; je le hais, je le méprise, je ne le crains pas, et je ne perdrai aucune occasion de le punir. Je sais haïr, parce que je sais aimer. Sa lâche ingratitude, le plus grand de tous les vices, m'a rendu irréconciliable. » (A Thiriot, 10 décembre 1738.)

Enfin, le 14 décembre 1738, parut chez Chaubert la Réponse au *Préservatif,* sous le titre de *La Voltairomanie* ou *Lettre d'un jeune avocat, en forme de Mémoire.*

A l'imitation de Voltaire, qui avait publié *le Pré-*

servatif sous le nom du chevalier de Mouhy, Desfontaines se déguisa sous la qualité d'avocat, avec l'intention dérisoire de paraître instruire d'office contre Voltaire un procès dont ce soi-disant Mémoire serait la première pièce.

Ce libelle étant aussi curieux que rare, et l'effet qu'il produisit ne pouvant être bien compris des lecteurs, s'ils n'en connaissent au moins quelques passages, on donnera ici ceux qui ont été les plus sensibles à Voltaire, avec une courte analyse du reste.

L'avocat commence par exposer que Desfontaines étant d'un âge et d'un caractère qui pardonnent trop aisément les injures, lui, qui est son ami, s'est chargé de punir, dans la personne de M. de Voltaire, un homme accoutumé à être autrement payé de ses sottises.

Ceci est une allusion aux coups de bâton du chevalier de Rohan.

Il remarque que le sceau du sieur de Voltaire est imprimé sur chaque page de son infâme écrit, et il se demande si un écrivain sensé se serait jamais livré à de pareils excès.

« Quand M. l'abbé Desfontaines (dit-il pages 6-7), serait tel qu'il a l'audace de le dépeindre, s'ensuivra-t-il que Voltaire est un honnête homme et un grand orateur ? Passera-t-il moins chez tous les connaisseurs pour ignorer absolument le théâtre, où il n'a jamais été applaudi que pour la vaine harmonie de ses pompeuses tirades et pour sa hardiesse satirique ou irréligieuse ? Sa *Henriade* sera-t-elle moins un chaos éblouissant, un mauvais tissu de fictions usées ou déplacées, où il y a autant de prose que de vers et plus de fautes contre la langue que de pages? Son *Temple du Goût* sera-t-il moins la production d'une petite tête ivre d'orgueil? Son *Charles XII* ne passera-t-il pas toujours pour l'ouvrage d'un ignorant étourdi, écrit dans le goût badin d'une caillette bourgeoise qui brode des aventures?... Ses *Lettres* (philosophiques) où il ose porter ses extravagances jusqu'à l'autel, le tiendront-elles moins éloigné de Paris toute sa vie, dans l'appréhension des recherches dangereuses ordonnées par le sage arrêt du parlement qui a condamné ce monstrueux ouvrage au feu?... *Les Éléments de Newton* seront-ils jamais autre chose que l'ébauche d'un écolier qui bronche à chaque pas, et qu'un livre ridicule?... Enfin, Voltaire sera-t-il moins un homme déshonoré dans la société civile par ses lâches impostures, par ses fourberies, par ses honteuses bassesses, par ses vols publics et particuliers et par sa superbe impertinence qui lui a attiré jusqu'ici de si flétrissantes disgrâces? »

Suit dans une note l'énumération de ces disgrâces :

« 1° Le digne châtiment qu'il reçut à Sèvres, dans temps de la Régence, châtiment dont il se crut bien dédommagé par les mille écus que son avarice reçut pour consoler son honneur. 2° Le célèbre traitement de la porte de l'hôtel de Sully, en conséquence duquel il fut chassé de France pour les folies que cette noble bastonnade lui fit faire.

3° Bastonnade encore à Londres de la main d'un libraire anglais, accident douloureux qui lui fit solliciter vivement et obtenir la grâce de revenir en France. C'est ainsi que le même fléau qui l'en a fait sortir, l'y a fait rentrer, pour y essuyer plusieurs autres affronts d'une autre espèce. Quand sera-t-il rassasié d'ignominies? »

Il est difficile de rassembler plus d'injures en moins de mots. Il y a là cependant bien des mensonges, mais le peu de vérités qui y sont étalées avec une si cruelle complaisance enlevait d'avance aux démentis les mieux fondés toute chance d'être crus.

Continuons.

L'avocat observe que l'abbé Desfontaines n'a rien fait qui ait pu lui mériter la haine de M. de Voltaire, qu'au contraire il l'a toujours ménagé dans ses écrits. La vérité est que, depuis la publication du *Préservatif,* il parut dans les *Observations* de Desfontaines (tome XV, page 185) une défense très-vive et très-flatteuse de la tragédie de *Zaïre,* contre Fuzelier qui en avait fait la parodie. C'était assurément un acte d'héroïsme. Mais il faut répéter ici de Desfontaines ce qu'on en a déjà dit dans l'article précédent : son siége était fait, c'est-à-dire, que l'article sur *Zaïre* était sous presse quand le *Préservatif* en sortit, et que ces deux écrits parurent presque simultanément.

Passant à la lettre de M. Maffëi, unique sujet de la colère de Desfontaines, l'avocat poursuit en ces termes :

« Croira-t-on (page 9), que celui qui fait aujourd'hui un si honteux reproche à M. l'abbé Desfontaines, est celui-là même qui fit son apologie il y a treize ou quatorze ans, et qui démontra dans un petit Mémoire dressé par lui-même la fausseté et l'absurdité de l'accusation? Il le fit à la sollicitation de feu M. le président de Bernières, qui par complaisance le logeait alors chez lui, et que Voltaire ose appeler son ami. » «M. le président de Bernières, ajoute-t-il en note, *ami* de Voltaire, petit-fils d'un paysan! La profession d'homme de lettres est bien avantageuse. Cet ami le chassa de chez lui en 1726, après son discours insolent, dans la loge de mademoiselle Lecouvreur (1). Mais par quel attachement, ou plutôt par quelle partialité, et par quelle profusion de louanges l'abbé Desfontaines n'a-t-il pas payé pendant dix ans un service qui n'avait été, du côté de Voltaire, qu'une déférence aux volontés de son hôte et de son bienfaiteur. »

Ces reproches auraient pu être habiles, si madame de Bernières, qui survivait à son mari, n'eût été là pour apporter, comme elle le fit, son témoignage en faveur de Voltaire, et pour certifier, ce qui d'ailleurs était de notoriété publique, que Voltaire payait pension chez elle et son mari, qu'ils avaient dû faire cette concession à sa délicatesse, et que la preuve

(1) Il s'agit de la réponse de Voltaire au chevalier de Rohan. Ce jeune seigneur, à la suite d'une discussion qu'ils avaient eue ensemble dans la loge de mademoiselle Lecouvreur, ayant demandé qui il était, Voltaire, dit-on, s'était empressé de répondre : « Je suis le premier de mon nom et vous le dernier du vôtre. »

qu'il n'avait pas démérité de ses amis, c'est qu'elle prenait hautement sa défense contre les calomnies du libelliste.

Examinant ensuite les raisons qui ont soulevé la bile de Voltaire, l'avocat cite la critique de *la Mort de César* et du *Temple du Goût*; critique innocente, mais juste, que Voltaire érigea en traits horribles de noirceur et d'ingratitude. Toutefois, sur une lettre de Voltaire, formulée dans les termes les plus affectueux et les plus expressifs, l'abbé Desfontaines retira sa critique. Que fait Voltaire? Quinze jours après cette lettre, il insulte l'abbé Desfontaines dans le *Mercure*. Celui-ci demande la cause de ce changement subit : point de réponse. Voltaire continue d'insulter l'abbé Desfontaines par de mauvaises épigrammes qu'il fait courir. On se tait, on méprise l'injure; il redouble : la patience de l'abbé Desfontaines l'enhardit, et il pousse l'affront jusqu'à l'excès dans des imprimés scandaleux.

« Après cela, ajoute l'auteur du libelle, il a la folie de prétendre avoir encore des droits sur le cœur de l'abbé Desfontaines ! Ignore-t-il qu'il est de principe dans la société que les offenses effacent les bons offices? A plus forte raison quand l'offense est très-grande et que le bon office n'est qu'une justice rendue en considération d'un bienfaiteur dont on dépend. Voltaire, logé et nourri chez le président de Bernières, allié de l'abbé Desfontaines (un faquin, par ses airs de protection, nous oblige de parler de cette circonstance), avait-il pu se dispenser de faire ce qu'il fit? » (page 11.)

Desfontaines s'efforce en vain, toujours par l'organe de son avocat, de dénaturer le service qui lui a été rendu. Que ce service ait été spontané ou non, il n'en eut pas moins pour effet le salut de Desfontaines, lequel courait la chance d'être brûlé vif, sans les sollicitations directes de son adversaire, et le crédit dont, malgré sa disgrâce, il jouissait alors à la cour. Que Voltaire, après cela, ait plus ou moins parlé de ce service considérable, cela n'importe guère. Les prétentions des bienfaiteurs n'autorisent jamais l'oubli des bienfaits. C'est à quoi ne pensait point assez Desfontaines, quand il harcelait Voltaire de ses critiques, et qu'il espérait que les éloges dont il les accompagnait leur serviraient de passeport; mais, partagé comme il l'était entre ses scrupules d'obligé et ses devoirs de journaliste, il ne comprit pas que le seul moyen honnête de concilier les uns avec les autres était de garder le silence.

Il résulte d'explications données plus loin, que la vilaine affaire de Desfontaines avait été provoquée « par les fougueux et dangereux amis d'un homme qui n'est plus » et qui n'est pas nommé. Cette confidence n'est pas très-claire. Plus de détails, fortifiés surtout par des noms propres, étaient indispensables, et l'innocence de Desfontaines n'eût pas été gâtée, s'il ne l' eût pas sacrifiée, en diffamant les amis anonymes d'un de ses amis mort.

Quoi qu'il en soit, il semble vouloir faire entendre qu'il fut dans cette circonstance, victime de quelques inimitiés personnelles, comme il affirme l'avoir été de son dévouement à un ami dans l'affaire du libelle contre l'Académie. Selon lui, l'auteur de ce libelle lui en avait confié le manuscrit, sous le sceau du secret. Le manuscrit lui fut volé; on l'imprima; le public crut y reconnaître l'auteur, et nomma Desfontaines. Celui-ci fut arrêté; mais il eut la générosité de garder fidèlement et jusqu'à la fin le secret à son ami, et il aima mieux s'exposer à tout que de tromper la confiance d'un homme qui avait compté sur sa probité.

Ce trait honore Desfontaines, sans doute; mais on n'a ici pour garant que sa parole; et, ici encore, il aurait fallu d'autres preuves.

Il réfute encore quelques autres assertions du *Préservatif*, relatives à ses jugements sur les ouvrages de Voltaire; il se défend d'avoir fait imprimer en Hollande seize libelles contre lui, et s'exprime ainsi sur cette *Apologie de Voltaire*, qu'il était accusé d'avoir écrite au sortir de Bicêtre:

« C'est aussi dans le même esprit qu'il (Voltaire) a inventé le libelle composé contre lui à la campagne, chez M. de Bernières, par l'abbé Desfontaines, qui, si on l'en croit, le montra à M. Thiriot qui l'obligea à le jeter au feu... M. Thiriot est un homme aussi estimé des honnêtes gens que Voltaire en est détesté. Il traîne comme malgré lui les restes honteux d'un vieux lien qu'il n'a pas encore eu la force de rompre entièrement. Or, on a demandé à M. Thiriot, qui est cité ici pour témoin, si le fait était vrai; et M. Thiriot a été obligé de dire qu'il n'en avait aucune connaissance On propose ici un défi à Voltaire. Le séjour à la campagne chez feu M. le président de Bernières est dans les vacances de 1725. Si un libelle imprimé cette année existe, qu'on le montre. S'il répond que l'abbé Destaines l'a jeté lui-même au feu, qu'il cite des témoins ; car, assurément, il ne doit point être cru sur sa parole. M. Thiriot, dit-il, l'obligea de le jeter au feu. Et voilà M. Thiriot qui déclare la fausseté du fait. Le sieur Voltaire est donc le plus hardi, le plus insensé des menteurs. » (page 20.)

Pour ne rien dire encore de Thiriot qui, dans plusieurs lettres, attesta le fait en question à Voltaire, il faut remarquer l'adresse avec laquelle Desfontaines le cajole, afin de l'encourager dans son lâche démenti, et surtout de le brouiller avec Voltaire ; il faut remarquer, en outre, le défi important que Desfontaines lance à Voltaire, au sujet de l'*Apologie*, libelle qui, ainsi qu'on l'a vu précédemment, existait si bien qu'il a été réimprimé dans la *Bibliothèque française* de Dusauzet.

Un certain Saint-Hyacinthe, homme d'esprit, mais espèce de chevalier d'industrie, qui avait eu le talent de se faire passer pour l'auteur du *Mathanasius* (1), quoiqu'il n'eût composé que la chanson qui sert de fondement à ce plaisant commentaire, avait fait imprimer, à la suite de l'œuvre de MM. de Salengre et S'Gravesande, un opuscule tout entier de sa façon, sous le titre de *Déification du docteur Aristarchus Masso*. Si l'on en croit Voltaire, Saint-Hyacinthe est bien loin, dans ce livre, de faire de bonnes plaisan-

(1) Je sais que cette opinion est combattue ; mais il n'importe guère.

teries ; elles y sont, en effet, un peu forcées et surtout beaucoup trop prolongées. Saint-Hyacinthe avait spéculé sur sa réputation d'auteur du *Chef-d'œuvre d'un inconnu*, qu'il avait escroquée, selon Voltaire, comme il avait volé madame Lambert. Il avait été moine, soldat, libraire, marchand de café, et il vivait alors du profit du biribi. Vingt ans auparavant, il avait écrit des libelles contre Voltaire, et, depuis *OEdipe*, il l'avait suivi comme un roquet qui aboie après un homme qui passe sans le regarder.

Ce fier mépris exaspéra naturellement Saint-Hyacinthe. Aussi s'en vengea-t-il en insérant, dans la *Déification*, un passage horriblement injurieux contre Voltaire, dont l'auteur de la *Voltairomanie* ne manqua pas de s'emparer.

Voici ce passage : il est une allusion à l'aventure du pont de Sèvres.

« Un officier français, nommé Beauregard, s'entretenait avec quelques personnes que la curiosité avait, comme moi, attirées au pied de la double montagne (le Parnasse). Un poète de la même nation, portant le nez au vent comme un cheval houzard, vint effrontément se mettre de la conversation, et, parlant à tort et à travers, s'abandonna à quelques saillies insultantes que l'officier désapprouva. Le poète s'en mit peu en peine et continua. L'officier, s'éloignant alors, alla dans un détour par où il savait que le poète devait passer pour aller parler à un comédien. Il y vint, en effet, accompagné d'un homme à qui il récitait des vers, et qu'il ne croyait pas devoir être le témoin d'une de ses in-

fortunes. Car l'officier arrêtant le poète par le bras :
— J'ai ouï-dire que les impudents étaient lâches, lui dit-il, j'en veux faire l'épreuve et ne puis mieux m'adresser qu'à vous. Voyons, monsieur le bel esprit, si vous vous servirez bien de cette épée que vous portez, je ne sais pourquoi; ou préparez-vous à recevoir de cette canne le châtiment de votre insolence. Tel qu'une catin pâlit et s'effraie aux éclats redoublés du tonnerre, tel le poète pâlit au discours de l'officier, et la frayeur lui inspirant avec le repentir des sentiments d'humilité et de prudence :

> — J'ai péché, lui dit-il, et je ne prétends pas
> Employer ma valeur à défendre mes fautes :
>   J'offre mon échine et mes côtes
> Au juste châtiment que prépare ton bras.
> Frappe, ne me crains point, frappe, je te pardonne,
> Ma vie est peu de chose et je te l'abandonne.
> Tu vois en ce moment un poète éperdu,
> Digne d'être puni, content d'être battu ;
> N'opposer nul effort à ta valeur suprême.
> Beauregard n'aura point de vainqueur que lui-même.

— « Ces beaux discours ne servent ici de rien, dit l'officier; défendez-vous ou prenez garde à vos épaules. Le poète n'ayant pas la hardiesse de se défendre, l'officier le chargea de quantité de coups de bâton, dans l'espérance que l'outrage et la douleur lui donneraient quelque courage... Mais la prudence du poète redoubla, à proportion des coups qu'il reçut : ce qui fit que l'homme qui l'avait accompagné s'écria, en s'adressant à l'officier :

— Arrêtez, arrêtez l'ardeur de votre bras,
Battre un homme à jeu sûr n'est pas d'une belle âme,
Et le cœur est digne de blâme
Contre les gens qui n'en ont pas.

L'officier alors, après avoir ainsi disposé le poète à ses remontrances : — Sectateur des muses, lui dit-il, apprenez qu'il est plus important d'être sage qu'il n'est nécessaire d'être poète, et que, si les lauriers du Parnasse mettent à couvert de la foudre, ils ne mettent point à l'abri des coups de bâton. En disant ces mots, il jeta dans un champ celui qu'il avait en main. Mais, ô prodige! ce bâton devint dans l'instant même un arbre, etc. »
(Déification de l'incomparable docteur Aristarchus Masso, pag. 327 du tom. II du *Chef-d'œuvre d'un inconnu,* de l'édition de Londres, 1738, in-12.)

Cette aventure est-elle vraie, ne l'est-elle pas? c'est un point qui n'a jamais été bien éclairci. Mais vraie ou fausse, les ornements dont la pare Saint-Hyacinthe sont évidemment de son invention.

D'ailleurs, on ne saurait dire que Voltaire fût un de ces lurons résolus, toujours prêts à dégainer pour la défense de leurs paroles téméraires, mais il n'était pas non plus un lâche, les efforts qu'il fit, les dangers auxquels il s'exposa pour rejoindre M. de Rohan et se mesurer avec lui, démontrent assez le contraire. Tout ce qu'on peut dire, c'est que les coups de bâton assénés par les gens de ce personnage, étant restés impunis, donnèrent lieu à plusieurs histoires de ce genre, lesquelles, se multipliant sous la plume vindicative des innombrables ennemis de Voltaire, n'étaient après tout que des versions revues et augmentées de l'histoire primitive.

Le reste de la *Voltairomanie* est consacré à prouver que Voltaire n'entend pas certain passage d'Horace et qu'il ne sait pas le premier mot de la discussion à ce sujet entre Dacier et le marquis de Sévigné, à railler sa passion pour Newton et à lui faire honte de son ignorance en physique.

« Je crois la *Voltairomanie*, dit en finissant le libelliste, assez bien démontrée par tout ce que je viens de dire. Plût à Dieu que Voltaire ne fût que dépourvu de lumières et de jugement, qu'il ne fût qu'insensé ! Ce qu'il y a de pis, c'est qu'il est faux, impudent, calomniateur... Qu'il écrive désormais tout ce qu'il lui plaira, en prose ou en vers ; on l'a mis ou plutôt il s'est mis lui-même hors d'état d'obtenir la moindre créance dans le monde. Au reste, quelque maltraité qu'il paraisse ici, on a encore usé d'indulgence. Que de choses ne sait-on pas qu'on veut bien s'abstenir de publier ! Les horreurs de son libelle dispensent néanmoins de la modération. Il est certain que s'il pouvait être guéri de son sot orgueil, il serait moins fou, moins impie, moins téméraire, moins calomniateur, moins enragé, etc., etc, Or, qu'y a-t-il de plus capable d'abattre cet orgueil monstrueux, principe radical de tous ses vices et de tous ses opprobres, que ce qui est contenu dans cette lettre salutaire, dont votre charité ne manquera pas de lui faire part? »

Ce pamphlet, l'un des plus sanglants et des plus implacables qui soient sortis d'une cervelle humaine, restera l'éternel opprobre de son auteur, moins à cause de la violence de forme qui le caractérise et qu'explique jusqu'à un certain point le droit de représailles, que pour les mensonges impudents, manifestes, dont il est rempli, et parce qu'il est le type du plus profond avilissement de la faculté de penser et d'écrire. La honte en retombe aussi sur le public d'alors qui s'en amusa, sur les magistrats qui n'eurent pas le courage de le poursuivre, et sur les ministres qui le tolérèrent, l'achetèrent et le lurent avec le plaisir qu'éprouve tout gouvernement corrompu et faible, quand on prend soin de déshonorer publiquement les hommes qu'il redoute, et contre lesquels il n'ose pas sévir. Voltaire en fit la cruelle expérience.

Mais avant d'entrer dans des détails à cet égard, il est bon de connaître la conduite que tint alors le plus ancien des amis de Voltaire, celui que le poëte a aussi le plus aimé, qu'il a associé à sa célébrité, et dont le nom est passé jusqu'à nous en possession de cette auréole glorieuse, avec aussi peu de fondement, selon moi, que celui de Fréron nous est parvenu et est demeuré pour la plupart comme le symbole de l'envie, de l'ignorance et de la méchanceté. On voit qu'il s'agit de Thiriot.

CHAPITRE VIII.

A la lecture de la *Voltairomanie*, et jusqu'au passage où il est question du témoignage de Thiriot, Voltaire fut frappé d'une sorte de stupeur. Mais arrivé à ce même passage où Thiriot est cité avec emphase comme démentant son ami, au lieu d'être transporté de colère, comme il était naturel en pareille occasion, Voltaire se sentit pénétré de la plus vive douleur.

Cette tendresse constante de Voltaire pour ce bourgeois gâté par la bonne compagnie, pour cet écornifleur des tables des fermiers-généraux et des grands seigneurs, pour ce sybarite auquel l'usage des plaisirs perçus aux dépens d'autrui avait inspiré l'amour et le culte exclusif de sa petite personne, cette tendresse, dis-je, a quelque chose d'incompréhensible. L'abandon de Thiriot, dans une circonstance où Voltaire n'eût pas eu trop du secours de dix amis comme celui qu'il croyait être le sien par excellence, fut si honteux, si lâche, si impardonnable, qu'on ne sait que penser du prix que Voltaire attachait à une telle amitié et du souci qu'il avait de se la voir enlever.

Comme on n'aperçoit nulle part que Thiriot ait rendu de ces services considérables qui font que l'obligé est toujours prêt à se sacrifier pour celui qui l'oblige, à se donner à lui corps et âme, on en est réduit aux conjectures sur les causes de la passion de Voltaire, et si, faute d'en découvrir de positives, on s'arrête aux premières qui se présentent à l'esprit, on est tenté d'en conclure qu'un si grand dévouement d'une part, une insouciance si impudente de l'autre, ne se rencontrent que chez les gens qui se sont associés pour quelque méchante action, et que l'un n'est si obséquieux et si souple à l'égard de l'autre, que parce qu'il en appréhende les indiscrétions.

Il y a cependant deux faits dans la vie de Thiriot qui pourraient donner la clé de cette énigme. Le premier est le dévouement réel qu'il témoigna à Voltaire, lorsqu'il soigna cet ami attaqué de la petite vérole et qu'il lui tint lieu de garde-malade nonobstant les périls de la contagion ; le second est qu'en l'absence de Voltaire il était son espion à Paris et lui rendait compte des ouvrages où il était question de lui ; si ces ouvrages étaient anonymes, il lui en nommait les auteurs, desquels il ne manquait pas de donner la chronique scandaleuse, fournissant ainsi à Voltaire tous les matériaux nécessaires à la préparation de ses vengeances : rôle excusable peut-être et qu'atténuerait jusqu'à un certain point l'intimité qui les unissait presque dès l'enfance, si Thiriot ne l'eût joué moins à titre d'ami que de gagiste et de gagiste quelquefois fort peu délicat.

Ces deux faits admis je continue mon récit.

Il y avait dix jours que la *Voltairomanie* avait paru, et à l'exception de l'avis qu'en avait donné Thiriot à Voltaire le jour même de cette publication, Thiriot faisait le mort et laissait son ami sans nouvelles. Cependant, il était chargé dans ce libelle d'une imputation si grave, on y opposait si effrontément son témoignage à celui de son ami, que naturellement il devait être pressé de s'en expliquer.

Voltaire lui écrit et lui marque la surprise où le jette sa réserve obstinée. Il lui mande que, pendant qu'il reçoit des plus indifférents les lettres les plus fortes et les plus touchantes, les offres de service les plus flatteuses, que madame du Châtelet, madame de Champbonin, tout ce qui est à Cirey, effrayés de son silence, ne savent à quoi l'attribuer, il a la mortification de ne pas recevoir de lui la moindre preuve d'amitié. (A Thiriot, 24 décembre 1738.)

Thiriot ne répond pas.

Voltaire insiste. Au bout de quinze jours, Thiriot daigne s'expliquer, mais d'une manière si vague, si entortillée, que Voltaire, qui le voit fuir le débat, l'y ramène forcément, en lui rappelant qu'il ne sait que de lui seul l'histoire du libelle de Desfontaines, dans le temps de Bicêtre; qu'il ne sait que de lui seul que ce libelle était une ironie sanglante intitulée : *Apologie du sieur Voltaire;* que non-seulement Thiriot en a parlé dans son voyage à Cirey, en présence de madame du Châtelet qui l'atteste, mais qu'en rassemblant ses lettres on trouve dans celle du 26 auguste 1724 la confirmation de ce qu'il a dit à Cirey. (Au même, 2 janvier 1739.)

Thiriot entendit enfin ce langage. Avait-il oublié jusque-là cette fatale lettre du 26 auguste, ou pensait-il que Voltaire, au bout de quinze ans, l'aurait oubliée lui-même, ou ne l'aurait pas conservée?

Quoi qu'il en soit, il sentit qu'il était nécessaire de se justifier.

Il écrivit à madame du Châtelet une lettre qui aurait bien voulu être insolente, mais qui n'est qu'embarrassée, et dans laquelle on remarque sur le fait en question les éclaircissements suivants :

« Lorsque le *Préservatif* parut, j'en fus fort scandalisé, et mon amitié fut vivement émue et alarmée de voir attribuer à M. de Voltaire ce libelle dont je le tiens entièrement incapable. L'auteur de cet écrit y avait inséré le fragment d'une lettre de M. de Voltaire au marquis de Mafféi, dans laquelle j'étais cité comme témoin d'un fait arrivé à La Rivière-Bourdet, chez feu M. le président de Bernières, vers 1724 ou 25. J'ai essuyé beaucoup de questions sur la vérité de ce fait, et voici quelle a été ma réponse : que je me souvenais simplement du fait, mais que, pour les circonstances, elle m'étaient si peu restées dans la mémoire, que je ne pourrais en rendre aucun compte. Et cela n'est pas extraordinaire après tant d'années. » (Mémoires de Longchamp, t. II, pag. 431.)

Toute sa lettre est dans ce ton, c'est-à-dire, sans franchise, sans noblesse, sans respect pour la juste et éloquente susceptibilité de madame du Châtelet, sans une marque qu'il reconnaisse sa faute et qu'il s'offre à la réparer; d'ailleurs, comme dit Voltaire, il y fait le petit important, le petit ministre avec madame du Châtelet, il y parle du *Préservatif* comme d'un libelle, et du dégoût que les libelles lui inspirent, lui qui en amassait des collections et qui en envoyait aux hôtes de Cirey plus qu'on ne lui en demandait.

Il y a plus, sa vanité lui suggéra que cette lettre, qu'il tenait apparemment pour un chef-d'œuvre, ne saurait demeurer le secret des personnes intéressées, et que le public, peut-être même la postérité, seraient jaloux de la connaître.

Il répand donc dans Paris des copies de sa lettre, et se propose ensuite de la publier dans le journal de l'abbé Prévost, le *Pour et Contre*.

Madame du Châtelet, indignée, lui renvoye sa lettre. Voltaire, qu'elle charge de l'exécution de cette mesure méprisante, cherche à en adoucir la rigueur par les paroles les plus affectueuses. Il ose tout au plus dire à Thiriot qu'il est contre toutes les règles d'avoir fait courir des copies de sa lettre à madame du Châtelet, et qu'un nom si respectable devait être ménagé. Quant à l'impression de cette lettre, il s'écrie :

« Ah! mon ami, serait-il vrai? Ce serait le plus cruel outrage à madame du Châtelet et à toute sa famille. De quoi vous êtes-vous avisé?... S'il en est temps encore, volez chez le *Pour et Contre*, brûlez la feuille, payez les frais. Mais je ne crois pas que cela soit vrai. » (A Thiriot, 19 janvier 1739.)

Mais tout le chagrin, toute l'amertume de Voltaire se versaient dans le sein de M. d'Argental.

« Thiriot, lui écrit-il le 25 janvier 1739, est insupportable. Il négocie à Cirey; il s'avise de faire le politique. Il doit savoir qu'en pareil cas, la politique est un crime. Il a passé près d'un mois sans m'écrire ; enfin, il a fait soupçonner qu'il me trahissait. S'il veut réparer tout cela par un écrit plein de tendresse et de force dans le *Pour et Contre,* à la bonne heure. Mais qu'il ne s'avise pas de parler du *Préservatif;* on ne lui demande pas son avis... Il est essentiel qu'il m'envoie un mot à peu près conçu en ces termes : « Le sieur Thiriot, ayant lu un libelle intitulé la *Voltairomanie,* dans lequel on trouve un tissu de calomnies atroces, est obligé de déclarer, sur son honneur, que tout ce qui y est annoncé sur le compte de M. de Voltaire et sur le sien, est la plus punissable imposture, etc., etc. »

« S'il refuse cela, indigne de vivre ; s'il le fait, je pardonne. »

Thiriot n'en fit rien, si ce n'est qu'à grand'peine il consentit à ne pas imprimer sa lettre à madame du Châtelet, au moyen de quoi, il se crut dispensé du reste.

Et pour montrer jusqu'à quel point il se jouait des devoirs les plus sacrés de l'amitié, il trouva plaisant d'envoyer au prince royal de Prusse, dont il était le correspondant littéraire à Paris, cette lettre inconvenante, le *Préservatif* et la *Voltairomanie !* Il accompagnait le tout d'une lettre d'envoi où il avait la bassesse de désavouer celle qu'il avait écrite à Voltaire, en 1724, et, pensant avoir mis, par là, son honneur en règle du côté de Frédéric, il répondait à M. d'Argental, qui prenait la liberté de lui rappeler les grandes et délicates obligations qu'il avait à Voltaire, qu'après tout, la vente des *Lettres philosophiques* ne lui avait valu que cinquante guinées, et qu'il n'avait mangé que quatre-vingts souscriptions de la *Henriade*. « Y a-t-il, s'écrie Voltaire, justement indigné, une âme de boue aussi lâche, aussi méprisable! » (A d'Argental, 18 janvier 1739.)

Cependant, quand Voltaire s'adresse à Thiriot, et qu'il l'interroge sur ce qu'il y a de vrai dans ces mauvais procédés d'un nouveau genre, il prend, avec soin, le ton de l'amitié la plus tendre et la plus expansive; il lui reproche avec une véritable douceur son extrême légèreté; il le suppose généreusement en butte à de lâches conseils, et troublé passagèrement par quelques compagnons de table, dans sa fidélité à une liaison de vingt-cinq années.

« Que dira le prince de Prusse? que diront ceux qui savent aimer?... Mon ami, n'est-on fait que pour souper? ne vit-on que pour soi? n'est-il pas beau de justifier son goût et son cœur, en justifiant son ami?... N'écoutez pas ceux qui vous donneront pour conseil de boire votre vin de Champagne, et d'oublier tout le reste. Buvez, mais remplissez les devoirs sacrés et intéressants de l'amitié. » (A Thiriot, 7 et 9 janvier 1739.)

Ces prières touchantes demeuraient sans effet. Endurci dans son orgueil, Thiriot ne répondait pas. Il continuait à justifier ses lâchetés, en disant que le *Préservatif* était la cause de tout ce tapage, et en faisant de l'esprit là-dessus aux soupers de la Popelinière dont le vin de Champagne lui servait de fleuve Léthé.

Mais, harcelé sans cesse par Voltaire, il finit par lui dire qu'il ne fera plus rien que M. d'Argental, leur ami commun, ne lui ordonne. Il ne parlait ainsi, que parce qu'il savait que ce magistrat n'était pas partisan du procès criminel que Voltaire intentait à Desfontaines, et qu'il se flattait que sa désapprobation s'étendrait jusqu'au désaveu que Voltaire sollicitait de lui-même.

Il se trompait grossièrement. M. d'Argental était contraire au procès criminel, parce qu'il en prévoyait le scandale ou plutôt l'avortement, et que, dans l'un et l'autre cas, il n'y avait, pour son ami, que de la honte à recueillir ; mais il n'était pas homme à louer la conduite de Thiriot, et il rendait compte exactement à Voltaire de toutes les propositions que lui faisait ce vaniteux personnage.

« Eh bien ! dit Voltaire à d'Argental (18 janvier 1739), ordonnez-lui donc, sur le champ, d'écrire à M. Hérault (lieutenant de police) et de confirmer sa lettre du 26 auguste 1724, et les autres dont voici copie. »

Thiriot se garda bien d'obéir. Tous les moyens de le dompter n'étaient pas encore épuisés. Et puis les amis de Desfontaines, ceux qui lui avaient arraché le fameux démenti, étaient là pour l'entretenir dans une terreur salutaire des indiscrétions du journaliste, et l'empêcher de céder aux sommations qui partaient coup sur coup du château de Cirey.

Mais à peine a-t-il le temps de savourer cette demi-sécurité, que Voltaire, toujours aussi opiniâtre et non moins tendre, revient à la charge, lui écrit lettres sur lettres, lui protestant, entre autres choses, de peur qu'une pression trop forte ne le fasse à la fin regimber, que loin d'avoir eu un moment de chagrin de l'absurde et sot libelle de Desfontaines, il en a peut-être été trop aise ; que le seul article qui concerne Thiriot, l'a désespéré ; qu'entendre dire partout que Thiriot dément Voltaire qui a preuve en main, en faveur de son ennemi, qu'entendre dire que Thiriot ménage Desfontaines, c'est un coup de poignard pour un cœur aussi sensible que le sien. (A Thiriot, 18 janvier 1739.)

Ainsi Voltaire absoudrait Desfontaines, si Thiriot abjurait toute complicité avec ce dernier. Cette résignation d'un stoïcisme sublime dans l'implacable philosophe n'est point comprise. Thiriot se tait toujours.

Alors, madame de Champbonin lui écrit une de ces lettres qui, venant d'une femme, donneraient du cœur aux plus lâches, et qui, venant d'un homme, forceraient l'impudent qui en serait l'auteur à descendre sur le pavé pour en soutenir les termes l'épée à la main. On y lit ces paroles :

« Vous recevrez incessamment de madame de Bernières une lettre où il est dit formellement que, loin que M. de Voltaire fût nourri et logé par charité chez madame de Bernières, il louait un logement chez elle pour lui et pour vous, payant sa pension et la vôtre. Elle le dit, monsieur, et vous laissez calomnier votre ami ! Et quel ami ? Un homme qui a hasardé le bonheur de sa vie et qui porte encore la peine de ces malheureuses *Lettres philosophiques*, dont vous avez reçu deux cents guinées. Et c'est vous, monsieur, qui laissez dire que M. de Voltaire est accusé de rapine! » (Mémoires de Longchamp, t. II, p. 438.)

Madame de Champbonin partit bientôt pour Paris. Elle avait l'intention d'appuyer sa lettre d'une déclaration verbale, et de voir si Thiriot aurait l'impudence de la contredire en face.

En même temps, le marquis du Châtelet envoie à Thiriot, avec prière de le copier et de le lui retourner, un modèle de rétractation de son mensonge, et d'attestation de la probité, de la véracité de M. de Voltaire. Sa lettre, sévère et digne, est celle d'un gentilhomme, observateur fidèle des lois de l'honneur et qui n'admet pas les tempéraments en matière de réparation.

Thiriot n'était ni aussi chatouilleux, ni aussi absolu. Néanmoins, l'intervention directe du marquis du Châtelet qui avait paru jusque-là se tenir à l'écart, lui donna à penser. Il fit l'effort d'écrire la rétractation qu'on lui demandait. Mais il s'éloigna autant qu'il put du modèle, battit la campagne, ici avançant d'un pas, là reculant de quatre, tellement qu'il fut très-heureux que cette lettre ridicule tombât entre les mains de madame du Châtelet; sans quoi son mari, qui se disposait à venir à Paris, lui en eût peut-être fouetté le visage avec les feuillets. Pour madame du Châtelet, elle en fit ce qu'elle avait fait de la première, elle la renvoya dédaigneusement à Thiriot.

Enfin, celui-ci eut quelques scrupules; peut-être eut-il aussi quelque crainte au sujet surtout des deux cents guinées qu'il avait tirées de la vente des *Lettres phi-*

losophiques, et que la nouvelle dénonciation de ces *Lettres* par Desfontaines menaçait de ramener sur le tapis. Voltaire, d'ailleurs, lui mettait la puce à l'oreille, en lui disant :

« Je me flatte que, dans cette occasion, vous ne
» direz pas : Eh, mordieu, qu'on me laisse souper,
» digérer et ne rien faire. Je demande à votre amitié
» de la mémoire (allusion aux deux cents guinées) et
» de la vivacité. » (A Thiriot, 20 janvier 1739.)

Il n'était pas jusqu'au prince royal de Prusse qui n'engageât Thiriot à s'exécuter.

Cependant, le lâche hésitait toujours, et, par cette hésitation, il achevait de s'aliéner le seul homme qui gardât encore pour lui quelque ménagement, M. d'Argental. Celui-ci, qui connaissait et qui partageait ce principe de Voltaire, que deux vieux amis qui se brouillent, se déshonorent, donna le conseil à Voltaire de se détacher peu à peu de l'homme indigne qui le trahissait et qui les trompait tous, et de commencer par suspendre toute correspondance avec lui.

Voltaire goûta d'abord ce conseil, et il paraissait résolu à retirer insensiblement sa confiance à Thiriot, en évitant de rompre avec éclat, lorsque Thiriot, effrayé tout de bon du soulèvement général qui s'opérait contre lui, et de la désertion de ses anciens amis, qui en était la suite, parut reconnaître ses torts et fit ce que tout le monde désirait de lui. Je dis qu'il parut, car on n'en voit d'autre preuve que la correspondance que Voltaire reprit avec lui dès le mois de mai de 1739, correspondance où il n'y a plus traces de toutes ces querelles.

On me pardonnera d'être un peu sorti de mon sujet pour m'étendre sur un personnage qu'on ne se serait pas attendu à y voir figurer sous d'aussi tristes aspects; mais, après tout ce qu'on a souffert, en voyant Voltaire prostituer son amitié à un homme sans courage comme sans vergogne, on sent le besoin de prouver par des faits combien cet homme en était indigne, et de réduire à sa juste valeur cette réputation de Pylade, usurpée et grandie à la faveur de la folie d'Oreste. Des amis comme Thiriot sont plus communs qu'on ne pense, surtout dans cette partie de la société qui fait consister le savoir vivre dans une application plus ou moins habile du savoir faire. C'est là, en effet, qu'on rencontre ces gens qui connaissent tout le monde, qui sont les amis de tout le monde, qui font servir les agréments de leur esprit à tirer de l'engouement qu'ils provoquent, de quoi soutenir leur crédit, satisfaire leur intérêt personnel, et qui ont avec cela le grand art de persuader à chacun qu'ils le préfèrent à tous les autres. Pleins de confiance dans l'espèce de fascination qu'ils exercent par le seul prestige de dehors attrayants, ils ne sont occupés qu'à en éblouir les yeux, afin de ne pas se laisser pénétrer eux-mêmes; par conséquent ils ne se livrent jamais tout entiers; ils sont même peu prodigues de leurs personnes, estimant qu'on les désirera davantage, et que le bon effet qu'ils ont produit à la première vue se prolongera d'autant. Que si ce bon effet s'affaiblit, ils ont contre cet inconvénient la ressource d'exciter la jalousie, en se refroidissant tout-à-coup pour celui-ci, et en étant tout de feu pour 'celui-là. Ce manége réussit plus d'une fois, n'y ayant rien qu'on ambitionne, qu'on s'envie, qu'on se dispute davantage que la compagnie d'un homme agréable. Cet heureux état dure autant que les relations qu'on entretient de tous côtés n'exigent pas autre chose que des frais d'amabilité et d'esprit; mais, dès qu'elles sont troublées par un de ces événements où il faut agir envers ses amis conformément aux sentiments qu'on s'est efforcé de leur inspirer, où il faut payer de sa personne, sacrifier son repos, mettre même quelquefois sa réputation en péril, alors on hésite, on tergiverse; on croit justifier sa lâcheté en accusant les gens d'avoir été imprévoyants; on s'éloigne d'eux peu à peu, bientôt on les désavoue, ensuite on les trahit publiquement. Il est vrai qu'on se déshonore ainsi soi-même; mais comme on n'a pas, avec la pudeur, perdu les moyens de conserver son ascendant sur ceux qui ne connaissent ni ne prévoyent le malheur, qu'au contraire on en est toujours bien venu, on regarde cette faveur soutenue comme une approbation tacite de la conduite malhonnête qu'on a tenue ailleurs, on ne s'en souvient déjà plus soi-même, et on ne désespère pas toujours de se réconcilier avec ceux qui en on été l'objet. Tel fut Thiriot.

CAAPITRE IX.

Avant d'entamer le procès dont il menaçait Desfontaines, et dans le temps qu'il en rassemblait les matériaux avec une ardeur proportionnée à sa soif de vengeance, Voltaire niait effrontément qu'il fût l'auteur du *Préservatif;* il affirmait qu'il en avait en main la preuve démonstrative, et qu'il la ferait voir à qui on voudrait, si l'abbé Desfontaines qui lui devait la vie, qui, pour toute reconnaissance, l'avait tant outragé, était capable de sentir son tort et de s'en corriger. (A Berger, 22 décembre 1738; à d'Olivet, 19 janvier; à Helvétius, 19 février 1739.)

Mais, qu'importait à Desfontaines que Voltaire fût ou non l'auteur du *Préservatif?* Voltaire avait-il écrit, oui ou non, la lettre à Afféi, insérée dans cet opuscule, et de son propre aveu, unique fondement de toute la querelle? Oui, il l'avait écrite; oui, il y diffamait Desfontaines. La *Voltairomanie* n'était donc qu'une réponse à cette lettre; les passages du libelle qui ont rapport aux autres faits dénoncés dans le *Préservatif* n'étaient là que pour montrer qu'en aucun point on ne cédait à Voltaire, et que sa critique des jugements de Desfontaines était aussi mal fondée que ses calomnies contre la personne du journaliste.

Pour introduction à son procès criminel, Voltaire écrivit un mémoire qu'il fit servir à la fois à démentir les faits articulés par son adversaire, et à inspirer l'horreur et le mépris pour les écrits satiriques en général.

Le mémoire achevé, et divisé en numéros, comme le *Préservatif,* il pensa avoir fait une merveille, quelque chose dans le goût de Pelisson, et peut-être de Cicéron. Il eût été confondu, disait-il, si ce style eût été mauvais. Mais à peine a-t-il envoyé cette belle œuvre à M. d'Argenson, que son enthousiasme pour elle se refroidit, le magistrat y ayant appliqué un topique nécessaire, en conseillant à l'auteur de faire quelques sacrifices à l'utile aux dépens du cicéronien. Voltaire réforma son mémoire, en supprima les numéros, comme lui donnant trop de ressemblance avec le *Préservatif,* et y mit plus de modération.

La poursuite à outrance d'un procès de cette nature, exigeait avant tout que le demandeur fût sur les lieux où ce procès devait être jugé contradictoirement, c'est-à-dire, à Paris.

Si Voltaire n'eût été préoccupé que du péril auquel il s'exposait en reparaissant dans une ville d'où la prudence et les avis officieux du lieutenant de police lui commandaient de se tenir encore éloigné, il n'est pas douteux qu'il n'eût passé outre et ne fût accouru à Paris pour demander en personne justice et vengeance : mais madame du Chatelet s'y opposa énergiquement, et Voltaire n'était pas homme à résister aux prières ni aux ordres de cette femme aimée. Néanmoins, voulant à tout prix triompher de cette opposition, il engagea l'abbé Moussinot, son factotum à Paris, à s'aboucher avec le chevalier de Mouhy, et, tous deux, à faire savoir à madame du Châtelet que la présence de Voltaire à Paris était absolument nécessaire.

En attendant, il recommanda à Moussinot de faire publier un monitoire pour connaître l'imprimeur et l'auteur de la *Voltairomanie,* laquelle, comme on l'a déjà dit, paraissait sous l'enseigne d'un jeune avocat ; de charger de cette besogne un huissier adroit, actif, intelligent, de faire acheter le libelle chez Chaubert, en présence de deux témoins, d'en faire faire, secrètement, chez un commissaire, un petit procès-verbal, recordé de ces deux témoins, et de poursuivre à l'avenant ; surtout de n'épargner pas l'argent, qui, s'il doit être prodigué, c'est quand l'honneur est en question. (A Moussinot, décembre 1738.)

D'un autre côté, il obtint de quelques gens de lettres les attestations, par écrit, qu'il leur avait demandées, et qui démentaient les impostures de la *Voltairomanie.* Le médecin Andry, le médecin Procope et Pitaval, trois beaux esprits, continuellement en butte aux sarcasmes de Desfontaines, présentent requête au chancelier, et se déclarent parties civiles aux nom et profit de la littérature outragée et avilie. (A d'Argental, 9 janvier 1739.) Le chevalier de Mouhy court chez M. Hérault, lieutenant de police, et se dénonce comme l'unique auteur du *Préserva-*

tif; d'Argental appuye de sa parole et de son exemple cet empressement généreux; seul, Thiriot, qui doit tout à Voltaire, se tient, les bras croisés, dans sa lâche ingratitude.

Cependant, Moussinot et le chevalier de Mouhy, ainsi qu'il en avait été convenu, pressent vivement M. et madame du Châtelet de laisser Voltaire venir à Paris : mais on reste sourd à toutes leurs raisons. Voltaire se résigne donc. On peut croire qu'il cédait d'autant plus volontiers, que la présence de Clairault à Cirey lui inspirait quelque jalousie. Déjà il avait enfoncé d'un coup de pied la porte d'une chambre où, ce géomètre et madame du Châtelet étaient, dit-on, trop fortement occupés de la solution d'un problème, et, partir après cette esclandre, c'eût été se déclarer vaincu et céder lâchement la place à son rival.

Il annonce à ses amis la loi qu'on lui impose; il stimule leur zèle et celui de ses agents; il gourmande aussi sa famille. Il ne faut pas, selon lui, qu'elle se taise, quand les indifférents éclatent; il faut que son neveu, l'abbé Mignot, envoie et donne son placet qui ne peut que disposer favorablement, et qui n'empêchera point les procédures juridiques dans lesquelles il le somme d'intervenir personnellement; car il s'agit d'un crime qui intéresse la société. (Au même, 9 janvier 1739.)

Pendant que du fond de son cabinet, Voltaire faisait ainsi mouvoir les ressorts de cette importante affaire, indiquait avec l'art d'un praticien consommé les procédés en usage dans les circonstances de cette nature et y déployait enfin une stratégie dont il avait jadis appris le secret dans l'étude de maître Alain, Desfontaines se préparait à soutenir vaillamment la lutte.

Il commença par dénoncer sous main les *Lettres philosophiques*, défendues naguère par lui-même contre les attaques d'un critique anglais, dans ses *Observations sur les écrits modernes*, tom. II, page 299.

Ces lettres avaient été publiées en 1732. Elles avaient causé la ruine et l'emprisonnement à la Bastille du libraire Jore, l'éditeur, motivé un arrêt du conseil en vertu duquel les vendeurs René Josse et Duval avaient été destitués de leur profession, et par sentence du parlement, elles avaient été lacérées et brûlées par la main du bourreau le 1ᵉʳ mai 1734. Néanmoins, elles renaissaient chaque jour de leurs cendres et étaient réimprimées, colportées, vendues clandestinement de toutes parts.

Signaler ces infractions audacieuses et réitérées aux arrêts de la justice, c'était rappeler aux magistrats qu'un décret de prise de corps avait été rendu contre Voltaire à l'occasion de ces *Lettres* et que ce décret n'était pas encore purgé; la police, ainsi mise en demeure, ne pouvait guère fermer les yeux plus longtemps sur le coupable, quand surtout on ne lui laissait pas ignorer le lieu où il se cachait ni d'où s'échappaient, de temps en temps, quelques-uns de ces écrits satiriques par lesquels il justifiait si mal la tolérance dont il était l'objet. La manœuvre de Desfontaines était habile; cependant Voltaire n'en fut ou fit semblant de n'en être point alarmé. Outre que la passion qu'il avait de châtier Desfontaines le frappait d'aveuglement, et qu'il était persuadé que les magistrats, la société toute entière s'associeraient à sa vengeance, et oublieraient ses propres peccadilles, pour ne s'indigner que du crime énorme du journaliste, il se flattait que Thiriot, auquel la vente des *Lettres philosophiques* avait valu dans le temps plus de cent louis et qui était le commensal et l'ami des membres les plus considérables du parlement, obtiendrait d'eux qu'ils enterrassent, avec les dénonciations de Desfontaines, une affaire où l'ancienne complicité de lui, Thiriot, n'apparaîtrait pas avec moins de scandale que sa cupidité.

Mais c'était bien vainement que Voltaire demandait à l'amitié de Thiriot de la mémoire. (A Thiriot, 20 janvier 1739.) Oubliant et les cent louis de la vente des *Lettres philosophiques,* et l'argent de quatre-vingt-dix souscriptions à la *Henriade* qu'il avait eu en dépôt, qu'il avait mangé et que Voltaire avait été contraint de rembourser aux souscripteurs ; oubliant en outre que le même Voltaire avait en octobre 1738, glissé cinquante louis dans sa malle, quand il retournait de Cirey à Paris ; que tout récemment encore il avait en quelque sorte demandé l'aumône à Voltaire dans une lettre du 13 janvier 1739, Thiriot non-seulement ne fit rien ou presque rien pour contreminer la perfidie de Desfontaines, mais encore il laissa tranquillement celui-ci accuser Voltaire d'infidélité sur l'article des souscriptions de la *Henriade*, et jouit à la fois de sa lâcheté et du silence de son ami. (A d'Argental, 17 janvier 1739.)

La dénonciation de Desfontaines n'eut heureusement pas de suite. Mais la *Voltairomanie* avait un succès prodigieux ; on venait de l'imprimer en Hollande, et deux mille exemplaires en avaient été vendus en quinze jours. (A d'Argental, 9 janvier 1739.) Desfontaines triomphait. Déjà il ne se défendait plus d'être l'auteur de ce libelle ; il le lisait chez ses amis, quelques-uns desquels étaient aussi les amis de Voltaire, tels que MM. de Locmaria, de Lézonnet, Algarotti et l'abbé Prévost, et sans doute qu'il en était applaudi ; tant ceux mêmes qui étaient les plus disposés à admirer Voltaire, supportaient impatiemment les incartades de son amour-propre féroce, et tant ils se sentaient blessés dans leur qualité de citoyens plus ou moins éminents de la république des lettres, par la violence avec laquelle il y fondait son despotisme ! Aussi, tout en s'effrayant de l'audace de Desfontaines, ils louaient à quelques égards son courage et faisaient des vœux pour qu'il n'eût pas lieu de se repentir d'y avoir cédé plus peut-être que de raison. D'un autre côté, ils cherchaient à accommoder l'affaire. M. de Lézonnet écrivit dans ce sens à Voltaire, et les jésuites, desquels était Desfontaines, poussèrent avec vivacité à cet accommodement.

Mais déjà la querelle était trop envenimée. De toutes parts il revenait à Voltaire que la lecture de la *Voltairomanie*, faite par l'auteur lui-même, avec cet art, ce soin, ce sentiment que déployent les auteurs, en débitant leurs œuvres, excitait à Paris des applaudissements unanimes ; c'était là de fâcheux préliminaires à des négociations de paix ; ils eussent convenu tout au plus envers un ennemi déjà terrassé et qui eût demandé grâce de la vie; encore lui eussent-ils fait trouver dans son désespoir des forces nouvelles pour réagir contre l'inflexibilité de son vainqueur, et peut-être pour vaincre à son tour. A plus forte raison devaient-ils redoubler l'énergie de Voltaire, qui n'était pas encore réduit au point d'accepter des conditions de Desfontaines, et qui au contraire se sentait parfaitement en état de lui dicter les siennes.

Il se contenta donc de s'écrier, au reçu des propositions de M. de Lézonnet : « Hélas! qu'ai-je fait à M. de Lézonnet pour me proposer quelque chose de si infâme? » et il reprit avec plus d'animosité que jamais ses poursuites... (A d'Argental, 27 janvier 1739.)

Il écrivit alors à Moussinot (janvier 1739) :

« Allez votre train, mon cher ami; nous aurons justice, je vous le jure. Pour préparer, pour assurer cette justice, voyez le bâtonnier des avocats et les anciens; engagez-les à désavouer, au nom de leur corps, la *Voltairomanie*... Voyez aussi M⁰ Pageau, qui était intime ami de mon père; touchez-le et faites-lui part en secret de ma petite intelligence avec M. Hérault (le lieutenant de police). Vous remettrez la procuration que je vous envoie à quelque bon praticien qui agira en mon nom; mais il ne doit agir que, au préalable, vous n'ayez vu brûler tous les papiers que le chevalier de Mouhy conserve et qui pourraient me nuire, comme... l'original du *Préservatif* où il avait mis des choses très-fortes. Lorsque le tout sera brûlé et qu'il aura juré qu'il ne reste entre ses mains, ni lettres, ni papiers, le praticien commencera une procédure criminelle. »

De tout cela, il résulte la preuve assez claire, et que le manuscrit du *Préservatif* était de la main de Voltaire, lequel en était donc exclusivement l'auteur, et qu'il craignait ou la trahison du chevalier de Mouhy, ou la saisie de ses papiers par la police. Par là, en effet, eussent été levés tous les doutes sur la part que Voltaire pouvait avoir eue dans la composition du *Préservatif,* sur la valeur de ses dénégations à ce sujet, et sur le droit qu'il s'arrogeait de poursuivre criminellement un adversaire si manifestement provoqué par ses scandaleuses révélations. Il résulte encore qu'un plaideur normand n'eût pas été plus habile à préparer, à rassembler ses moyens de défense que Voltaire ne l'était à poser les fondements de ses attaques, et que si sa haine contre Desfontaines l'emportait au-delà des bornes que le goût, à défaut de la raison, prescrit à un homme de bonne compagnie, elle lui laissait encore assez de jugement pour sentir que les gens dont il invoquait les témoignages et l'appui seraient hors d'état de le protéger, s'il n'était assuré que les indices révélateurs de sa perfidie fussent complétement anéantis. Sur ce dernier point, il eut toute satisfaction. Il est vrai que le chevalier de Mouhy cherchait à tirer le meilleur parti possible de sa qualité d'homme de paille et de la discrétion qu'elle lui commandait; qu'après avoir gagné beaucoup d'argent avec le *Préservatif*, il obligeait

Voltaire à lui en promettre encore; qu'il se faisait payer les moindres démarches, telles, par exemple, que le dépôt de sa plainte personnelle chez le commissaire pour laquelle il demandait qu'on lui remboursât douze francs, tandis que, selon la remarque de Voltaire, il n'en avait jamais tant coûté pour un acte de cette nature. (A Moussinot, 2 février 1739.) Chargé néanmoins d'imprimer le mémoire justificatif de Voltaire, comme il s'avisait de faire le délicat, sous prétexte que la vente dudit mémoire aurait lieu au profit de l'auteur, il est tancé vertement de ce scrupule et averti par Moussinot au nom de Voltaire, que non-seulement c'est pour lui faire plaisir qu'on le charge de cette impression, au préjudice d'assez d'autres qui demandent la préférence, mais encore qu'il doit vendre le mémoire le plus cher qu'il pourra, mettre l'argent dans sa poche et compter qu'on lui en donnera plus encore. On ne lui impose qu'une condition, celle de jurer de nouveau qu'il a brûlé les papiers de nature à compromettre Voltaire et qu'il ne lui en reste pas un seul. (Au même, 4 février 1739.)

En effet, qu'était-ce pour Voltaire qu'une rançon de quelques centaines de louis payée à un enfant perdu de la littérature qui acceptait la responsabilité de ses sottises, quand il eût volontiers, disait-il un jour, dépensé cinquante mille écus pour un procès où il eût fait condamner Fréron? (Lettres de Clément à Voltaire, lettre 1re, t. I, pag. 44.)

Cependant la *Voltairomanie* avait été achetée et déposée en présence de deux témoins chez un commissaire; procès-verbal en avait été dressé; requête avait été présentée au chancelier contre l'auteur; le bâtonnier des avocats avait certifié qu'aucun membre de son ordre n'était assez lâche et assez coquin pour avoir fait un tel libelle; le procureur Bégon avait été constitué et tenait ses batteries prêtes pour entamer la procédure; on avait levé les écrous de deux emprisonnements subis par Desfontaines en 1723 et 1724, à la suite de deux condamnations prononcées contre lui par la Chambre de l'Arsenal et par le Châtelet, pour libelles de l'espèce de la *Voltairomanie;* enfin le lieutenant-criminel avait promis d'informer. Il semblait donc qu'on n'avait plus qu'à marcher droit devant soi et que l'affaire suivrait son cours naturel.

Mais Voltaire gâta tout par trop d'exigence et de précipitation.

Comme mesure préalable au procès, il voulut qu'on sollicitât du premier président un arrêt en vertu duquel la *Voltairomanie* serait brûlée publiquement.

Cette prétention exorbitante qui tendait à lier par avance les mains de la justice, ne fut pas du goût des magistrats. D'Argental en vit le danger et, dès lors, ne songea plus qu'à obtenir de son ami qu'il étouffât sa colère, et suspendit ses poursuites. Il lui exposa le peu de crédit qu'avaient à Paris les calomnies de Desfontaines, le ridicule d'une lutte engagée solennellement devant les tribunaux, alors que, entre un homme comme Voltaire et un libelliste généralement méprisé, c'était au public seul à prononcer, et que son jugement n'était pas douteux; il lui représenta le dommage qui résulterait pour Voltaire de ce procès, quelle qu'en fût l'issue, l'impossibilité pour les juges chargés d'en connaître, de le vider légalement, sans ouvrir une enquête sur les pièces qui l'ont motivé, par conséquent, sur la lettre de Voltaire à Afféi, lettre évidemment diffamatoire pour Desfontaines, et qui suffirait pour en incriminer l'auteur, quand il serait prouvé qu'il est étranger d'ailleurs au *Préservatif;* il conclut enfin que cette lettre dont Voltaire ne serait pas assez malhonnête pour méconnaître la signature, préviendrait les juges en faveur de Desfontaines, ou du moins leur ferait considérer ses représailles comme tellement légitimes qu'ils n'oseraient pas le condamner.

Je n'affirmerais pas que les représentations de d'Argental aient été textuellement comme je les rapporte, mais elles ressortent clairement de la réponse qu'y fit Voltaire et de la soumission avec laquelle il y déféra.

« Je reçois votre lettre, mon respectable ami... Je suspends les procédures, je ne veux rien faire sans vos conseils; mais souffrez au moins que je sois toujours à portée de suivre ce procès... Mon généreux ami, il est certain qu'il me faut une réparation, ou je meurs déshonoré. Il s'agit de faits, il s'agit des plus horribles impostures. Vous ne savez pas à quel point Desfontaines est l'oracle des provinces. On m'écrit à Paris que mon ennemi est méprisé, et moi je vois que ses *Observations* se vendent mieux qu'aucun livre. Mon silence le désespère, dites-vous : ah! que vous êtes loin de le connaître! il prendra mon silence pour un aveu de sa supériorité; et encore, cette fois, je resterai flétri par le plus misérable des hommes, sans en pouvoir tirer la moindre vengeance, sans me justifier... Encore une fois, j'arrête mon procès; mais en le poursuivant, qu'ai-je à craindre? Quand il serait prouvé que j'ai reproché à l'abbé Desfontaines des crimes pour lesquels il a été repris de justice, n'est-il pas de droit que c'est une chose permise, surtout quand ce reproche est nécessaire à la réputation de l'offensé? Je lui reproche, quoi? des libelles, il a été condamné pour en avoir fait. Je lui reproche son ingratitude, je ne l'ai point calomnié; je prouve, papiers en main, tout ce que j'avance. J'ai fait consulter des avocats, ils sont de mon avis; mais enfin, il faut céder aux vôtres; je ne veux me conduire que par vos ordres. » (A d'Argental, 6 février 1739.)

Voltaire pensa donc qu'il lui faudrait se contenter d'un désaveu de la part de Desfontaines, et que, pourvu que Desfontaines le donnât avec une certaine solennité, comme, par exemple, par écrit et en présence d'un magistrat, il rassemblerait tout son courage pour arriver à s'en accommoder. Il écrivit dans ce sens au chancelier d'Aguesseau (6 février 1739). Les excellents conseils de d'Argental avaient donc porté leur fruit, et Voltaire doit être loué de s'y être rendu, encore bien qu'aux yeux de son adversaire, son désistement du procès pût paraître une reculade, suite nécessaire d'une défiance dans sa cause, que mille obstacles venaient justifier.

Effectivement, Desfontaines qui, « à toute l'activité des scélérats, joignait toute la chicane des Normands » (A d'Argental, 12 février 1739), estimant que Voltaire avait peur, renouvela sa dénonciation de l'*Épître à Uranie* et des *Lettres philosophiques*, eut permission du lieutenant-criminel d'informer contre Voltaire, écrivit au cardinal Fleury, remua enfin ciel et terre pour attirer de nouveau sur l'auteur des ouvrages dénoncés les rigueurs de la justice. Pour comble de malheur, le procureur du roi, auquel il s'adressa, était l'ennemi déclaré de Voltaire et cherchait partout de quoi le convaincre et le perdre. « Quelle protection puis-je avoir auprès de lui? » demandait Voltaire à d'Argental. (ibid.) « Hélas! ajoutait-il avec un dépit amer, faudrait-il de la protection contre un Desfontaines? » (ibid.)

Alors, la colère lui troublant la raison, il oublie, et les conseils de d'Argental, et ceux de la même nature qu'il avait reçus du marquis d'Argenson, ambassadeur en Portugal ; il veut être à deux de jeu avec Desfontaines, et envoie l'ordre à Moussinot de présenter en son nom une requête au lieutenant-criminel et de demander permission d'informer. C'était une reprise du procès, et toutefois il persiste à dire qu'il le suspend toujours, puisqu'on le veut, mais qu'il entend conserver ses preuves, en tirer parti et voir venir l'ennemi. Dans le même temps, il reçoit de M. Hérault une lettre très-polie et très-encourageante, et qui ferait, dit-il, entreprendre vingt procès. (A Moussinot, février 1738.) Dans tous les cas, elle réveille en lui l'espoir d'obtenir quelque chose de plus qu'un désaveu, et il marche à ce but avec une nouvelle ardeur.

Il enjoint à Moussinot d'engager l'abbé Mignot, son neveu, à porter plainte, d'ameuter ses parents, Procope, Andry, l'indolent Pitaval, de leur offrir des carrosses, et le paiement de tous les faux-frais, de secouer de Mouhy, de lui promettre de l'argent, mais de ne pas lui en donner; impudente rouerie, à laquelle il met le comble en transmettant ultérieurement à Moussinot l'ordre d'envoyer trois louis au chevalier de Mouhy, et de lui écrire : « M. de Voltaire me presse toutes les semaines de vous envoyer de l'argent; mais je n'en toucherai pour lui, peut-être, de six mois. Voici trois louis qui me restent, en attendant mieux. » Enfin, il recommande à Moussinot de se dire son parent, comme madame de Champbonin, et à tous d'aller en corps à l'audience du chancelier, rien ne faisant plus d'effet sur l'esprit des juges que ces apparitions de famille. « Je ne m'endors pas, mon cher abbé, dit-il à Moussinot, sur les outrages d'un gueux tel que Desfontaines, et j'agis aussi vivement que si j'étais à Paris. Il en est de la justice comme du ciel, *violenti rapiunt illud.* » (A Moussinot, *passim,* février 1739.)

CHAPITRE X.

En mesurant, au pied de la raison la plus vulgaire, ces étranges procédés de notre philosophe, on est confondu de tant de ruses, de tant de mensonges et de tant d'audace ; on ne peut croire qu'il y eût un seul sentiment honnête dans cet homme qui faisait si bon marché de la vérité, qui, par une parade de charlatan, pensait éblouir un personnage comme le chancelier d'Aguesseau, et qui dévoilait ses intrigues avec cet abandon. Que dire aussi de ce Moussinot, confident de toutes ces turpides, qui, nonobstant le caractère sacré dont il était revêtu, se prêtait ainsi à la petite comédie jouée aux dépens du chevalier de Mouhy, et qui était capable de mentir sur sa qualité en présence du chef de la justice, puisqu'à la façon dont Voltaire lui demande de se déclarer son parent, on sent qu'il était bien sûr de n'être pas refusé?

Mais quel que fût le zèle que mit Moussinot à obéir, ses efforts n'avaient pas le succès qu'en attendait Voltaire. On berçait celui-ci et il ne voulait pas être bercé. Il persistait à prendre pour des encouragements des lettres qu'il recevait, tantôt de M. de Maurepas, tantôt de M. d'Argenson, tantôt de l'avocat-général et même du lieutenant de police M. Hérault; il croyait même être en parfaite communion d'idées avec ce dernier magistrat : mais les lettres de ces messieurs n'étaient que de simples témoignages de l'intérêt qu'on prenait à son affaire, et nullement une adhésion à ces velléités de poursuites criminelles qu'il manifestait à chaque instant.

Il le comprit enfin et revint au désaveu. Mais pour que cet acte exigé de Defontaines fût aussi authentique que ses calomnies, Voltaire insista pour qu'une requête signée de plusieurs gens de lettres fût présentée juridiquement, afin que, sur cette requête, M. Hérault, dans la compétence duquel l'affaire allait rentrer désormais, déployât sa justice, soit comme lieutenant-général de police, soit comme chef de la commission de l'Arsenal. Il finit même par trouver que le tribunal de M. Hérault lui serait plus avantageux que celui du Châtelet, qu'il était plus expéditif, qu'il n'y avait point d'appel, qu'il n'y aurait pas de factums, point de dénonciations étrangères au sujet, point même de preuves admises contre lui-même, et qu'elles fourmilleraient au contraire contre Desfontaines, appuyées de l'horreur publique.

Rassuré par toutes ces raisons, Voltaire put croire enfin que l'affaire allait aboutir, et aboutir heureusement.

Mais Desfontaines, mandé par M. Hérault, n'était pas d'humeur à subir la loi de Voltaire, sans avoir exposé nettement au magistrat sa situation vis-à-vis du philosophe, et, surtout, sans demander quelque concession pour prix de celle qu'on attendait de lui.

Il lut à M. Hérault la lettre de Voltaire à Maffei, ininsérée dans le *Préservatif;* il lui en fit remarquer le caractère si horriblement diffamatoire, les imputations infâmes dont il est l'objet, son nom qui y est écrit en toutes lettres, l'immense publicité qu'elle a reçue, l'effet fâcheux pour lui-même et sans doute irréparable qu'elle a produit, et la nécessité où elle l'a mis de n'y pouvoir convenablement répondre qu'en rendant coup pour coup, outrage pour outrage; il ajouta que Voltaire avait fait graver l'estampe ignoble qui le représentait, lui, Desfontaines, recevant le fouet à Bicêtre, et qu'il en avait la preuve.

Toutes ces considérations ne laissaient pas que d'avoir du poids, et M. Hérault en put être touché. Alors Desfontaines dit qu'il était prêt à désavouer la *Voltairomanie*, à condition que Voltaire désavouerait le *Préservatif*. M. Hérault goûta cet expédient et le fit proposer à Voltaire. Celui-ci jeta les hauts cris. « J'aime mieux encore succomber sous le libelle de Desfontaines, écrit-il à d'Argental (2 avril 1739), que de signer un compromis qui me couvrirait de honte. Je suis plus indigné de la proposition que du libelle..... Le *Préservatif*, publié par le chevalier de Mouhy, contient une lettre de moi qui fait l'unique fondement de tout le procès. Cette lettre authentique articule tous les faits qui démontrent mes services et l'ingratitude du scélérat qui me persécute. Désavouer un écrit qui contient cette lettre, c'est signer mon déshonneur; c'est mentir lâchement et inutilement. L'affaire, il me semble, consiste à savoir si Desfontaines m'a calomnié ou non. Si je désavoue ma lettre dans laquelle je l'accuse, c'est moi qui me déclare calomniateur. Tout ceci ne peut-il finir qu'en me chargeant de l'infamie de ce malheureux? Comment veut-on que je désavoue, que je condamne la seule chose qui me justifie, et que je mente pour me déshonorer? »

C'est parfaitement raisonné, sans doute ; mais, en admettant que Desfontaines ne fût pas calomnié par la révélation de ses tentatives sur un petit Savoyard, et par celle du châtiment qu'il reçut à Bicêtre, il était au moins diffamé, et Voltaire était le diffamateur ; cette distinction essentielle, Voltaire ne la faisait jamais ; et il vient nous parler, lui, le menteur le plus impudent, de ses scrupules pour le mensonge.

« Si vous pouviez, écrit-il au même, faire dire un petit mot à M. Hérault par M. de Maurepas, l'affaire n'en irait pas plus mal. Ah ! mon cher et respectable ami, que de persécutions, que de temps perdu! *Eripe me dentibus eorum.* »

Mais les négociations étaient toujours pendantes; Desfontaines n'en voulait pas démordre; M. Hérault ne savait que résoudre ; d'Argental lui-même commençait à désespérer, puisqu'il pensait déjà que c'était assez, pour punir Desfontaines, que le chancelier lui ôtât le privilége de ses *Observations*. « Et moi, répond Voltaire, je dis que ce n'est point assez, que, quand même ce privilége lui serait ôté, on ne saurait pas que c'est pour moi qu'il est puni. » (A Moussinot, avril 1739.)

Rien de plus juste, rien de plus vrai. Quoique opérée souvent et uniquement en vue d'intérêts particuliers, la suppression d'un journal n'en avait pas moins l'air d'une mesure prise dans un intérêt général, et dans le cas dont il s'agit, Voltaire lui-même qui avait déclaré tant de fois la société mise en péril par les écrits de Desfontaines, n'aurait pu nier que la suppression des *Observations* du journaliste ne fût une réparation donnée à la société. Mais, s'il accordait cette conséquence, il entendait que la réparation s'adressât à lui d'abord, la société n'ayant souffert que dans sa personne et ne devant passer qu'après lui.

Le marquis du Châtelet qui était alors à Paris, et qui n'y était venu que pour entendre les parties intéressées dans ce débat, et tâcher de les concilier, paraît être le seul qui ait eu l'art de faire fléchir l'esprit jusqu'alors intraitable de Desfontaines, et qui ait triomphé enfin de son opiniâtreté. On ne sait pas quels moyens il employa : toujours est-il que Desfontaines signa et donna à M. Hérault, le 4 avril 1739, le désaveu suivant :

« Je déclare que je ne suis pas l'auteur d'un libelle imprimé, qui a pour titre *Voltairomanie*, et que je le désavoue en son entier, regardant comme calomnieux tous les faits qui sont imputés à M. de Voltaire dans ce libelle, et que je me croirais déshonoré si j'avais eu la moindre part à cet écrit, ayant pour lui tous les sentiments d'estime dus à ses talents, et que le public lui accorde si justement. » (Œuvres de Voltaire, t. I, *Pièces justificatives*.)

Ce désaveu fut minuté de la main du marquis d'Argenson (21 juin 1739).

Ainsi finit cette querelle ridicule, qu'il ne tint pas

à Voltaire de transformer en complot contre l'État, et de faire juger par le parlement, toutes chambres assemblées. L'issue n'en mit pas Defontaines plus bas dans l'opinion qu'il n'y était déjà; mais elle força Voltaire à dévoiler ses plus honteuses faiblesses, à mentir et à acheter le mensonge des autres à prix d'or, à se montrer tantôt le plus impérieux et le plus exigeant des hommes, tantôt à abandonner la plus grande partie de ses prétentions ; elle lui causa enfin un préjudice moral considérable, et surtout elle apprit à ceux qui se promettaient de le juger avec la même indépendance que Desfontaines, à le faire avec plus d'adresse, de prudence et de sécurité. Aussi Voltaire n'en éprouva-t-il qu'une satisfaction incomplète. Il était vengé, sans doute, mais mal vengé, et aux regrets d'avoir perdu tant de temps à obtenir justice. « Ne parlons plus de Desfontaines, disait-il…. Je dois oublier cet homme-là et songer à réparer le temps perdu. » (Moussinot, 25 avril 1739.)

En même temps, il chargea Moussinot de rémunérer de sa part les personnes qui lui avaient si généreusement *prêté* leur appui. Il le pria d'abord de donner deux cents francs à madame de Champbonin, et cela, ajoute-t-il, avec la meilleure grâce du monde. Cette madame de Champbonin était, comme on l'a vu, une très-bonne femme, mais apparemment un peu besogneuse et susceptible en proportion. C'était affaire à Moussinot de lui dorer la pilule. Or, Moussinot, en sa qualité d'abbé, était presque un directeur de conscience, et comme tel quelque peu casuiste; il n'eut probablement pas grand' peine à soulager de ses petits scrupules cette femme qui avait pu faire la délicate. A cette recommandation, Voltaire ajouta celle de donner cent francs au chevalier de Mouhy, don médiocre sans doute, eu égard aux grands services du chevalier, mais qui, après tout, lui fera plaisir : plus, cent autres francs à ce même chevalier pour une planche d'estampe qu'il promettra de livrer, et qu'il ne livrera peut-être pas ; plus, au même, dix écus pour les nouvelles par lui envoyées. « Veut-il deux cents francs par an? volontiers; qu'on les lui promette de nouveau, mais à condition d'être un correspondant véridique et infiniment secret. » Voltaire aurait mieux aimé « son d'Arnaud; » mais d'Arnaud « n'a pas voulu seulement apprendre à former ses lettres. » Néanmoins que Moussinot lui donne vingt-quatre livres ou dix écus. (Au même.)

CHAPITRE XI.

Voltaire, ai-je dit, n'avait trouvé dans le désaveu de Desfontaines qu'une réparation incomplète; en un mot, il était mal vengé. De plus, ce désaveu devait rester secret entre les mains du lieutenant de police, et alors quel avantage en retirerait Voltaire, puisque le public ne connaîtrait pas l'issue d'une affaire dont on lui rebattait les oreilles depuis quatre mois, et ne saurait pas surtout au profit de quel champion elle s'était terminée? Que Desfontaines fût puni, c'était déjà quelque chose; mais qu'on ne sût pas nettement pourquoi et comment, c'est ce que n'admettait pas l'irascible vainqueur.

En dépit donc du secret exigé par le lieutenant de police, le désaveu sera publié, Voltaire l'a résolu. Aussitôt, il écrit au chevalier de Mouhy, et le charge de faire insérer le désaveu dans quelque journal étranger. Madame du Châtelet ne partageait pas cet avis; mais alors elle était si occupée d'un procès d'où dépendait une grande partie de sa fortune, et les infidélités qu'elle méditait contre Voltaire au profit de Saint-Lambert absorbaient tellement son esprit, qu'elle manifesta son opposition trop tard. Quand elle réclama, l'ordre de publier le désaveu était déjà parti de Bruxelles où elle demeurait alors avec Voltaire. Elle dut accepter avec résignation ce supplément de scandale. (Lettre de madame du Châtelet à d'Argental, 27 avril 1739.) Pour Voltaire, il perdit encore quelque chose de la tendresse de cette femme volage, par la comparaison qu'elle ne manqua pas de faire entre l'esprit inquiet, turbulent, indiscret et vindicatif du philosophe, et l'esprit doux, tendre, réservé et chevaleresque du marquis de Saint-Lambert.

Le désaveu parut donc dans la *Gazette d'Amsterdam*. Voltaire en fut informé par le marquis d'Argenson; car alors il était à Béringhen, en Flandres, pays barbare, disait-il, ou du moins qui l'avait toujours été jusqu'à ce qu'Émilie en fût devenue la souveraine. La *Gazette d'Amsterdam* n'y était pas même connue. Comme il redoutait l'effet de cette publication d'abord sur M. Hérault et à plus forte raison sur Desfontaines, et qu'il sentait qu'on ne manquerait pas de l'accuser aussitôt lui-même d'en être l'auteur, il prit les devants par une protestation où il jurait de n'avoir appris la nouvelle que par une lettre de M. d'Argenson. Ce qui était vrai, en ce sens que M. d'Argenson avait appris à Voltaire une nouvelle que Voltaire savait mieux que lui et avant lui. Et, pour donner à cette protestation la plus grande apparence possible de bonne foi, Voltaire revendiqua comme une réparation qui lui était due strictement, la publication qu'il se défendait d'avoir provoquée. Son droit ainsi reconnu, ce n'était plus dans une gazette étrangère qu'il demandait l'insertion du désaveu, mais dans le journal même de Desfontaines, et cela du commandement de M. Hérault lui-même. (Au marquis d'Argenson, 4 juin 1739.)

L'homme se peint là tout entier. D'abord ardent à la vengeance, mais soit dédain pour ses ennemis, soit crainte de troubler son repos, prudent, longanime à l'exécuter; n'y allant pas de franc jeu, mais par des voies obliques; faisant soudain le coup et se dérobant; niant ensuite avec effronterie, s'il est pris sur le fait, et s'il n'est que deviné, déplorant avec candeur les soupçons dont il est l'objet; d'ailleurs s'indignant qu'un fait, celui-là même qu'on lui impute, qui serait excellent en soi, indépendamment de l'homme qui l'aurait commis, soulevât tant de clameurs, et n'y voyant pour sa part qu'un commencement de justice rendue à ce qu'il mérite, justice qu'il demande et ne désespère pas d'obtenir plus complète.

On ne voit pas, quoi qu'en dise Voltaire (Au marquis d'Argenson, 21 juin 1739) que M. Hérault ait enjoint à Desfontaines d'insérer le désaveu dans ses *Observations*. Mais durant près de trois mois, Voltaire lui ayant donné autant de besogne et assurément plus d'ennui que Paris tout entier, ce magistrat était sans doute impatient de se débarrasser d'un importun qui en usait avec la police du royaume comme si elle eût été à ses gages. Il laissa donc les choses en l'état, ou si, par impossible, il donna des ordres à Desfontaines, celui-ci ne les exécuta pas, et la publication de son journal suivit son cours sans condition.

Voltaire était sur le point d'aller à Enghien chez le duc d'Aremberg, pour y partager, disait-il, son temps entre le brelan et la physique (A Helvétius, 6 juillet 1739), lorsqu'un bruit étrange, incroyable arriva jusqu'à lui.

Voici en quels termes il en écrit au marquis d'Argenson (21 juin 1739) :

« On m'annonce une nouvelle qui ne contribuera pas à mon bonheur particulier. On m'écrit que l'abbé Desfontaines a eu la permission de désavouer son désaveu même; qu'il a assuré dans une de ses feuilles que ce prétendu désaveu était une pièce supposée... Comment aurait-il eu l'insolence de nier un désaveu minuté de votre main, écrit et signé de la sienne et déposé au greffe de la police ? Comment oserait-il s'avouer dans ses feuilles auteur d'un infâme libelle? Et si en effet il est capable d'une pareille turpitude, comment pourrait-il désobéir aux ordres de M. Hérault, et nier dans ses feuilles un désaveu que M. Hérault lui ordonnait d'y insérer? »

Voltaire était consterné, et il avait lieu de l'être. Quoi donc! il aura affiché les prétentions les plus superbes, il aura pu espérer un jour de trainer son ennemi à la barre de la plus haute juridiction du royaume, c'est-à-dire, du parlement, et, cette espérance déçue, il aura consenti à s'adresser au Châtelet, puis à l'Arsenal ; repoussé encore de ces deux côtés, il aura demandé un désaveu avec la suspension du journal de Desfontaines; vaincu sur ce dernier point, comme aussi sur le fait de l'insertion du titre réparateur dans ce même journal, il aura de guerre lasse accepté le désaveu pur et simple, et, quand après avoir été de concession en concession jusqu'à ce dernier terme de ses légitimes exigences, il pense n'avoir plus qu'à se résigner, à croiser les bras et à attendre, il s'aperçoit tout-à-coup qu'amis et ennemis, tout le monde s'est joué de lui, et que la tragédie dont il avait arrangé les scènes avec tant d'art, préparé le dénoûment avec tant de patience, n'était plus qu'une misérable farce dont il était, comme on dit, le dindon et qui l'allait couvrir d'un immense ridicule.

Il en fut quitte pour la peur. Le marquis d'Argenson lui fit savoir que rien n'était changé aux arrangements pris entre lui, M. Hérault et Desfontaines, que le désaveu de Desfontaines subsistait, et qu'il était loisible à Voltaire de s'en prévaloir au besoin.

Cette assurance lui rendit la vie. Cependant, toujours insatiable et d'ailleurs toujours harcelé par Desfontaines qui s'égayait de temps en temps aux dépens de ses expériences de physique, il espérait toujours qu'on arracherait quelque satisfaction nouvelle « de ce monstre, ennemi du genre humain. » (A d'Olivet, mars 1740.) Il va sans dire que cette satisfaction était la suppression du privilége de Desfontaines. En attendant, il lui décochait cette épigramme :

> Un jour Satan, pour égayer sa bile,
> Voulut créer un homme à sa façon ;
> Il le forma des membres de Chausson,
> Et le pétrit de l'âme de Zoïle.
> L'homme fut fait et Giot fut son nom.

A ses parents en tout il est semblable.
Son fessier large à Bicêtre étrillé,
Devers Saint-Jean doit être en bref grillé.
Mais ce qui plus lui semble insupportable,
C'est que Paris de bon cœur donne au diable
Chacun écrit par Giot barbouillé.

Desfontaines montra plus de modération, ou, si l'on veut, plus de prudence. Quoiqu'il dût se trouver content de la vengeance qu'il avait tirée de Voltaire, il ne pouvait se dissimuler l'importance de la victoire que celui-ci avait remportée sur lui ; il ne pouvait pas se dissimuler l'obligation où il avait été, en signant son désaveu, de se sauver par un mensonge honteux de l'accusation de calomniateur. Ces tristes considérations l'avertissaient qu'il n'aurait rien à gagner à prolonger la lutte, et que, quand bien même il aurait pour lui la justice, il échouerait toujours contre le crédit de sa partie.

Heureux néanmoins d'avoir pu épargner à son journal la souillure de l'insertion du désaveu, et cette fois du moins ayant la consolation de l'emporter sur Voltaire, il lui mesura davantage la critique, le railla doucement, chercha des tours pour la rendre moins directe, moins personnelle, sinon plus piquante, et se comporta enfin en homme qui se surveille, mais qui ne veut point paraître intimidé.

La manière dont il parle de la *Dissertation* de Voltaire sur le feu est un exemple de cette tactique et de ses précautions.

Madame du Châtelet avait fait une dissertation sur le même sujet, et elle avait concouru en même temps que Voltaire pour le prix que l'Académie des sciences se proposait de décerner à l'auteur du meilleur mémoire sur cette question. Ni l'un, ni l'autre n'eurent le prix; mais en considération du mérite singulier des deux ouvrages, l'Académie permit qu'ils fussent imprimés à la suite de la dissertation couronnée; ce qui eut lieu en effet.

Desfontaines examine d'abord la pièce de madame du Châtelet. Il en loue la science, le style, il y découvre mille choses aussi ingénieuses que profondes, il s'attache à faire ressortir ce qu'il y a de merveilleux dans ce travail d'une femme, qui honorerait à lui seul un physicien consommé, et où l'auteur venge son sexe avec éclat du préjugé qui le condamne aux travaux frivoles et lui refuse le don des sublimes pensées. (Observations, etc., t. XVIII, pag. 169, lettre 263.) Au contraire, il analyse froidement, sévèrement l'œuvre du concurrent de madame du Châtelet; il y relève de nombreux paradoxes plus téméraires, selon lui, qu'ingénieux; il est choqué de certaines conjectures trop peu vraisemblables pour constituer un système solide; il n'admet pas, par exemple, les explications que l'auteur donne de l'extinction du feu, explications arbitraires, dit-il ironiquement, qui servent à fortifier l'idée qu'on pourrait avoir d'une certaine analogie entre la poésie et la physique, d'un complément du poète par le physicien; il trouve du reste qu'une bonne partie des observations curieuses exposées dans l'essai de Voltaire n'est pas de lui, mais est empruntée à la physique de Muschenbroëk.

Pour couronnement de cette critique faite sans bienveillance, quoique sans passion, il cherche à mettre Voltaire en contradiction, non pas avec lui-même (ce qui n'avait déjà plus de sel), mais avec madame du Châtelet. S'il compare leurs idées ensemble, c'est à celles du docteur en jupes qu'il donne la préférence. Elles ont pour elles la justesse, la force, la logique, et pour le moins la vraisemblance, les autres ne sont que le fruit d'une imagination échauffée, de l'arbitraire et du caprice. (Ibid., ibid., pag. 255, lettre 266.)

Desfontaines fait voir ici comme il connaissait bien le cœur de son ennemi. N'était-ce pas le blesser au vif, que d'exciter sa jalousie contre l'objet qui le charmait et qui le remplissait encore tout entier? Dépouiller cet objet de sa qualité d'amante, pour le revêtir aux yeux de son amant de la qualité d'écrivain rival supérieur, l'établir en maître sur le terrain de la science, au-dessus de ce même amant qui déjà n'y pouvait plus souffrir personne à côté de lui, n'était-ce pas, dis-je, connaître le cœur de Voltaire, ce cœur qui eût été jaloux de lui-même, s'il n'eût eu l'occasion de l'être d'autrui, et qui, plutôt que de le paraître à l'égard de madame du Châtelet, allait être contraint de se dévorer, de se consumer lui-même en silence?

CHAPITRE XII.

Cependant, il n'était plus parlé de la querelle de ces deux hommes. Desfontaines y avait perdu le peu de considération dont il jouissait encore dans cette partie du public qui se pique d'impartialité; il tomba bientôt dans le dernier mépris, et qui pis est, dans cette sorte d'oubli qui est, pour les intrigants de tous les métiers, plus insupportable cent fois que le mépris.

Son journal surveillé, censuré et sous la menace perpétuelle d'une suspension, à la moindre personnalité un peu vive qu'il se permettrait, devenait de jour en jour plus terne, plus monotone, plus fastidieux; en un mot, il suivait la destinée de son maître, et déjà même était comme s'il n'était plus. « Je vous dirai en passant, écrivait Voltaire à madame de Champbonin, en mai ou juin 1742, qu'il n'est pas plus question ici (à Paris) des horreurs de l'abbé Desfontaines que si lui ni les monstres ses enfants n'avaient jamais existé. Ce malheureux ne peut pas plus se fourrer dans la bonne compagnie à Paris que Rousseau à Bruxelles. Ce sont des araignées qu'on ne trouve point dans les maisons bien tenues. »

Mais cette obligation pour lui d'être modéré, son talent qui en souffrait fort, la proscription à laquelle il était en butte, et le besoin plus impérieux que jamais de forcer l'opinion qui s'éloignait à lui revenir, n'importe à quel prix, tout cela le conduisit enfin à rompre les barrières et à reprendre son ancienne méthode de critique. La victime qu'il se proposa d'immoler, en expiation de sa réserve momentanée, fut un abbé Gourné, prieur commendataire de Taverny.

Cette nouvelle démangeaison de critiquer à outrance et le premier venu, eut des suites si graves et fit tant de bruit, qu'on ne sera pas fâché d'en trouver ici l'histoire un peu détaillée.

Environ deux ans avant l'époque où le fait en question s'est passé, c'est-à-dire vers 1741, le prieur avait publié une *Géographie méthodique*. Ce n'est pas ici le lieu d'en discuter le mérite, et il suffira de dire qu'il ne parut point incontestable à Desfontaines, et que le journaliste s'amusa à le déprimer dans deux ou trois articles remplis de ce sel qui lui était familier, de ces traits ironiques, comme dit l'abbé de La Porte, toujours si intéressants pour les lecteurs et si offensants pour les écrivains. (Observations, etc., tom. XXVII, pag. 275 et 346; lettres 402 et 405.)

Le prieur ne prit pas la chose en chrétien, et dans une *lettre à dom Gilbert de la Congrégation de St.-Maur*, il rendit attaque pour attaque, injure pour injure.

Il commence par dire que lorsqu'il publia sa *Géographie,* il fut cité par le ministère de Bullot, l'imprimeur, à comparoir devant la personne de Desfontaines, pour là être ouï sur les conditions qu'il voulait proposer au sujet de son livre. Le prieur qui n'y entendait pas, ou qui feignait de n'y pas entendre malice, ajoute qu'il vint *sacrifier au mauvais génie, à la divinité malfaisante*, et à ce propos il fait de la figure de Desfontaines un portrait en rapport avec les titres peu flatteurs qu'il lui attribue. Tôt après, comme si ce qu'il va dire était une conséquence nécessaire de la laideur de Desfontaines, il prétend que les libraires de Paris ont corrompu ce journaliste et acheté de lui argent comptant l'engagement de faire tomber la *Géographie méthodique*.

Après cet exorde un peu brutal et gros de scandaleuses révélations, l'abbé Gourné continue et met ce discours dans la bouche de Desfontaines :

« Il ne tient qu'à moi d'arrêter la publication de votre ouvrage ; pensez-y sérieusement ; la chose est de grande conséquence pour vous. Je vous estime ; j'ai du penchant à vous obliger ; mais il faut de votre côté vous aider un peu et vous défaire une bonne fois de ces façons de penser que vous avez puisées dans votre Oratoire. Tenez, moi qui vous parle, j'ai été longtemps jésuite ; cette école, entre nous, vaut bien l'autre ; mais le diable m'emporte si j'ai conservé la moindre teinture de l'esprit religieux. Condamné par ma fortune à vivre de ma plume, je me suis ouvert une route nouvelle ; j'ai déclaré la guerre à tout le genre humain, et je suis devenu le fléau des auteurs. Malheur à quiconque se mêle d'écrire sans ma permission ou mon agrément ; malheur à tout livre qui ose paraître, sans être muni de mon passeport! Vous voulez entrer dans la carrière; soit; je vous reconnais du talent, et je serai le premier à vous encourager; mais est-il juste de frauder mes droits? Ils se réduisent à si peu de choses! »

Certes, quelque vil que fût Desfontaines, on a peine à croire qu'il ait osé tenir un pareil langage. Il se montre là sous certains aspects assez immondes et qu'on ne lui connaissait pas encore. Mais qu'il ait parlé, ou que, pour le besoin de sa cause, le prieur le fasse parler ainsi, son discours est un trait de mœurs littéraires, qui n'est pas à la gloire des journalistes de l'époque, et personne alors, il faut en convenir, ne les aurait représentés avec plus d'impudence que l'abbé Desfontaines.

Le prieur qui s'imaginait, comme cela se pratique fort naturellement aujourd'hui, que Desfontaines entendait par ses droits le don d'un exemplaire de l'ouvrage, lui promit qu'il serait un des premiers servis, et il lui fait ainsi poursuivre son discours :

« C'est déjà quelque chose; mais puisqu'il faut parler français, vous aurez la bonté d'y joindre six autres exemplaires en blanc, quatre louis d'or et un certain manuscrit contenant l'histoire de l'église de Rheims, dont je sais que vous êtes l'auteur et dont vous ne faites aucun usage. Moyennant cela, je me fais fort de mettre votre *Géographie* sur un bon pied, et je l'annoncerai de façon à faire tomber toutes les autres. Dans la suite, comme je veux ménager votre bourse, et que mon intention n'est pas de vous rançonner, je me restreins à un louis d'or et à mes sept exemplaires pour chaque partie qui paraîtra jusqu'à la fin de tout l'ouvrage. Vous voyez que je ne suis pas cher, et assurément je vous traite en ami. »

Tout-à-l'heure Desfontaines n'a fait, pour ainsi dire, que s'ébaucher, ici, il se peint en pied, et si le portrait n'est pas ressemblant il n'est du moins pas flatté. Mais, en admettant même qu'il n'ait pas dit les paroles qu'on lui prête, était-il vraiment homme à exécuter tout ce qu'elles expriment? Quelque mauvaise opinion que j'aie de Desfontaines, je n'ose prendre sur moi de résoudre la question.

Pour l'abbé Gourné, il comprit ce français, pour me servir du mot de Desfontaines. Mais comme tout prieur qu'on soit, on n'a pas toujours cinq louis dans sa poche à la disposition du quidam qui vous met ainsi le pistolet sur la gorge, il sortit, promettant, j'imagine, au journaliste de réfléchir là-dessus et de se décider. Desfontaines sortit avec lui et fit mine de l'accompagner. Quoi! voulait-il aller de ses yeux s'assurer de l'état de la caisse du prieur? On serait tenté de le croire à l'empressement que mit l'autre à s'esquiver. La vérité est que, la nuit s'approchant, et l'heure étant venue où ceux qui avaient quelque compte à régler avec Desfontaines, l'attendaient au détour d'une rue pour lui caresser les épaules avec un fragment de bois vert, le prieur craignit, s'il était rencontré en compagnie de l'abbé, d'être l'objet d'une méprise ou, pour le moins d'être admis au partage des honneurs réservés à un seul. Il feignit donc d'entrer aux Missions étrangères près desquelles il se trouvait alors, et il laissa son compagnon à la porte.

Le lendemain, il lui écrivit qu'il n'avait ni le moyen, ni la volonté de faire ce qu'on exigeait de lui, que Desfontaines pouvait faire son métier, que pour lui, il ferait le sien.

Le défi était fier; Desfontaines l'accepta.

Dans un repas qui eut lieu, toujours au rapport de l'abbé Gourné, chez Chaubert, Rollin et Debure, libraires, Desfontaines, la tête un peu échauffée par le vin, proposa à ces messieurs un petit plan de conspiration dont le but était de soutenir simplement et avec ensemble que la *Géographie méthodique* ne trouvait pas d'acheteurs. Par là on forcerait l'abbé Gourné à démentir ce bruit, à publier qu'il en avait vendu lui-même et qu'il en débitait encore tous les jours un grand nombre d'exemplaires. Sur cette déclaration on l'attaquerait aussitôt comme coupable d'infraction aux lois qui régissent la librairie.

En deux mots, c'était un guet-à-pens qu'il s'agissait de tendre à l'abbé Gourné, et le plan en était habilement conçu.

Vraies ou fausses, toutes ces accusations pour quelques-unes desquelles l'abbé Gourné alléguait des témoignages, étaient énoncées positivement et passaient un peu la plaisanterie. Desfontaines en fut singulièrement mortifié. Il avait à cœur, dit l'abbé de La Porte, le reproche qu'on lui faisait d'être un écrivain mercenaire qui rançonnait les auteurs, et il n'était pas moins piqué qu'on eût voulu faire entendre qu'il avait reçu des coups de bâton dans les rues de Paris.

N'y a-t-il pas de quoi rire dans cette susceptibilité

de l'auteur de la *Voltairomanie*? Et n'est-il pas révoltant que le même homme qui, sans respect pour la pudeur, la vérité et le style, couvrait Voltaire d'opprobre dans cet abominable pamphlet, soit si chatouilleux, quand il est touché par une arme qu'il a forgée lui-même pour en frapper les autres, quand enfin on lui applique la loi du talion, la plus juste comme la plus naturelle de toutes les lois ?

Pour comble d'impudence, après avoir éprouvé, à la lecture de la lettre de l'abbé Gourné, la même indignation que Voltaire, à celle de la *Voltairomanie*, il ne trouva rien de mieux à faire contre le prieur que ce que Voltaire avait fait contre lui-même, c'est-à-dire de porter sa plainte chez un commissaire.

En conséquence, dit encore l'abbé de La Porte, permission d'informer, ordonnance de saisie et descente chez l'abbé Gourné. Celui-ci a recours au parlement où il obtient un arrêt qui ordonne l'apport des charges et informations. Desfontaines fait assigner le prieur au Châtelet, et son adversaire obtient un second arrêt du parlement qui défend à cette juridiction de connaître l'affaire. De part et d'autre on lance des factums où les champions ne s'épargnent guère, mais où il était bien difficile de reconnaître lequel des deux avait tort, si l'on n'aimait pas mieux dire qu'ils l'avaient tous deux. Quoi qu'il en soit, l'affaire resta indécise, mais elle donna lieu à un arrêt du Conseil d'État, en date du 6 octobre 1743, qui révoquait le privilége des *Observations*. Voltaire était vengé.

Le prieur se vanta publiquement d'avoir contribuée à cette révocation, laquelle fut un coup de foudre pour Desfontaines. Les dispositifs et les termes en étaient rigoureux et humiliants. On y déclarait qu'outre les plaintes que Defontaines excitait continuellement de la part des auteurs et des libraires, par l'abus qu'il faisait du privilége que lui avait été accordé, il avait paru d'autres livres du même écrivain, où il attaquait personnellement les auteurs de la réputation la mieux établie, sans respecter même les corps les plus distingués par leur amour pour les lettres et par la protection particulière dont Sa Majesté les honorait ; on y ordonnait enfin que l'arrêt serait lu, publié et affiché, ce qui, néanmoins, n'eut pas d'exécution.

Desfontaines vit bien que l'abbé Gourné n'avait été que l'ocsasion, la cause déterminante de cet arrêt, mais il ne pouvait lui en attribuer tout l'honneur.

En effet, par ces attaques dont il est question contre les corps les plus distingués dans les lettres, il comprit que l'Académie française s'était fait l'application de certains mots qui se trouvaient dans le discours préliminaire de sa traduction de Virgile imprimée depuis peu, et qu'elle en avait demandé satisfaction. « On est plus choqué, avait dit Desfontaines, d'entendre louer une *troupe orgueilleuse de gens sans mérite,* sur leur esprit et leurs talents, que de voir Ovide et Virgile traiter Auguste de Dieu. » Avec un peu de complaisance, avec un peu moins de cette susceptibilité qui est d'autant plus vive dans les corps savants qu'ils ont quelquefois le malheur d'avoir des membres qui leur font disparate, l'Académie eût pu sans doute donner à ces paroles un sens moins criminel et plus général; mais il paraît, quoi qu'en dise l'abbé de La Porte, qu'elle ne se sentit pas dans le cas d'être aussi désintéressée; et en effet, l'insolence dont elle se plaignit est l'objet principal de l'accusation qui amena la suppression des *Observations sur les écrits modernes.*

Dans son *Mémoire* imprimé contre l'abbé Gourné, Desfontaines protesta contre cette disgrâce pour des raisons, il faut bien le dire, qui sont peu propres à nous convaincre de son innocence. Depuis le jour où, en 1736, il avait été mis en prison pour cette fameuse harangue fictive où l'Académie était tournée en dérision, harangue qu'on persistait à lui attribuer, malgré qu'il la mît sur le compte d'un ami dont il ne voulait pas trahir le secret, il avait gardé rancune aux quarante, et après sept ans de patience et de dissimulation il en avait enfin laissé percer quelque chose. Oui, c'était bien l'Académie qu'il avait dénoncée dans la phrase indiquée plus haut. Ce fut en vain que, pour sa justification, il rappela la dédicace qu'il avait faite à cette compagnie de son *Racine vengé*, livre prétentieux et froid, où, sous prétexte de réhabiliter Racine qui n'en avait pas besoin, il épanche sa bile contre d'Olivet, auteur d'une critique un peu minutieuse du style de ce poète; ce fut en vain qu'il se prévalut de n'avoir jamais parlé dans tous ses ouvrages qu'avec estime et respect de l'Académie considérée comme corps, il ne put la fléchir; il y perdit sa peine et le privilége de ses feuilles.

Non content de voir son ennemi abattu, le prieur

se donna le plaisir de le fouler aux pieds. Il publia trois écrits sous les noms de l'abbé Le Tort, Tubeuf et Hardi, tous pleins de railleries sanglantes et de grossières personnalités. Il s'y égaya surtout aux dépens de la traduction de Virgile, cette œuvre de prédilection de Desfontaines, qui a été et qui est peut-être encore fort au-dessous de sa réputation. Il fit notamment cette remarque singulière au sujet de la dédicace adressée à un *Monseigneur Constantin Mauro Cordato, prince souverain des deux Valachies*, que ce prince n'existait pas, qu'il n'y a même point de princes dans les deux Valachies, mais seulement des hospodars ou gouverneurs que la Porte y envoye. Il ajouta que le gouverneur d'alors s'appelait Ibrahim-Coli et avait avec lui un domestique renégat, nommé Maurice Cordier, fils d'un boucher de Coutance, avec lequel Desfontaines avait étudié à Rouen. « Pour illustrer votre ouvrage, dit le soi-disant abbé Le Tort, n'auriez-vous pas fait une promotion en sa faveur (de Maurice Cordier)? Ce *Maurice Cordier*, de Coutance, ne serait-il point par hasard Constantin *Mauro Cordato?* » L'abbé de La Porte affirme que cette turlupinade est mauvaise; d'accord, et qu'elle ne méritait pas d'être réfutée sérieusement. Si vraiment, elle le méritait, d'abord à cause de l'analogie singulière qu'il y avait entre ces deux noms, ensuite à cause de la force, disons plus, de l'air de vérité que l'assertion de l'abbé Gourné empruntait à cette analogie, enfin, parce qu'on a tué plus d'auteurs et peut-être plus de livres par de bons mots que par de bonnes raisons. Desfontaines en jugea ainsi, et dans la 505e lettre, page 357 du XXXIIe et dernier tome de ses *Observations*, il cita des autorités pour ne laisser aucun doute sur l'existence de son prince.

Ce fut là comme le dernier soupir de cet immense recueil qu'on ne peut se passer de lire, si l'on veut connaître à fond l'histoire de la critique littéraire au milieu du xviiie siècle. Il servit de modèle à plusieurs autres, particulièrement à celui de Fréron, qui a pour titre *l'Année littéraire*, qui est six fois plus considérable.

Desfontaines fit tout ce qu'il put pour obtenir la révocation de l'arrêt qui supprimait ses *Observations*; mais le Conseil fut inflexible. On lui permit seulement de donner des feuilles à peu près semblables, mais en changeant le titre. Desfontaines profita avec empressement de cette permission et publia ses *Jugements sur les ouvrages nouveaux*.

On ne trouve pas là cette verve, cet entrain d'autrefois. On sent partout que le critique est muselé. Il se dédommagea du déplaisir de ne pas médire des autres à son gré en disant beaucoup de bien de soi-même. C'est ce qu'il fait, chaque fois qu'il entreprend de défendre sa traduction de Virgile contre les nombreuses critiques dont elle était l'objet. (Jugements, etc., t. II, p. 135, 187; t. III, p. 283 et suiv.) Il parut onze volumes de ce nouveau journal. La mort seule l'empêcha d'en augmenter le nombre et mit un terme à sa fécondité.

Au mois de décembre 1745, Desfontaines fut atteint d'une fluxion de poitrine qui dégénéra en hydropisie. Il mourut au bout de cinq semaines en témoignant, dit-on, et je n'ai pas de peine à le croire, un repentir profond de ses fautes et de ses scandales.

L'abbé Desfontaines n'était pas un homme du monde. Il y était épineux, absolu et pédant. Des traces de ce triple défaut sont répandues dans tous ses écrits où, si elles ne font pas douter de son goût en littérature, elles permettent rarement de croire à son impartialité. Il admirait les anciens, de la lecture desquels il s'était nourri pendant les quinze années de son professorat chez les Jésuites ; et, à part quelques écrivains du siècle de Louis XIV, il traitait les modernes avec une sévérité qui n'était pas propre à les entretenir dans leurs présomptueuses illusions. Ce n'était rien, selon lui, de savoir orner un sujet, le difficile était d'inventer, qualité fondamentale qu'il dénia toujours à Voltaire et qu'il accorda rarement à tout autre de ses contemporains. Avec tout cela, Desfontaines est le type du journaliste taquin qui a son parti pris de combattre tout le monde, et qui semble en cela céder plutôt aux besoins de son tempérament qu'à la voix du bon sens et de la raison. Esprit envieux, cœur ingrat, toute célébrité l'offusquait, toute obligation lui était à charge; s'il abdiqua sa cure, s'il se dépouilla autant qu'il était en soi de son caractère de prêtre, c'est qu'il se sentait hors d'état d'être humble et charitable, comme cette profession le lui prescrivait. Aussi se lança-t-il dans une carrière où ces vertus-là n'étaient ni pratiquées, ni requises, et où il avait le pressentiment de se faire remarquer. Avide de bruit et de gloire, on ne dit pas qu'il eût l'ambition de sa robe. Mais quelle apparence qu'on soit allé chercher au fond de la Normandie un simple curé de campagne pour l'élever aux honneurs ecclésiastiques? Ce n'était pas de là malheureusement qu'on tirait alors les évêques, mais (pourquoi ne le dirai-je pas?) des boudoirs parfumés de ces femmes qu'on appelait *virtuoses,* ou des antichambres de la cour. On ne les choisissait pas non plus éclairés et savants, mais aimables, bien tournés et plus capables de toucher les yeux que les âmes. Desfontaines n'avait rien de ces qualités mondaines. Il avait, au contraire, des lumières, de la science, beaucoup d'esprit, une certaine facilité pour exprimer ses pensées et la ferme résolution de faire parler de soi, coûte que coûte. N'ayant pas lui-même ce dont il reprochait à Voltaire et à tous les autres de manquer essentiellement, c'est-à-dire la faculté de l'invention, il voulut se créer un nom par la critique. A cet effet, il fonda un journal. Là, toutes les réputations, toutes les gloires étaient chaque jour dénigrées, vilipendées, démolies pièce à pièce, et, sur leurs vastes ruines, il s'éleva un trône à lui-même du haut duquel il fit trembler tous les auteurs. Un seul peut-être, dont il avait reçu des services que dix ans écoulés depuis n'avaient pu prescrire, un seul eût dû trouver grâce devant sa terrible juridiction; il y passa bientôt comme les autres. Desfontaines en parla d'abord avec indifférence; il le loua ensuite tout en le critiquant; enfin les louanges disparurent peu à peu, la critique seule resta. Pour excuser son ingratude, il disait avoir payé pendant dix ans le bienfait de Voltaire par une partialité aveugle et par une grande profusion d'éloges; il n'y avait donc pas lieu de crier si haut, s'il le mordillait un peu de temps en temps. Comme si la reconnaissance avait un terme et qu'il lui fût permis de se reposer avec un certain nombre d'années? Il n'en eut pas moins l'honneur de tenir tête un moment à Voltaire, et de balancer son crédit. Il succomba enfin avec honte et ne se releva jamais de cette chute.

Outre ses écrits périodiques, Desfontaines fit ou plutôt passa longtemps pour avoir fait une foule d'ouvrages dont on trouve la nomenclature dans sa vie écrite par l'abbé de La Porte. De l'aveu de ce dernier, la moitié, sinon les trois quarts, est la propriété d'autrui. On a vu, par le récit de sa querelle avec le prieur de Gourné, comment il était informé des ouvrages que les auteurs avaient en manuscrits, et à quelles conditions il s'offrait de les acquérir. C'était de la piraterie du genre le plus audacieux. Ce qu'il y a de singulier, c'est qu'à peine si les auteurs aux dépens de qui il l'exerçait, osaient réclamer contre un pareil brigandage. Les plus hardis l'acceptaient à titre de collaboration. Ils aimaient mieux abandonner à Desfontaines une partie de leur bien que de risquer la perte du tout, résultat qu'on croyait dépendre infailliblement du jugement qu'en porterait dans ses feuilles l'impitoyable et avide journaliste.

Jamais écrivain ne fut plus ennemi de l'inaction, qualité propre à ces esprits soupçonneux et chagrins qui, s'en prenant à tout le monde de l'état d'hostilité où ils se sont posés vis-à-vis de lui, s'agitent continuellement, non pour se faire une place convenable parmi les hommes, mais pour se la faire la plus grande possible et la plus incommode aux autres. Desfontaines poursuivit ce but avec une infatigable ardeur, et, s'il ne l'atteignit pas toujours, il y toucha si souvent et s'y maintint quelquefois si longtemps, que sa passion pour la gloire, pour celle qui a plus de retentissement que d'éclat, eut lieu d'être satisfaite. Sa pensée toujours tournée à l'ironie, au sarcasme, à la satire personnelle l'y servit singulièrement. Il n'en fut pas de même de son style, qui est dur, sec, abrupte, martelé, et qui rebuterait facilement le lecteur, s'il n'était que l'expression d'une critique impartiale et modérée. Là où Desfontaines le traite avec plus de soin, il est maniéré et fade. Cette particularité lui est commune avec Fréron. Doués tous deux d'une sagacité exquise pour discerner le mauvais goût dans les auteurs, par une égale inconséquence ils y sont tombés tous deux ! Tant il est vrai que la critique, même la meilleure, peut se passer du secours de l'art, mais que l'art ne saurait exister sans la critique. A moins qu'on ne prétende qu'à force de se commettre avec les méchants auteurs, l'un et l'autre se soient gâtés en si mauvaise compagnie.

… FRÉRON.

FRÉRON.

CHAPITRE PREMIER.

Voici un personnage dont la lutte avec Voltaire a je ne sais quoi de gai, d'intéressant, qui manquait à celle que le philosophe eut à soutenir contre Desfontaines. Ce n'est plus à un pédant de collége que nous avons affaire, à un prêtre, repris de justice pour le plus grave des attentats aux mœurs et à la nature, perdu à cause de cela dans l'opinion et, à cause de cela aussi, entraîné dans des écarts de plume où il semblait moins insulter à ses ennemis personnels, que défier la société et, en quelque sorte, se venger d'elle-même ; nous ne serons en contact qu'avec un homme de plaisir, un épicurien pratique, gai, bon compagnon, débraillé jusqu'au cynisme, aussi instruit et plus spirituel que Desfontaines, plus persécuté à coup sûr, mais ne gardant de rancune à ses persécuteurs que ce qu'il en fallait pour qu'ils ne crussent pas que sa résignation allait jusqu'à la lâcheté ; railleur et insolent, et parfois malhonnête quand il avait le vent en poupe, assez philosophe quand il l'avait contraire; enfin ayant contraint Voltaire à estimer assez son esprit pour forcer ce grand homme peut-être à se corriger sur ses avis : tel fut Fréron.

Elie-Catherin Fréron naquit à Quimper, en 1719. Les encyclopédistes, Voltaire le premier, affectaient de l'appeler Jean Fréron. Cela pourrait sembler peu plaisant, si l'on ne remarquait que le nom de Jean accolé à celui de Fréron et tous deux réduits à leurs seules initiales, J... F....., prête à une grossière équivoque.

Il avait, disait-il, l'honneur d'appartenir à Malherbe, c'est-à-dire d'être son parent, sa mère ayant été de la famille de ce poète. Aussi les vers de Malherbe furent-ils le sujet de ses premières lectures, comme ils furent aussi les premiers qu'il apprit par cœur.

« C'est, ajoute-t-il, par l'étude de ce poète,

> Qu'Apollon m'a soumis à sa brillante loi ;
> C'est lui qui m'inspira l'amour de l'harmonie ;
> Et cet avare Dieu voulut bien mettre en moi
> Une étincelle de génie. »

(Opuscules, t. I, p. 362.)

On voit que la parenté entre Fréron et Malherbe ne s'étendait pas jusqu'à leurs vers.

Fréron entra d'abord chez les jésuites. On manque de renseignements sur ce qu'il y apprit et sur le temps précis pendant lequel il y resta. On sait seulement qu'il en sortit en 1739, au bout de quelques mois, chassé, si l'on en croit l'assertion plus que suspecte de Voltaire, mais plutôt volontairement, si l'on considère qu'il garda toujours de la reconnaissance pour ses anciens maîtres, et qu'il n'y a pas d'écrivain jésuite dont il ne fasse l'éloge dans ses écrits.

Parmi tous ces jeunes gens qui avaient fait leur éducation chez les jésuites, il en était peu, suivant l'observation d'un physiologiste du temps, qui passassent tout-à-coup de la souquenille modeste de l'ordre à la tenue d'un petit maître. Ils gardaient quelque temps le costume d'abbé, comme pour s'essayer aux airs du monde. C'est ainsi que Fréron vint à Paris, et qu'il y fut connu d'abord sous le nom d'abbé Fréron.

Là, il fut agréé comme professeur au collége Louis-le-Grand. Il y exerça même avec quelque distinction. L'habitude de corriger des devoirs d'écoliers éveilla en lui la passion de la critique; mais la réputation qu'il pouvait acquérir à ce rude métier ne devant guère dépasser l'enceinte de son collége, il chercha à se produire sur un plus vaste théâtre, et il le trouva dans le journalisme. Il s'attacha à l'abbé Desfontaines qui rédigeait alors un petit journal intitulé : *Lettres à madame la comtesse de...* Desfontaines, autant qu'il eut de prise sur ce caractère encore novice et sans fiel, s'efforça de lui inspirer un peu de la haine qui l'animait lui-même contre les écrivains célèbres de son temps, et il en fit un élève qui en beaucoup de parties surpassa rapidement son maître. Les lettres écrites par Fréron dans ce journal furent singulièrement goûtées. On y reconnaissait un jugement sain, un goût pur, une ironie fine, acérée, bien différente du pédantisme et de la grossièreté de Desfontaines, enfin un amour réfléchi, ardent, imperturbable pour les écrivains du siècle de Louis XIV. On n'y apercevait pas encore cette mauvaise foi à laquelle il eut recours plus tard, quand les bonnes raisone lui manquaient.

Alors Fréron quitta le petit collet. Il s'était persuadé faussement que, pour le correspondant d'une comtesse, même problématique, il n'était pas séant de porter la soutane et le rabat; qu'une odeur de cuistre le suivait jusque dans les boudoirs sous cet accoutrement, et qu'on croirait mieux à l'objet de ses confidences littéraires, quand l'auteur se montrerait sous des dehors plus propres à imposer aux railleurs.

Il prit l'épée et le chapeau à plumes et se fit appeler le *chevalier Fréron*. Il eut alors des tons de petit-maître. Sur ses lèvres dédaigneuses erra le sourire de la fatuité; d'aimables impertinences tombèrent de sa bouche; il hochait fréquemment la tête et coupait la parole aux gens.

Un degré de plus, et il était homme à insulter les femmes et à dégaîner contre la maréchaussée.

Cette folie lui passa bientôt; car il était bon homme, et il découvrit sans doute qu'il valait quelque chose de mieux que le sot personnage dont il portait la livrée.

Il redevint monsieur Fréron, ou bien Fréron tout court. Il ne conserva de sa chevalerie de contrebande que le privilége de tutoyer volontiers le premier venu; familiarité insolente et basse que certains gentilshommes crapuleux avaient mise à la mode et qui ne déparait pas l'ex-chevalier.

Fréron eut beaucoup de chagrin de la mort de Desfontaines : il écrivit à cette occasion une lettre à Lefranc de Pompignan, alors président de la cour des aides à Montauban ; il s'y exprimait ainsi :

« Je perds un bienfaiteur, un guide, et, plus que tout cela, un ami. S'il a paru de moi quelque écrit qui ait mérité des applaudissements, si j'ai montré quelque *étincelle* de talent et de goût :

C'est à vous, ombre illustre, à vous que je le dois ! »
(Opuscules, t. I, p. 287.)

L'ombre illustre de Desfontaines ! Si la reconnaissance fait les apothéoses, il faut convenir que l'ingratitude, qui nous en eût épargné une de cette force-là, se fût élevée à la hauteur d'une vertu.

Nous retrouvons ici l'*étincelle* de Malherbe attribuée à Desfontaines. Il est vrai qu'elle n'est ici que l'étincelle du goût, et que là-bas elle est celle du génie ; mais le dernier service rendu est celui dont on se souvient le plus. Apparemment encore que ce n'était pas trop d'un peu du feu de Malherbe et d'un peu du feu de Desfontaines pour animer un mortel comme Fréron. Mais c'est attacher trop d'importance à ce qui n'est qu'une licence poétique.

Voilà donc Fréron abandonné à lui-même. Certes, s'il eût prévu dès lors la grandeur (le mot est trop ambitieux), l'étendue de la tâche qui allait lui échoir, s'il eût prévu les vives et puissantes inimitiés qu'il attirerait sur sa tête, les conspirations qu'il soulèverait contre sa personne, son journal, sa liberté, son honneur et sa vie même, peut-être qu'il eût hésité au seuil de la carrière, et qu'en ce moment solennel, la paisible férule du pédagogue lui aurait semblé préférable au sceptre brûlant de la critique. Mais il ne prévit rien de tout cela, ou s'il le prévit, il était déjà trop épris du métier de journaliste, trop gâté par quelques succès, et déjà trop amoureux des plaisirs et de l'indépendance pour ne pas agir dans cette circonstance comme eût agi un homme d'une âme fortement trempée, c'est-à-dire pour persévérer.

Il continua le journal de Desfontaines, et il le fit en son propre nom. Seulement, il en modifia le titre et l'appela : *Lettres sur quelques écrits de ce temps.*

Ses premières feuilles, quoique rédigées avec une certaine modération, blessèrent un grand nombre de personnes par la liberté grande qu'il y avait prise de dire nettement son avis. On avait peine encore à s'accommoder de tant de franchise. On le força d'en suspendre la publication. Le coup partait de la coterie philosophique, peut-être même de Voltaire, qui en était le chef. Fréron ne s'y trompa point. Il connaissait Voltaire et le crédit qu'avait cet homme, en dépit de la disgrâce qui pesait sur lui. Il le savait peu scrupuleux sur les moyens de se venger de ses contradicteurs, et combien il y avait plus à craindre du courtisan de madame de Pompadour, de l'obséquieux ami du maréchal de Richelieu, et du favori du duc Choiseul, que du coryphée de la philosophie moderne ; il comprit alors qu'il n'aurait pas assez de ses seules ressources pour l'attaquer avec sécurité, et que, s'il ne se créait aussi des appuis, il succomberait lui-même à la peine.

Alors vivait à Lunéville un roi détrôné qui, à la suite du désastre de Pultawa, en 1712, était venu en France, où Louis XV avait épousé sa fille, en 1725. Réélu en 1733, à la mort d'Auguste II, et chassé de Dantzick, sans avoir pu reprendre possession de sa couronne, il était de nouveau retiré en France, où le traité de Vienne de 1738, lui avait accordé la souveraineté de la Lorraine et du duché de Bar, en dédommagement du royaume de Pologne.

Ce roi était Stanislas 1er. Peu de rois déchus eurent moins sujet de regretter leur couronne que celui-là, et cependant, il n'en est pas un, à commencer par lui-même, qui eût accepté de bon gré le changement de condition que la fortune lui avait imposé de force.

Pendant près de trente ans qu'il régna sur la Lorraine, il sema les bienfaits à la manière de ces bons califes dont il est parlé dans les contes arabes, et fut, à cause de cela, surnommé *le Bienfaisant*. Il favorisa les lettres et les sciences, éleva des monuments et tint une cour brillante où il entretenait un grand nombre de gens de lettres. Il est vrai que ses bonnes œuvres n'étaient pas toujours faites avec discernement; mais, pouvait-on, alors que des hommes comme d'Alembert, par exemple, demandaient au roi de Prusse une pension, pouvait-on exiger de Stanislas une répartition plus intelligente de ses bienfaits, quand il voyait le faux et le vrai mérite lutter de vitesse pour les solliciter?

Fréron tourna ses regards vers ce prince. Il ne lui demanda pas d'argent, mais seulement ses bonnes grâces et sa protection, et, par son entremise, les bonnes grâces et la protection de la reine, sa fille.

La reine Marie n'aimait pas les philosophes : son père les eût peut-être aimés s'il n'eût été dévot : on sait combien Louis XV les redoutait. Un champion qui s'offrait à les combattre ne pouvait donc être que le bien venu auprès de ces augustes personnages. Aussi, Fréron, en obtenant l'honneur de la protection des deux premiers, contracta-t-il l'engagement non-seulement de ne pas s'en rendre indigne par des liaisons avec les philosophes, mais encore à réfuter leurs doctrines, en leur opposant toutes les forces de sa dialectique, ou du moins à les tourner en ridicule s'il ne pouvait les anéantir.

L'entreprise était audacieuse; elle ne fut pas au-dessus de son talent.

Alors ses feuilles reparurent.

« La critique, dit-il en commençant (Lettres sur quelques écrits de ce temps, tome I, lettre 1), m'apparut dernièrement en songe, environnée d'une foule de poëtes, d'orateurs, d'historiens et de romanciers. J'aperçus dans une de ses mains un faisceau de dards, dans l'autre, quelques branches de laurier. Son aspect, loin d'inspirer la crainte, inspirait la confiance aux plus ignares amants des savantes sœurs. Ils osaient l'envisager d'un œil fixe et semblaient défier son courroux. La déesse, indignée, faisait pleuvoir sur eux une grêle de traits. Quelques écrivains dont la modestie rehaussait les talents, obtenaient des couronnes : plusieurs recevaient à la fois des récompenses et des châtiments.

» Cette vision m'a fourni l'idée de ces lettres où l'éloge et la censure seront également dispensés. »

Ce ton modeste lui était évidemment inspiré par le souvenir de la suspension récente de ses feuilles et par la crainte de donner à la police un prétexte pour la rétablir. C'était aussi un moyen de se rouvrir un accès dans le monde littéraire et de se concilier les lecteurs. Mais le journaliste n'ignorait pas que, pour les conserver, il fallait quelque chose de plus piquant. Il mit donc dans son style le plus de sel qu'il put, et en peu de temps elles eurent un débit prodigieux. Les ennemis de Voltaire les lisaient avec avidité, ses amis même avec fureur; jusque-là que madame du Deffant, l'amie de l'irascible philosophe, en faisait ses délices et donnait à l'auteur de l'*Année littéraire* la première place dans son estime, l'auteur de la *Henriade* devant se contenter de la seconde. (Lettre 144, 4 octobre 1764.)

Pareil au bretteur qui tire au mur pour s'exercer la main, Fréron, dans les trois ou quatre premières lettres de son journal, s'escrime d'abord contre le fretin de la littérature; après quoi il escarmouche agréablement contre Voltaire. Il commence par le traiter avec un grand respect; mais c'est, pour continuer la comparaison, comme le duelliste qui salue de son épée son adversaire avant de l'embrocher. Il lui pousse ensuite quelques bottes dont il tempère la rudesse en les coupant, s'il est permis de s'exprimer ainsi, de force compliments. En un mot, il n'attaque pas encore sérieusement, il ne fait que préluder.

Fréron était odieux à Voltaire à plus d'un titre. Il sortait des Jésuites, il avait fait ses premières armes sous Desfontaines, il s'annonçait comme un écrivain religieux et ennemi des philosophes. Il n'en faut pas davantage pour juger ce qui a pu donner lieu à la guerre qu'ils se sont déclarée. Il est plus difficile de décider quel a été l'agresseur, quoiqu'il semble que ce rôle appartienne à Fréron, critique anodin, mais toutefois critique non équivoque de son antagoniste. Les uns disent qu'il y a à parier que ce n'est pas Fréron, les preuves de respect qu'il donne à Voltaire dans ses premiers essais ayant dû contenter celui-ci, s'il n'eût exigé qu'il s'y joignît une admiration exclusive; qu'il faut croire que Voltaire, ne se trouvant pas assez loué par le journaliste et ne pouvant souffrir la censure la plus légère, commença les hostilités; que cela résulte du moins de plusieurs anecdotes sur ce sujet, confuses, embrouillées, contradictoires, incertaines.

Les autres (et ceux-là sont des partisans du gazetier) reconnaissent que Fréron a porté le premier coup, lorsqu'ils fixent l'époque de la querelle à l'insertion, dans l'*Année littéraire* de 1760, d'un extrait d'une comédie de Voltaire, intitulée : *La Femme qui a raison*. Cette pièce avait été représentée sur un théâtre bourgeois à Nancy, et était assez mauvaise pour que Fréron n'eût pas de peine à prouver que

Voltaire avait eu tort de la faire jouer, même à huis-clos. Le public avait confirmé ce jugement, et la pièce ne put être jouée par les comédiens. On ajoute que Voltaire, indigné qu'un ouvrage sorti de sa plume fût trouvé mauvais par le journaliste, protesta hautement contre l'impertinence de la critique, et publia, à cet effet, une lettre qui fut insérée dans le *Mercure* de la même année.

Quoi qu'il en soit, Fréron ayant riposté, ne voulut admettre aucune trêve, aucun accommodement. Il n'ignorait pas cette maxime politique qu'on peut appliquer ici sans emphase, qu'un sujet qui a tiré l'épée contre son souverain ne doit jamais la remettre dans le fourreau.

Fréron apprit bientôt en effet quelle était la puissance de son adversaire, par une nouvelle interruption de sa feuille, arrivée deux ans après.

Mais avant de raconter cet incident, il est à propos d'examiner les causes qui l'ont produit. Ce sera la matière du chapitre suivant.

CHAPITRE II.

« Pourquoi permet-on que ce coquin de Fréron
» succède à Desfontaines? Pourquoi souffrir Raffiat
» après Cartouche? Est-ce que Bicêtre est plein? »

Ainsi s'exprime Voltaire la première fois qu'il se décide à parler de Fréron. Ces trois insolentes questions, si étranges, si déplacées dans la bouche du défenseur de la liberté de la presse, de la liberté de conscience, de la liberté individuelle, de toutes les li-libertés enfin que nous avons conquises depuis soixante ans; ces trois questions, dis-je, sont un résumé complet de la polémique de Voltaire, quand il daigne relever le gant que lui jettent d'audacieux critiques. Seulement elles se trouvent reléguées et comme perdues dans une lettre de Voltaire au comte d'Argental, en date du 24 juillet 1749. C'est comme un cri de surprise échappé à l'homme qu'on arrache tout-à-coup à la douce paix de ses illusions, ou plutôt c'est l'explosion soudaine d'une colère longtemps dissimulée et concentrée violemment.

Et pourtant, dès 1745, Fréron, dans ses feuilles, s'occupait presque exclusivement de Voltaire. Tous les ouvrages qu'il y examinait, histoires, tragédies, poésies légères, philosophie, romans, économie politique, beaux-arts, quels que fussent leurs auteurs, étaient pour lui autant de motifs légitimes pour parler de Voltaire, que les ouvrages de Voltaire lui-même.

Les rubriques qu'il emploie pour ramener sans cesse son champion sur la scène sont aussi nombreuses que variées. C'est une sangsue qui s'attache au corps pour en extraire le sang, mais qui ne lâchera pas prise et qui mourra avec lui.

Tout dans Fréron explique cet acharnement : son esprit tracassier et envieux, un entêtement tel qu'on n'en voit que dans une cervelle bretonne, et, par dessus tout cela, la longanimité méprisante de Voltaire.

Celui-ci avait déjà publié énormément de choses, quand Fréron commença ses *Lettres sur quelques écrits de ce temps.* Sa verve était intarissable et ses productions se succédant, pour ainsi dire, à la course, ceux qui entreprenaient de le critiquer avaient fort à faire à le suivre seulement. Fréron fit davantage; il parla des œuvres actuelles de Voltaire, et remonta jusqu'à celles qui les avaient précédées.

Il ne voulait pas non plus qu'il fût dit que personne n'égalerait Voltaire, au moins en fécondité, et, de fait, le bagage littéraire de l'un équivaut à celui de l'autre. De 1745 à 1772, Fréron n'a pas publié moins de six à huit volumes par an. Comptez.

Dans le troisième ou quatrième cahier de ses *Lettres à madame la comtesse de...*, il eut l'impudence, au rapport de l'auteur des *Anecdotes sur Fréron*, attribuées à Voltaire, d'attaquer l'abbé de Bernis sur une pension de mille écus que lui avait procurée madame de Pompadour. Cette mauvaise plaisanterie le conduisit à Vincennes.

Durant sa prison et pour s'étourdir sur son malheur, il noyait, dit-on, ses soucis dans les pots et s'enivrait dès le matin comme un porte-faix. Ainsi lesté, il arrivait tout doucement au bout de la journée. Si on lui laissait la liberté d'écrire, il continuait ses feuilles avec toute la présence d'esprit possible, et, par là, se préparait d'avance à revenir au lieu d'où il les avait écrites. Privé de tout commerce avec les vivants, il voulut un jour s'entretenir avec les morts. Il demanda les œuvres d'Ovide. Le bibliothécaire du donjon, plus orthodoxe apparemment que familiarisé avec les muses, lui fit donner un livret intitulé les *Miracles de saint Ovide*. Fréron rendant compte de cette circonstance dans une lettre au ministre dont il implorait la clémence, ajoutait qu'il serait mort d'ennui, si la renommée qui avait pitié de sa situation ne se fût chargée de porter au ministre la demande en grâce du prisonnier. (Opuscules, tom. I, pag. 403.)

La renommée plaida si bien, en effet, qu'il sortit de Vincennes au bout de quelques mois. Mais il fut obligé de subir un exil de huit autres à Bar-sur-Seine.

Il revint à Paris, toujours au témoignage de l'auteur des *Anecdotes*, et s'associa avec des *Grecs*, qui réparaient au moyen du jeu les brèches que la débauche avait faites à leur fortune. Ces messieurs jouaient avec des dés pipés. On rapporte qu'une nuit ils gagnèrent ainsi quarante louis à un procureur. C'était se ménager des circonstances atténuantes, au cas de démêlés avec la justice. Mais il faut se défier de l'auteur des *Anecdotes*. On est fondé à croire qu'il se souciait fort peu de respecter la vérité.

Quoi qu'il en soit, à chaque pas que Fréron faisait dans la carrière des lettres, il rencontrait un obstacle. Il en conçut de l'aigreur, et devint systématiquement hostile à tout ce qui s'élevait au-dessus ou à côté de lui. L'intérêt que la reine prenait à ses affaires ne s'était point encore manifesté assez vivement pour prévaloir sur le crédit des maîtresses de Louis XV. Or, celles-ci n'aimaient pas le journaliste; elles craignaient ce frondeur de tous les vices, même de ceux qui n'étaient pas de sa juridiction purement littéraire : et quand elles venaient à comparer ce grossier censeur des infirmités humaines avec Voltaire qui en était le courtisan le plus délicat, elles étaient pour celui-ci contre celui-là, ne faisant pas plus de cas des susceptibilités de la reine à cet égard, qu'elles ne respectaient les droits de son lit.

La bataille de Fontenoy venait d'être gagnée. Les poètes se mirent à l'œuvre, et s'enrouèrent à chanter sur tous les tons la gloire de la France. Voltaire ouvrit la marche. Mais la mauvais compagnie dans laquelle il se trouva tout-à-coup, n'y ayant pas de versificateur qui ne voulût lutter avec lui de patriotisme, lui suggéra l'envie de s'en séparer, de façon à rendre la distance entre eux et lui infranchissable. Ce n'est pas le calomnier que de croire qu'il avait au moins cette prétention.

Il fit le *Temple de la Gloire,* opéra en cinq actes, mis en musique par Rameau et représenté à une fête donnée à Versailles, le 27 novembre 1745.

Ainsi, on jouait à la cour ses pièces, mais on ne l'y recevait pas lui-même. Il date ainsi une lettre au comte d'Argental : *A Versailles et jamais à la cour,* 1ᵉʳ décembre 1745.

Il assistait aux répétitions, puis disparaissait par les derrières du théâtre, comme le dernier des comparses, et allait méditer, dans un lit d'auberge, sur l'ignorance et le ressentiment des rois.

Il paraît qu'il n'avait fait d'abord qu'un seul acte. Un critique, devant lequel il devait céder, mais à qui il ne cédait néanmoins qu'en rechignant, le duc de Richelieu avait dit à madame de Pompadour :

« Je ne suis pas trop content de son acte. »

Voltaire délaya cet acte en cinq, et gourmanda Richelieu du peu d'égards qu'il lui témoignait, en parlant de lui à une personne, objet de sa reconnaissance et de son respect. (A M. de Richelieu, 20 juin 1745.) Tout cela ne fit pas de son opéra un chef-d'œuvre, et sans doute qu'on en pensa de même à la cour. Voltaire s'en consola en écrivant à M. d'Argental :

« Je vous envoie une fête (*Le Temple de la Gloire*)
» que j'ai voulu rendre raisonnable, décente et à
» qui j'ai retranché exprès les fadeurs et les sornet-
» tes de l'Opéra qui ne conviennent ni à mon âge,

« ni à mon goût, ni à mon sujet. » (A M. d'Argental, décembre 1745.)

L'intention était excellente, mais comme elle aboutit à une pièce ennuyeuse, il eût mieux valu n'y mettre pas tant de finesse et être plus amusant.

Fréron se jeta sur cette proie sans nerf et sans saveur ; et, quoique affamé, par un jeûne littéraire de près d'une année, il ne laissa pas de la traiter en mangeur délicat.

Le début de la critique est charmant. Chaque mot y est une épingle qu'il enfonce avec solennité dans la chair de Voltaire ; quelques-unes même pénètrent jusqu'au cœur.

« Ce n'est pas seulement, madame, par l'élévation de son génie que Corneille a mérité le nom de grand. La droiture et la noble simplicité de son cœur, sa modestie, compagne ordinaire du vrai mérite, son aversion pour les vils manéges, son indifférence pour les honneurs et les bienfaits de la cour, son attachement à la religion, tout concourait dans sa personne à lui acquérir ce titre glorieux... Ce poète, le seul digne peut-être de remplir l'étendue de ce nom, se citait au tribunal de sa propre raison, et se jugeait avec toute la rigueur dont aurait pu s'armer l'envieuse rivalité. Il imprimait à la tête de ses ouvrages et découvrait au public les fautes qui lui étaient échappées, soit dans le dessein, soit dans l'exécution. Qu'il serait heureux, pour le maintien du bon goût, que tous les auteurs célèbres eussent le désintéressement et la bonne foi de Corneille! » (Opuscules, tom. II, lett. 13.)

Qui ne voit que ce portrait, si parfaitement applicable à Corneille, est l'assemblage de toutes les vertus qu'on regrette précisément de ne pas rencontrer dans Voltaire? Il n'en est pas une, en effet, qui, en rappelant le vice auquel elle est opposée, ne rappelle en même temps que ce vice était plus ou moins celui de l'auteur de *la Henriade*, de l'homme qui, ayant su si bien juger Corneille, sut trop rarement l'imiter. Qui était moins modeste que Voltaire? Qui se servit d'armes plus déloyales? Qui eut recours à de plus basses manœuvres contre ses ennemis, principalement lorsque ces ennemis étaient des rivaux de la valeur de Rousseau? Qui fut plus avide des faveurs et des honneurs de la cour (il venait d'être nommé gentilhomme de la Chambre et historiographe du roi Louis XV)? Qui fut l'adversaire le plus persévérant du catholicisme? Qui fut le censeur le moins sincère et le plus grimaçant de soi-même, et qui s'affligea plus d'entendre le public confirmer les innocentes critiques qu'il faisait quelquefois de ses propres ouvrages?

Il n'était donc pas un mot de ce bel éloge de Corneille qui ne fût une satire sanglante de Voltaire?

Mais comme après tout, quelle qu'ait été l'intention du peintre en faisant ce portrait, il était bien permis à Voltaire, qui n'y est pas nommé, de ne pas s'y reconnaître, Fréron ne lui laisse pas le temps de s'endormir dans cette illusion. Il continue :

« Il ne manque aux talents de M. de Voltaire que

de rendre ce service à la littérature. Si, au lieu de de songer à de nouvelles productions, il prenait la peine de revoir ses enfants d'un œil sévère et d'en relever héroïquement les défauts, n'aurait-il pas assez d'occupation pour le reste de sa vie? En attendant qu'il se détermine à ce noble travail, je vais risquer mon sentiment sur son *Temple de la Gloire.* »

C'est là un conseil sage, en apparence, très-naturel, et donné en termes d'une grande modération. Il est même à remarquer que Fréron n'en donne jamais autrement à l'homme auquel il en a donné le plus. Mais rapprochez ce conseil du vœu exprimé par Fréron que tous les auteurs *célèbres* aient le désintéressement et la bonne foi de Corneille, et vous sentirez ce qu'il y avait là d'ironique, d'amer et même d'insultant pour l'auteur dont la célébrité effaçait alors celle de tous les autres.

« L'estime singulière, ajoute Fréron, que j'ai conçue depuis longtemps pour cet illustre écrivain, m'inspirera dans cet examen autant d'indulgence que l'amour paternel pourrait lui en donner à lui-même, s'il entreprenait de se critiquer. »

Je m'imagine entendre Voltaire, à la lecture de cette ironique profession d'estime dont Fréron le régalait, s'écrier: « Que me veut donc ce vermisseau né du cadavre de Desfontaines? »

Il est certain que déjà Fréron apparaissait à Voltaire comme un juge autrement redoutable que ne l'avait été pour lui Desfontaines. Soit donc que la polémique qu'il avait engagée avec celui-ci l'eût lassé et dégoûté, soit au contraire que se sentant né, comme il l'était en effet, pour ce genre de polémique, il appréhendât de n'y pas réussir aussi bien avec Fréron qu'avec Desfontaines, Voltaire se borna à lancer contre le premier des épigrammes que ses amis livraient à la publicité, et il se fortifia dans la résolution qu'il avait prise de ne plus se commettre désormais avec des folliculaires.

Pour Fréron, il n'avait ni de ces craintes, ni de ces scrupules. Plein de confiance dans son talent, surtout dans son opiniâtreté, il savait le secret de forcer le sanglier à sortir de sa bauge, et ce secret, il le puisait dans sa patience et dans sa modération.

Après quelques observations justes et piquantes sur les défauts du plan du *Temple de la Gloire*, il passe aux critiques de détail.

Voltaire commence par introduire Apollon sur la scène.

« Le spectateur, dit Fréron, est heureusement prévenu de son arrivée. Par les vers qu'Apollon débite, on ne l'aurait jamais soupçonné d'être le dieu de la poésie. »

Voici un de ces vers :

Que du bonheur du monde il soit infortuné !

C'est-à-dire (car il faut un commentaire à ce texte) qu'il soit malheureux du bonheur du monde ! Pauvre vers, en effet ! Que de brocards eût lancés Voltaire sur l'impertinent qui le lui eût récité comme sien dans un moment où il eût pu oublier lui-même qu'il l'avait écrit !

Mais quoi ! trouveriez-vous quelque chose à reprendre à ceux-ci :

>   Je calmerai l'orage
>   Qui trouble mes sens déchirés ?

Cette expression de *sens déchirés* n'a-t-elle rien qui vous révolte? Le trouble de vos sens s'est-il jamais manifesté par le déchirement de la vue, du tact, du goût, de l'odorat? Non, sans doute. Et le sens de l'ouïe ! Ah ! c'est juste. « Ne dit-on pas tous les jours, poursuit Fréron : ces vers durs et escarpés, ces sons dificiles et travaillés en pure perte *déchirent* les oreilles. »

Ces quatre autres vers écrits correctement, mais prosaïques et plats,

>   Ne condamnez pas mes exploits :
>   Quand on veut se rendre le maître,
>   On est, malgré soi, quelquefois,
>   Plus cruel qu'on ne voudrait être,

sont également cités par Fréron, qui attribue malicieusement à un des partisans de Voltaire la parodie suivante de ce quatrain :

>   Quand du Quinault moderne on usurpe les droits,
>   Et qu'on veut se rendre le maître,
>   On est, malgré soi, quelquefois
>   Plus mauvais qu'on ne voudrait être.

Après avoir relevé beaucoup d'autres vers de cette nature, Fréron termine sa critique par ces paroles, où l'ironie le dispute à l'esprit :

« Qu'on ne dise donc plus que les paroles de ce ballet sont d'autant plus consolantes pour M. de Cahusac (auteur de quelques mauvais opéras), qu'elles viennent du premier génie du siècle. Quand même elles seraient indignes de M. de Voltaire, n'a-t-il donc pas la prérogative des héros qui, par la multitude de leurs hauts faits, ont acquis le droit de faillir? Quoique notre poète ne soit pas encore introduit dans le temple privilégié des immortels beaux-esprits (l'Académie), ses succès brillants et ses nombreux lauriers lui donnent assurément le droit de faire désormais de mauvais ouvrages. On sait d'ailleurs qu'il n'a jamais été heureux dans la structure de ses Temples. Je lui en connais quatre, savoir : les *Temples du Goût*, de la *Gloire*, du *Bonheur* et de *l'Amitié*. Le dessin de ce dernier est plus régulier; l'architecture en est même légère et délicate. Si j'osais, je proposerais à l'auteur d'en construire un cinquième, le *Temple de l'Amour-propre.* »

Il y a beaucoup d'art dans la manière avec laquelle cette critique est présentée et la chute en est heureuse. Ce ne sont d'abord que des conseils tempérés par quelques témoignages d'estime et de respect; ce sont ensuite des observations sévères sur des expressions qui offensent le bon goût, cette qualité dont Voltaire s'attribuait avec assez de raison le monopole; ce sont enfin des sarcasmes mordants, tels que cette plaisante absolution que le critique donne d'avance au poète pour tous les mauvais ouvrages qu'il lui reconnaît le droit d'exécuter à l'avenir. Puis vient cette proposition impertinente par laquelle il insinue assez clairement, qu'après tous ses Temples, il ne reste plus à Voltaire qu'à en élever un à sa vanité.

Mais les ennemis de Voltaire n'attendirent pas jusque-là pour le qualifier d'un nom qui correspondait parfaitement à son goût malheureux pour ces édifices poétiques : ils l'appelèrent le *Templier*.

Cette critique de Fréron arrivait dans un temps où la vanité de Voltaire était surexcitée au plus haut degré. Le 23 février 1745, la représentation de *la Princesse de Navarre* avait eu lieu, au palais de Versailles et sur le théâtre de la cour.

C'est une espèce d'opéra que Voltaire traitait lui-même de farce de la foire.

Il n'en valut pas moins à l'auteur une charge de gentilhomme de la Chambre du roi et le titre d'historiographe de France. A cette occasion, il fit l'impromptu suivant :

> Mon HENRI QUATRE et ma ZAÏRE,
> Et mon américaine ALZIRE,
> Ne m'ont valu jamais un seul regard du roi.
> J'avais mille ennemis avec très peu de gloire ;
> Les honneurs et les biens pleuvent enfin sur moi
> Pour une farce de la foire.

La joie qu'il eut du succès de sa pièce et sa reconnaissance pour tous les avantages qu'il en avait retirés lui avaient suggéré l'idée de cette flatterie à l'adresse de Louis XV, qu'il intitula *le Temple de la Gloire.*

En effet, sous l'emblème de Trajan vainqueur et pacificateur, couronné par la Gloire et introduit par elle dans le temple qui se métamorphose tout-à-coup en *Temple du Bonheur*, Voltaire avait voulu représenter Louis XV.

Après la représentation, il s'approcha du roi et lui dit :

— Trajan est-il content?

Cette familiarité, quoique adoucie par la grandeur du parallèle, n'eut pas de succès ; le roi ne répondit rien. Voltaire en fut attéré. Mais il avait son brevet de gentilhomme en poche et la faveur de la marquise de Pompadour. Il se rappela de plus qu'il était philosophe, et, pour l'honneur du corps, il dévora son affront.

La mort du président Bouhier venait de laisser une place vacante à l'Académie française. Voltaire, qui ne savait pas se rebuter, et qui d'ailleurs était en veine de bonheur, se présenta pour le fauteuil vacant. C'était la troisième tentative de ce genre qu'il faisait depuis 1730. Comme le double échec qu'il avait subi avait été motivé sur son irréligion, et que sa philosophie ne répugnait jamais à un supplément de considération personnelle, il envoya à l'Académie l'apologie de ses sentiments et de ses ouvrages.

En même temps, il voulut mettre les jésuites dans son parti, et par eux se concilier l'évêque de Mirepoix qu'il avait livré à la risée publique, parce que cet évêque lui avait soufflé le fauteuil du cardinal de Fleury, en 1743.

A cet effet, il écrivit au père de la Tour (Mélanges

littéraires), une lettre dans laquelle, sous prétexte de répondre aux calomnies de la *Gazette ecclésiastique*, il commence par faire un éloge pompeux des jésuites, ses anciens maîtres, et principalement du père Porée. Cet éloge n'occupe pas moins de trois et quatre pages, et ce n'est qu'à la fin de la lettre qu'on lit cette déclaration :

« Que si jamais on a imprimé sous mon nom une page qui puisse scandaliser seulement le sacristain de la paroisse, je suis prêt à la déchirer devant lui ; je veux vivre et mourir tranquille dans le sein de l'Église catholique, apostolique et romaine. »

Les jésuites étaient de trop fins renards pour être dupes de la profession de foi, mais ils le furent de la protestation d'attachement. Ils ne surent pas résister aux caresses de cet homme, qui leur devait, disait-il, tout ce qu'il était et qui rehaussait cet aveu en dénigrant Pascal. Ils s'intéressèrent donc à son succès, et résolurent de lui ouvrir les portes de l'Académie.

Mais peut-être que leurs efforts eussent été vains, si madame de Pompadour ne fût intervenue en faveur du postulant et n'eût triomphé de tous les scrupules.

Voltaire fut admis à l'Académie française le 9 mai 1746 (1).

Le 1er mai de la même année, déjà nommé mais non encore admis, il écrivait à Maupertuis :

---

(1) « Il serait honteux pour l'Académie que Voltaire en fût, » et il lui sera quelque jour honteux qu'il n'en ait pas été, » a dit Montesquieu : *Pensées diverses.*

« Me voici enfin votre confrère à l'Académie française où ils m'ont élu tout d'une voix, sans même que l'évêque de Mirepoix s'y soit opposé le moins du monde. J'ennuierai le public d'une longue harangue lundi prochain; ce sera le chant du cygne. »

Qu'entendait-il par ce chant du cygne? Que ses paroles en auraient la douceur, ou qu'il serait mort pour l'Académie dès qu'il les aurait prononcées? Il laisse à Maupertuis le soin d'en décider. Néanmoins, il ne paraît pas qu'en s'exprimant ainsi, il se soit complu dans une arrière-pensée de vanité. Il gardait rancune à l'Académie de ce qu'après avoir été deux fois repoussé par elle, il avait fallu en quelque sorte user de violence pour qu'elle le reçût la troisième. Encore ne l'avait-elle définitivement accueilli que muni d'un passeport visé par les jésuites et tel qu'ils l'eussent exigé peut-être, s'il se fût agi d'un voyage en Paradis. Voltaire voulait donc, son discours de réception une fois prononcé, ou ne parler jamais à l'Académie, ou même n'y paraître jamais. Ainsi fit-il. Sa rancune dura plus de trente ans.

Fréron n'avait garde de laisser échapper une si belle occasion de mordre Voltaire. Il attendit toutefois l'installation du récipiendaire et *sa bavarderie* académique. Jusque-là, la besogne lui manquant, il publia une excellente pièce de l'abbé Le Batteux, le *Parallèle de la Henriade et du Lutrin* (Opusc., tom. II). On attribue du moins cette pièce à ce personnage des œuvres duquel elle fait partie : mais cela n'empêche pas que l'éditeur des *Opuscules* n'ait eu raison de la croire de Fréron, l'esprit, le goût, la finesse et l'ironie qui lui sont propres, étant les qualités qui distinguent le plus ce parallèle.

Le discours de réception de Voltaire à l'Académie française avait au moins ce mérite de ne ressembler en rien à ceux qu'on avait accoutumé de faire en pareille circonstance. Sous ce rapport du moins Voltaire avait atteint son but.

D'ailleurs, ce discours atteste un incroyable sans façon, pour ne pas dire plus, envers les oreilles vénérables obligées de l'entendre. Une légère teinte de pédanterie, une manière de juger les choses assez cavalière, un mépris finement déguisé de la contradiction, s'y font remarquer à peu près à chaque page. Il semble que Voltaire oublie qu'il se trouve en présence de ses égaux et qu'il n'ait autour de lui que des écoliers sur la tête desquels il promène sa férule. Évidemment, il pense faire plus d'honneur à l'Académie qu'il n'en reçoit d'elle-même. Ceci pouvait être vrai jusqu'à un certain point ; mais il eût été de bon goût de le laisser un peu moins apercevoir.

Comme Fréron allait publier ses remarques sur ce discours, il reçut celles de l'abbé Le Batteux sur le même sujet. Il eut la modestie de se retirer devant un critique qui, sans avoir plus de goût ni plus d'esprit que lui, avait plus d'expérience et plus d'autorité. Et puis, il gardait encore quelques ménagements à l'égard de Voltaire. Si d'une part, il le soupçonnait d'avoir trempé dans la suppression de ses feuilles, de l'autre, il n'était pas sûr que son propre crédit fût assez affermi pour contre-balancer le sien

Il n'était donc pas fâché qu'un autre se chargeât de dire la vérité à Voltaire, avec une licence que lui, Fréron, n'était pas encore en mesure de s'attribuer.

Alors, avec une résignation dont il espérait bien se dédommager par la suite, il laissa là son travail et donna au public celui de Le Batteux.

Cependant, Voltaire, dégoûté de la ville où l'Académie lui avait trop longtemps résisté ; de la cour qui lui refusait d'imprimer ses ouvrages au Louvre, pendant qu'on y imprimait le théâtre de Crébillon ; enfin de la France où il se disait persécuté, parce qu'on n'y adoptait pas ses systèmes, accepta l'offre qu'on lui fit de le recevoir avec madame du Châtelet, à Lunéville, où Stanislas, roi de Pologne, tenait sa cour.

A cette nouvelle, Fréron put craindre que la protection dont l'honorait Stanislas ne fût gravement menacée ; mais, en y réfléchissant un peu, il dut bientôt se rassurer. Quelque opinion que Voltaire eût de lui, Fréron, celui-ci savait que le poète avait trop d'orgueil pour laisser voir seulement, en présence du roi, qu'il connût le journaliste, à plus forte raison pour qu'il s'en plaignît. En outre, ce que Stanislas estimait dans Voltaire, c'était le poète ; le philosophe lui était justement suspect. Le poète avait été appelé à Lunéville pour jouer des tragédies, voire les siennes ; le philosophe avait dû laisser ses théories en route, ou, s'il en avait introduit quelques-unes par contrebande, il se bornait à les approfondir en tête à tête avec madame du Châtelet.

Fréron pouvait donc être tranquille. La mort de madame du Châtelet força bientôt Voltaire à quitter la cour de Stanislas. Depuis longtemps le roi de Prusse le pressait de venir à la sienne. Une clé de chambellan, la grand'croix de l'ordre du Mérite et une pension de 20,000 livres appuyaient les instances du monarque philosophe. Après quelques hésitations plus ou moins simulées, Voltaire accepta et partit.

Fréron eut un peu de répit. Il le consacra à un examen assez détaillé de l'*Esprit des Lois*, qui forme le troisième volume de ses opuscules. Ce travail n'est pas sans mérite. Fréron y a dépassé la portée d'une simple critique littéraire, et s'y montre quelquefois publiciste ingénieux. Mais il y a aussi beaucoup d'impertinences. Fréron n'avait pas l'idée de l'affranchissement politique de l'homme ; il n'appréciait, en fait de liberté, que celle de dire du mal d'autrui et d'éviter Vincennes ou le For-l'Évêque.

Ses trois volumes d'opuscules, bien qu'on lui en contestât le tiers, et qu'il fallût en retrancher les articles attribués à Le Batteux, parurent en 1753. Le corps des gens de lettres se souleva contre elles. On fit circuler cette épigramme :

> O divines opuscules,
> Prose et vers du grand Fréron,
> Triomphez sur l'Hélicon
> Des insultes ridicules
> De Voltaire et d'Apollon.
> Que P... vous adore,

Leroi, B... et d'Açarq!
Et que pour dernier outrage,
Vous emportiez le suffrage
Du rimailleur Bacularq!

Cela est détestable, sans doute; mais le but de cette épigramme était de reprocher à Fréron la manie qu'il avait déjà d'élever les pygmées de la littérature, tels que les d'Açarq, les d'Arnaud, les Bacularq, les Leroi et autres écrivains médiocres, tandis qu'il traînait dans la boue les auteurs les plus justement renommés. On verra plus tard comment il justifiait ses éloges.

Il ne faut pas omettre que le libraire Duchesne, qui avait eu à se plaindre de l'indélicatesse de Fréron, avait coutume d'appeler les opuscules les *Pustules* de M. Fréron.

CHAPITRE III.

En 1752, pendant que Voltaire, qui était à Berlin, s'y brouillait avec Frédéric, avec Maupertuis, avec tout le monde enfin, Fréron commençait ainsi la lettre première du tome VI, des *Lettres sur quelques écrits de ce temps* :

« S'il y avait parmi nous, monsieur, un auteur qui aimât passionnément la gloire et qui se trompât souvent sur les moyens de l'acquérir ; sublime dans quelques-uns de ses écrits, rampant dans toutes ses actions ; quelquefois heureux à peindre les grandes passions, toujours occupé de petites ; qui sans cesse recommandât l'union et l'égalité entre les gens de lettres, et qui, ambitionnant la souveraineté du Parnasse, ne souffrît pas plus que le Turc qu'aucun de ses frères partageât son trône, dont la plume ne respirât que la candeur et la probité, et qui sans cesse tendît des piéges à la bonne foi ; qui changeât de dogmes, suivant les temps et les lieux, indépendant à Londres, catholique à Paris ; dévot en Australie, tolérant en Allemagne ; si, dis-je, la patrie avait produit un écrivain de ce caractère, je suis persuadé qu'en faveur de ses talents on ferait grâce aux travers de son esprit et aux vices de son cœur. »

Ce portrait, s'il était peint de fantaisie, ne serait, à tout prendre, qu'un assemblage plus ou moins heureux d'antithèses brillantes; il aurait par conséquent le défaut qui est celui de tous les portraits de fantaisie, celui que Fréron reprochait le plus souvent à Voltaire lui-même, celui enfin de n'être pas vrai. Mais le mérite de ce portrait est justement d'être d'une parfaite ressemblance. Tout le monde y reconnut Voltaire, quoiqu'il n'y fût pas nommé, ses amis d'abord, sa nièce ensuite et Voltaire après eux.

Il était de l'intérêt, de la gloire peut-être de Voltaire de ne pas justifier les interprétations malignes du public, en les prenant pour soi. Il aima mieux avouer en quelque sorte la ressemblance et satisfaire son ressentiment. Comme il n'était pas alors à Paris, il mit en campagne sa nièce, madame Denis, qui obtint la suppression du journal.

On fit alors courir cette épigramme :

>   La larme à l'œil, la nièce d'Arouet
>   Se complaignait au surveillant Malesherbe (1)
>   Que l'écrivain, neveu du grand Malherbe, (2)
>   Sur notre épique osât lever le fouet.
>   — Souffrirez-vous, disait-elle à l'édile,
>   Que chaque mois ce critique enragé
>   Sur mon pauvre oncle à tout propos distille
>   Le fiel piquant dont son cœur est gorgé ?

(1) Malesherbes était surveillant de la librairie.
(2) On a vu dans le premier chapitre que Fréron se disait descendant par les femmes du poète Malherbe.

— Mais, dit le chef de notre librairie,
Notre Aristarque a peint de fantaisie
Ce monstre en l'air que vous réalisez.
— Ce monstre en l'air ? Votre erreur est extrême,
Reprend la nièce ; eh ! monseigneur, lisez :
Ce monstre-là, c'est mon oncle lui-même.

Six mois après, Fréron eut la liberté de reprendre la plume. Si on en croit Voltaire, ou plutôt un pamphlet du temps écrit sous sa dictée (1), c'est à lui qu'il le dut.

« On ôte à Fréron, dit Voltaire (A d'Argental, 22 juillet 1752), le droit qu'il s'était arrogé de vendre les poisons de la boutique de l'abbé Desfontaines ; je demande sa grâce à M. de Malesherbes, et le scélérat, pour récompense, fait contre moi des vers scandaleux qui ne valent rien. »

Je ne connais pas ces vers, et ne les trouvant pas dans les œuvres de Fréron, je croirai volontiers qu'ils ne sont pas de lui. A moins pourtant que Voltaire ne lui attribue l'épigramme ci-dessus. Ce que je sais seulement, c'est que, loin d'avoir attaqué Voltaire, à la reprise immédiate de ses feuilles, ainsi que tous les biographes de Fréron l'affirment, en se copiant les uns les autres, Fréron débuta par faire amende honorable au poète d'une accusation de plagiat qu'il avait intentée contre lui, au sujet d'un madrigal que Voltaire, selon lui, avait pillé de La Motte. (Lettres sur quelques écrits de ce temps, t. VI, lettres 2 et 5.)

(1) *Le contre-poison des feuilles,* ou *Lettres à M. D****, retiré à ***, sur le sieur Fréron.

Il y a dans ce trait une sorte de grandeur, rapproché comme il est de la dernière suspension du journal de Fréron. Mais il est à présumer que le roi de Pologne, qui avait demandé qu'on levât la suspension, avait fait engager le journaliste à être à l'avenir plus circonspect.

Les revenus considérables que Fréron tirait de ses feuilles l'acoquinèrent à ce métier, très-commode d'ailleurs pour sa paresse, et dans lequel il était secondé par une foule de collaborateurs anonymes et gratuits. Mais, n'ayant pas trouvé assez avantageux le marché qu'il avait contracté avec le libraire Duchesne, en vertu duquel il recevait dix louis par feuille, il en passa un autre avec Lambert qui se montrait plus généreux. Comme il sentait la bassesse de ce procédé, il fit entendre à Duchesne qu'il renonçait à sa profession; puis feignant d'abandonner ses feuilles, il les reproduisit sous un autre titre et fut quelque temps avant de s'en avouer l'auteur. Ce nouveau journal était l'*Année littéraire*. Le premier numéro parut au commencement de 1754.

Duchesne ne fut pas dupe de la friponnerie de Fréron; mais il ne jugea pas à propos d'en demander justice. Pour Fréron, il déposa bientôt le reste de pudeur par lequel il avait espéré d'atténuer son manque de foi, et l'*Année littéraire* parut désormais, précédée de ses noms, titres et qualités.

La nouvelle forme de ce journal lui donna encore plus de vogue. Fréron y ayant joint la direction du *Journal des Étrangers*, dont on était engoué alors, se vit pendant quelque temps à la tête de près de quarante mille livres de rentes! Il n'y a pas d'exemple, depuis Fréron, d'une pareille fortune chez aucun journaliste (je ne parle que des rédacteurs, et non des propriétaires de journaux); mais de nos jours, certains romanciers ont été au-delà, sans que le public en ait retiré le moindre fruit.

Fréron était trop dissipé, trop viveur pour suffire à sa double tâche; il fut forcé de céder à d'autres le *Journal des Étrangers*, et quoique l'*Année littéraire* se soutînt toujours, la partialité et la négligence qu'on y remarquait indisposèrent les abonnés, dont le nombre diminua sensiblement.

Néanmoins, Fréron en conserva toujours assez pour vivre dans l'aisance, sinon dans l'opulence. Mais pour lui chaque jour était sans lendemain, ou bien l'avenir ne lui apparaissait qu'à travers les fumées du champagne, c'est-à-dire, embelli par toutes les illusions de l'enthousiasme bachique. Avec de pareilles dispositions, il eût été bien habile, s'il eût été économe.

Il avait loué un appartement rue de Seine, chez le sieur Lelièvre, distillateur et auteur du *Baume de Vie*. Un petit verre de ce baume qu'il se gardait bien de tremper d'eau, fût-ce des sources d'Hippocrène, rendait à son esprit épuisé toute sa verve. Aussi chanta-t-il et le baume et l'auteur, dans une pièce de vers avec laquelle j'imagine que Lelièvre enveloppait ses flacons, et dans un moment où le poète était sans doute tout plein de son sujet.

Il avait dépensé dans ce logement pour plus de trente mille livres de dorures seulement!

Outre cela, il avait fait construire une maison

de campagne à la porte de Paris. Pendant qu'il s'y réfugiait pour se soustraire à ses créanciers, ceux-ci envahissaient son appartement à la ville et faisaient saisir ses meubles.

Il y avait chez lui table ouverte, et il traitait avec tout le luxe d'un fermier-général. A l'exemple de ces financiers, il y régalait surtout les flatteurs; mais il n'était pas homme à ne se repaître que d'encens.

Rien n'était si gai que ses soupers. Tous les convives y étant gens d'esprit, tous payaient largement leur écot avec cette monnaie, aucun d'eux n'ayant le moyen de reconnaître autrement la munificence de leur amphitryon. Les femmes étaient admises à ces soupers, et on les choisissait de manière à pouvoir dire tout devant elles. La liberté y tenait donc de la licence; Fréron y oubliait son rôle de champion des bonnes mœurs et de la religion; les autres lui applaudissaient en chœur.

Dans ces sortes d'assemblées, il y avait presque toujours un convive qui servait de plastron aux autres. C'est de là qu'on forgea les mots *mystifier* et *mystifications*, des bons tours joués à un auteur qui ne manquait pas de mérite, mais si naïf et si vain, qu'en caressant son amour-propre, on lui faisait croire les choses les plus absurdes.

Qu'on en juge par ce trait.

Cet auteur se nommait Poinsinet. Ce Poinsinet, au rapport de Grimm (Correspondance littéraire, 1er mars et 1er février 1767), auteur d'opéras honorés de la musique de Philidor, avait le secret d'inoculer l'ennui au moyen d'un philtre imperceptible, mais qui ne manquait jamais son effet, et auquel tout le génie de Philidor ne pouvait résister. Toutes ses pièces tombaient commes les feuilles en automne, au premier coup de sifflet. La chute de son opéra de *Tom Jones* fit faire et dire sur lui vingt mauvaises plaisanteries. On appela un jour l'auteur sur le théâtre de la foire : un âne se montra. Gilles se mit à le caresser et à dire : « Ah! comme il est propre, comme il est net! » Dans le même instant, l'âne fit ses ordures ; et tous les acteurs de s'écrier : « *Point si net! point si net!*

Palissot, qui était alors des bons amis de Fréron, et de plus, son collaborateur, sentant quel fonds inépuisable de plaisanteries la société dont il faisait partie trouverait dans l'acquisition de Poinsinet, fit entendre à ce dernier que le journaliste, admirateur de son talent, avait grande envie de faire connaissance avec lui, et de l'initier à ses soupers, les plus délicieux, ajoutait-il, de Paris.

Le petit Poinsinet (on l'appelait ainsi pour le distinguer de son cousin Poinsinet de Sivry), enchanté, se rengorge et ne demande pas mieux.

Le jour est pris. Le matin, Palissot arrive chez Poinsinet, l'œil morne et la figure allongée.

— Eh bien! qu'y a-t-il? fit Poinsinet alarmé.

— Fréron est bien malade, répondit piteusement Palissot; il est mourant, mais il n'en veut pas moins que le souper ait lieu.

Poinsinet se récrie.

Palissot continue :

— Oui, il veut qu'on soupe, et veut souper comme

nous. Il prétend vous remettre le sceptre de la critique, et vous déclarer son successeur en présence de toute la société.

Tant de tendresse et une si noble appréciation de ses talents, font couler les larmes des yeux de Poinsinet. Son âme est partagée entre deux sentiments contraires, la joie de se voir rendre si solennellement justice, et la douleur d'acheter sa gloire aux dépens de la vie de Fréron.

Quoi qu'il en soit, il promet de venir.

Il arriva le soir, introduit et présenté par Palissot.

Dès qu'on nomme M. Poinsinet, tout le monde se lève et témoigne pour sa personne la plus grande vénération.

Il était nuit alors. La chambre, comme celle d'un malade, était faiblement éclairée. Poinsinet a peine à distinguer personne. Tout annonce la consternation et le deuil.

Poinsinet approche du lit du mourant. Un médecin, ou plutôt un personnage qui en faisait le rôle, tâtait de temps en temps le pouls de Fréron qu'il présageait devoir bientôt cesser de vivre.

Un bruit sourd part en roulant. Le docteur explique au candidat ce langage. Il dit que M. Fréron lui témoigne son plaisir de le voir.

Le cœur du jeune poète se serre; les expressions de la reconnaissance sortent péniblement de sa bouche et ressemblent à des sanglots. Il regarde le visage du moribond. Il n'y voit aucune trace de forme humaine.

— En quel déplorable état est réduit en si peu de temps ce grand critique ! dit-il à l'oreille du médecin.

— C'est une érésipèle hémorrhoïdale, répond celui-ci, accompagnée d'un hoquet ; c'est une bouffissure épouvantable. Ses yeux, son nez, ont disparu ; sa langue embarrassée ne peut plus rendre que des sons inarticulés. Je puis, seul, les expliquer par l'habitude que j'ai d'être souvent avec lui, et surtout par celle de voir des malades de cette espèce. Mais la tête est très-saine.

De temps à autre il partait quelques sifflements que l'interprète traduisait à Poinsinet. C'étaient toujours des choses obligeantes pour Poinsinet qui, navré de douleur, ne répondait que par des soupirs.

Enfin, après quelques minutes de cette conversation entrecoupée, des sons plus profonds s'étant fait entendre, le docteur témoigne au poète que le malade se sentant défaillir, veut lui donner l'accolade et le faire reconnaître pour l'héritier de son talent à tous les spectateurs.

Poinsinet se penche et mouille de ses pleurs les joues du moribond, si singulièrement gonflées.

— Illustre critique ! s'écrie-t-il, puissé-je remplir dignement l'emploi que vous me confiez ! Puissé-je mériter les suffrages de vos lecteurs et de vos amis ! Puisse votre dernier souffle, passant dans mon âme, y transmettre ce génie puissant qui vous animait !

Pendant qu'il prononçait ces paroles, tout le monde l'avait entouré.

Une très-grande clarté s'était répandue dans l'appartement, et un rire général ayant éclaté, le *mystifié* se doute de quelque chose.

On approche les lumières; il regarde, il voit... l'antipode de la figure de Fréron, encore arrosé de ses larmes.

Fréron se lève tout-à-coup. Il embrasse Poinsinet cordialement et du bon côté.

— C'en est fait, lui dit-il, grand poète, nous voilà liés d'une amitié éternelle! A présent vous êtes des nôtres. Pardonnez cette plaisanterie à un usage établi parmi nous. Il n'est point d'initié qui ne subisse une pareille épreuve. Purifiez-vous les mains et le visage, et allons nous mettre à table.

Cette farce que j'emprunte avec quelques autres petits détails à *l'Espion anglais* du 15 avril 1776, cette farce, dis-je, peut donner une idée des délassements de Fréron et de ses acolytes. Que penser après cela des prétentions de notre Aristarque, non-seulement au titre de vengeur du bon goût, mais à celui de défenseur juré des mœurs et de la religion outragée? Il est vrai pourtant qu'il ne s'agit là que d'une grosse polissonnerie, et que l'outrage s'adresse moins aux mœurs qu'au bon goût et à la décence.

Revenons à ses démêlés avec Voltaire.

En 1760, on imprima, comme il a été dit, la pièce de Voltaire intitulée : *La femme qui a raison*, comédie en trois actes, jouée sur le théâtre de Luvénille en 1749.

Fréron entreprit la critique de cette pièce, et, avec

sa légèreté ordinaire, il en parla comme d'une pièce que Voltaire venait de faire jouer à Carouge et imprimer à Genève. Mais cette comédie, que Fréron croyait nouvelle, avait été jouée douze ans auparavant à la cour du roi de Pologne. Elle n'avait point été imprimée à Genève, mais à Paris, et le libraire, auteur de cette spéculation, s'était bien gardé de consulter Voltaire.

Voltaire relève tous ces mensonges sèchement; il traite de même la critique générale de sa pièce, où les imputations de *grossièreté tudesque,* de *bassesse* et d'*indécence* lui sont adressées par Fréron assez libéralement. (A M. P. Rousseau, janvier 1760.)

Mais le plaisant de la remarque de Voltaire, c'est qu'on y voit qu'il ne connaissait pas l'*Année littéraire,* publiée depuis six ans. Cela se concevrait, si ce journal fût né pendant le séjour de Voltaire en Prusse; mais Voltaire en était revenu dès 1753, c'est-à-dire un an avant la publication des premiers numéros. Son ignorance n'est donc qu'une feinte.

« Je me suis informé, dit-il (même lettre), de ce que c'était que cette *Année littéraire,* et j'ai appris que c'est un ouvrage où les hommes les plus célèbres que nous ayons dans la littérature sont souvent outragés.

» Je dois dire en général et sans avoir personne en vue, qu'il est un peu hardi de s'ériger en juge de tous les ouvrages, et qu'il vaudrait mieux en faire de bons. La satire en vers, et même en beaux vers, est aujourd'hui décriée, à plus forte raison la satire en prose; surtout quand on y réussit d'autant plus mal qu'il est plus aisé d'écrire en ce pitoyable genre.

» Je suis très-éloigné de caractériser ici l'auteur de l'*Année littéraire,* qui m'est absolument inconnu. On me dit qu'il est depuis longtemps mon ennemi; à la bonne heure. On a beau me le dire, je vous assure que je n'en sais rien. »

Cette lettre fut insérée dans le *Journal encyclopédique*. Dans le passage que je cite, la profession de critique est appréciée comme il faut, la satire jugée comme elle doit l'être et remise à la place qui lui appartient; pour Fréron, il n'est nommé nulle part. Ainsi l'exigeait la publicité donnée à la lettre. Mais de la façon dont Voltaire se défend de caractériser l'auteur de l'*Année littéraire,* on ne sait s'il faut conclure qu'il se moque ou qu'il est de bonne foi; il se moque sans doute et, de plus, il ment; mais on lui pardonne ce mensonge aussi bien que son ignorance de l'inimitié dont il est l'objet, en faveur de la tournure charmante qu'il donne à tout cela.

Cependant son cœur était dévoré de la soif de la vengeance. Il la méditait déjà d'autant plus sanglante qu'il était à l'apogée de sa réputation littéraire, que sa fortune était plus considérable, ses liaisons avec les premiers de la cour plus intimes, son crédit plus étendu, son orgueil plus irritable et sa personne plus en sûreté.

Deux circonstances vinrent troubler un moment la joie qu'il se promettait de sa vengeance.

La première est le bruit répandu qu'il se faisait appeler *comte de Ferney;* la seconde est la protection dont le duc de Choiseul couvrait soi-disant Fréron.

La qualité de *comte de Ferney* était une mauvaise plaisanterie du roi de Prusse, qui n'affectait de donner ce titre à Voltaire, en lui écrivant, que pour se gausser de lui. Mais quoiqu'il ne se méprît pas sur l'intention de Frédéric, Voltaire ne laissait pas d'être sensible à la qualification qu'il en recevait, parce que, outre qu'elle imposait au vulgaire, il pensait bien au fond la mériter un peu. Qui le prouve mieux que la manière dont il proteste contre elle, dès qu'il apprend qu'on s'en est raillé quelque part, que même on lui en fait un crime?

« On me reproche d'être comte de Ferney, dit-il à Thibouville (20 mai 1760). Que ces j... f... là viennent donc dans la terre de Ferney, je les mettrai au pilori. N'allez pas vous aviser de m'écrire : *à monsieur le comte,* comme le fait Luc (Frédéric); mais écrivez : à Voltaire, gentilhomme ordinaire du roi, titre dont je fais cas, titre que le roi m'a conservé avec les fonctions. Car, pardieu! ce qu'on ne sait pas, c'est que le roi a de la bonté pour moi; c'est que je suis très-bien auprès de madame de Pompadour et de monsieur le duc de Choiseul, et que je ne crains rien, et que je me f... de... de... et de... Pourtant, brûlez ma lettre et gardez le secret à qui vous aime. »

Que de vanité (car il n'est pas possible d'appeler

cela de l'orgueil), et à la fois que de petitesse! Remarquez aussi la dissimulation; Voltaire ne nie pas qu'il ait pris le titre de comte de Ferney; mais il n'en convient pas non plus. Cependant, tous ces dédommagements qu'il a d'ailleurs, et dont il déroule le tableau pompeux avec tant de jactance, marquent bien moins son indifférence pour le titre de comte, que sa conviction qu'un pareil titre est le couronnement nécessaire de tous ces avantages. Je parierais même volontiers qu'il ne trouvait pas mauvais que *Luc* l'appelât *Monsieur le Comte,* quoiqu'évidemment *Luc* se moquât de lui. Mais cela ne laissait pas d'éblouir les vassaux du seigneur de Ferney, et d'être pris au sérieux, même par quelques-uns de ses amis de Paris.

Ce qu'il y a de certain, c'est que Voltaire signa *Comte de Tournai,* du nom de cette fameuse terre qu'il avait achetée en Bourgogne du président De Brosses, et qui fit naître entre l'acquéreur et le vendeur des contestations dont l'effet fut d'interdire à ce dernier l'entrée de l'Académie française (1).

On vendait, vers la fin de 1760, chez tous les libraires du Palais-Royal, une petite brochure de vingt-quatre pages sous le titre de *Pièces échappées du portefeuille de M. le Comte de Tournai*. Ce recueil fait par un *vassal* de Ferney, nommé Grasset, que son seigneur avait offensé, contenait plusieurs pièces de Voltaire lui-même, ou poursuivies, ou suspectes,

---

(1) Voyez M. Sainte-Beuve, dans le *Constitutionnel* du novembre 1852.

et entre autres une déclaration, dans laquelle Voltaire accusait ce même Grasset d'avoir volé ces pièces chez Cramer et des les avoir falsifiées. « Je requiers, disait-il en finissant, que cette déclaration signée de ma main, ensemble le certificat des sieurs Cramer, et autres pièces probantes que je ferai tenir, soient produites devant les seigneurs Curateurs de l'Académie. »

« A Tournai, près de Genève, par moi COMTE DE TOURNAI, le 12 février 1759. ».

Je crois de plus qu'il existe des lettres de Voltaire signées de ce titre.

« Vous me demanderez peut-être, dit Fréron à cette occasion, ce que c'est que ce monsieur le comte de Tournai. Eh quoi! vous ne le savez pas! C'est ainsi que se nomme ce grand poète épique, tragique, comique, tragi-comique, héroï-comique, lyrique, épigrammatique, satirique, cynique, épisodique, philosophique; c'est le titre que prend aujourd'hui ce profond géomètre, ce newtonien transcendant, cet historien fidèle, ce chaste romancier, cet homme universel qui, par son génie et ses connaissances, éclipse tous les écrivains présents, passés et futurs; M. de Voltaire enfin. Ne croyez pas que ce soit une plaisanterie; il a acheté le comté de Tournai, près de Genève; en conséquence il se fait appeler et signe toutes ses dépêches : le *comte de Tournai*. Ainsi, le voilà décoré de trois noms différents qui pourront un jour donner bien des tortures aux commentateurs. Son nom de bourgeoisie est Arouet, son nom de poésie *de Voltaire*, et son nom de seigneurie, *comte de Tournai*... Une autre ambition très-louable qui l'a tourmenté longtemps, a été de se voir secrétaire d'État, comme Addison, ou du moins ambassadeur, ainsi que Prior. Ses vœux sont encore exaucés à cet égard. En effet, ne devons-nous pas le regarder comme le ministre plénipotentiaire de la république des lettres auprès de la république de Genève? Il y veille jour et nuit aux intérêts de notre littérature; il profite, pour l'enrichir de mille ouvrages admirables, de la liberté de la presse génevoise. Si nous avions le malheur de le perdre, il faudrait le remplacer dans ce pays-là par quelque habile négociateur. Mais je doute qu'un autre, quel qu'il fût, s'acquittât de ce poste honorable avec autant de gloire et de succès que Son Excellence Monseigneur le Comte de Tournai (1). » -

Je ne doute pas que si Fréron et ses amis eurent le soin de faire arriver sous les yeux de Voltaire cette impudente raillerie, celui-ci n'en ait été aussi inquiet qu'irrité, y ayant pour lui un certain ridicule à recueillir de la simple révélation du fait, indépendamment de l'intention et du ton du journaliste.

L'autre sujet d'inquiétude pour Voltaire était de voir ce maraud de Fréron, protégé par M. de Choiseul. Il s'en plaint à d'Argental, il le déplore avec Thiriot, il en cherche la cause. Il se rappelle alors que M. de Choiseul a été le condisciple de Fréron

---

(1) *Année littéraire,* 1760. Tome V, page 306.

au collége de Clermont et que leur intimité, dit-il
quelque part, y a été poussée « jusqu'aux complaisances les plus infàmes. » C'est pour cette raison,
ajoute-t-il, que M. de Choiseul aurait chargé Fréron
de répondre par une satire aux impertinences que le
roi de Prusse imprimait contre le roi de France? Selon Voltaire, Fréron n'avait pas assez de talent. Voltaire voulait-il dire qu'il en avait assez, lui, pour cette
vilaine besogne? Était-il jaloux de Fréron? Pourquoi
non?

Il se trompait néanmoins, et à sa grande satisfaction, il l'apprit du duc lui-même, comme aussi que
le duc lui-même était l'auteur de la satire (ce qui
était faux); que s'il avait protégé un moment les Fréron et les Palissot, c'était en grand seigneur, c'est-à-dire, en leur donnant du pain ; mais qu'il était si loin
de prendre leur parti, qu'il trouvait fort bon qu'on les
assommât à coups de bâton. (A d'Argental, 25 mai,
13 juin ; à d'Alembert, 20 juin, 24 juillet; à Thiriot,
7 juillet 1760.)

Cette affaire éclaircie, et le droit de chacun à rosser Fréron bien et dûment constaté, Voltaire passa
des projets de vengeance à l'exécution.

Il est vrai qu'il ne rossa pas Fréron, parce que
Fréron n'était pas à portée, et que, dans le cas contraire, il eût trouvé peut-être à qui parler; il se contenta de le flétrir, de le déshonorer publiquement.

CHAPITRE IV.

Voltaire lança sur Paris plusieurs ballots d'exemplaires de sa comédie de l'*Écossaise*. La ville en fut littéralement inondée. C'était, comme le dit très-bien La Harpe, une ébauche faite à la hâte, où tout ressentait la précipitation et la négligence. Fréron, sous le nom de Frélon, y joue le rôle infâme d'espion et de dénonciateur politique; il y est traité de fripon, de crapaud, de lézard, de couleuvre, d'araignée, de vipère, de faquin, de lâche coquin, de dogue, etc., etc. Du reste, les événements y sont brusqués, les répétitions fréquentes, les scènes tronquées. Freeport et lady Alton sont outrés, l'un dans sa grossièreté brutale, l'autre dans sa violence forcenée : mais ce même rôle de Freeport est quelquefois piquant par sa bizarrerie, et celui de Lindane, l'héroïne de la pièce, est intéressant par le mélange de décence et de noblesse, de sensibilité et de courage. C'est le seul personnage qui soit bien traité, parce qu'il n'a rien de la comédie.

Fréron rend compte, dans le plus grand détail, de cette pièce qu'il feint évidemment de prendre au sérieux, avec plus de modération que de coutume. Il en signale habilement les défauts; mais il nie que cette pièce soit traduite du théâtre anglais, de M. Hume, sous le nom duquel elle était publiée, et ne croit pas davantage qu'elle soit de Voltaire.

« Quelle apparence, en effet, s'écrie-t-il (Année littéraire 1760, t. IV, p. 110), qu'une aussi médiocre production soit sortie d'une si belle plume ? »

Il dit un peu plus loin :

« Il m'est revenu que quelques petits écrivailleurs prétendaient que c'était moi qu'on avait voulu désigner sous le nom de Frélon : à la bonne heure; qu'ils le croient ou qu'ils feignent de le croire, et qu'ils tâchent même de le faire croire aux autres. Mais si c'est moi réellement que l'auteur de la comédie a eu en vue, j'en conclus que ce n'est pas M. de Voltaire qui a fait ce drame. Ce grand poète, qui a beaucoup de génie, surtout celui de l'invention, ne se serait pas abaissé jusqu'à être le plagiaire de M. Piron qui, longtemps avant l'*Écossaise,* m'a ingénieusement appelé Frélon (1). Il est vrai que Pi-

---

(1) Ce n'est pas le seul plagiat dont Voltaire ait été atteint et convaincu par Fréron. Ici, c'est à une épigramme de Piron, que le trait en question a été dérobé. Elle est en forme de dialogue entre deux Normands, dont l'un raconte à l'autre et lui donne pour certain un fait absurde et réellement incroyable :

LE PREMIER NORMAND.

Fable ! à d'autres ! Tu veux rire.

LE SECOND.

Non, parbleu ! foi de chrétien !
Vrai, comme je suis de Vire.

LE PREMIER.

En jurerais-tu ?

ron avait lui-même dérobé ce bon mot, cette idée charmante, cet effort d'esprit incroyable, à M. Chevrier, auteur infiniment plaisant. De plus, M. de Voltaire aurait-il jamais osé traiter quelqu'un de fripon ? Il connaît les égards, il sait trop ce qu'il se doit à lui-même et ce qu'il doit aux autres. Si je m'arrêtais à ce tas d'ordures, j'aurais peut-êtr l'air d'y être sensible, et je vous proteste que je m'en réjouis plus que mes ennemis mêmes. Je suis accoutumé depuis longtemps aux petits ressentiments des écrivains. Il faut que je vous apprenne à ce sujet une anecdote vraie. Un auteur français très-célèbre, qui s'était retiré dans une cour d'Allemagne, fit un ouvrage dont il ne me fut pas possible de dire beaucoup de bien. Ma critique blessa son amour-propre. Un jour, on lui demanda des nouvelles de la France : il répondit qu'il n'en savait point. Par hasard, on vint à parler de moi : *Ah! ce pauvre Fréron,* s'écria-t-il d'un air touché,

LE SECOND.

Très-bien.

LE PREMIER.

Encor, n'en croirai-je rien,
Qu'un Louis il ne m'en coûte ;
Le voilà ; parie.

LE SECOND.

Écoute ;
Je te l'avoûrai tout bas :
J'en jurerais bien sans doute,
Mais je ne parierais pas.

il est condamné aux galères, il est parti ces jours derniers avec la chaîne : on me l'a mandé de Paris. On interrogea l'auteur sur les raisons qui m'avaient attiré ce malheur ; on le pria de montrer la lettre dans laquelle on lui apprenait cette étrange nouvelle, il répondit qu'on ne lui avait écrit que le fait sans en expliquer la cause, et qu'il avait déchiré la lettre. On vit tout d'un coup que ce n'était qu'une gentillesse d'esprit. Je ne pus m'empêcher d'en rire moi-même lorsque quelques amis m'écrivirent cette heureuse saillie. »

Un pareil stoïcisme serait digne d'admiration si celui qui le professe n'avait pas toujours vécu de manière à faire croire, non pas qu'il fût homme à souffrir avec dignité les injustices de l'opinion, mais qu'il était tout simplement blasé sur ce genre d'inconvénient.

Cependant la calomnie répandue en Allemagne par « l'auteur français très-célèbre, » et qui n'est autre que Voltaire même, n'en est ni moins horrible ni moins criminelle. Voltaire, qui ne s'attendait pas à ce qu'elle serait révélée, feignit de ne pas comprendre. Ajoutons qu'il en fut probablement honteux, car, prévoyant tout de suite que les soupçons de ses amis allaient se porter sur lui, il chercha à leur faire prendre le change en s'exprimant ainsi dans une lettre à Thiriot (22 juillet 1760) :

« Ce pauvre cher homme (Fréron) prétend, comme vous savez, qu'il a passé pour être aux galères, mais que c'est un faux bruit. Eh ! mon ami, que ce bruit soit vrai ou faux, qu'est-ce que cela peut avoir de commun avec l'*Écossaise?* »

Certes, ces paroles amères sont une aggravation d'injure ; mais ne trahissent-elles pas aussi un remords?

Quoi qu'il en soit, la vengeance de Voltaire était incomplète, tant que l'*Écossaise* ne serait pas représentée.

C'est à quoi il dut travailler sans relâche.

Cette pièce, de son propre aveu, avait été faite bonnement et avec simplicité, uniquement pour faire donner Fréron au diable. En effet, il n'y avait rien là que de très-innocent. Elle ne pouvait être supportée au théâtre qu'au cas qu'on la prît pour une véritable composition anglaise. Elle ressemblait aux toiles peintes de Hollande qui ne sont de débit que quand elles passent pour être des Indes. Il voulait donc la refondre, changer absolument le caractère de Frélon, en faire un balourd de bonne volonté qui dirait toutes les nouvelles en voulant les taire, et qui influerait sur toute la pièce jusqu'au dernier acte. (A d'Argental, 13 et 27 juin 1760.)

Voltaire avait raison. Moyennant ce changement, le rôle de Frélon eût été plus conforme aux lois de la comédie ; il eût été aussi moins odieux. Mais cela ne faisait pas l'affaire de M. Hume, duquel Voltaire feint toujours que la pièce est traduite. Ce M. Hume mande donc à Voltaire que si on change le caractère de cet animal de Fréron, il croira qu'on l'a craint, et qu'il est bon que ce scorpion subsiste dans toute sa laideur.

Fidèle à son mandat, Voltaire remit ses corrections en portefeuille et poussa ferme à la représentation.

Il apprend enfin que la toile va se lever sur ce chef-d'œuvre. Vite, il se préoccupe, il se tourmente de ce que fera, de ce que dira Fréron. Il fait part de ses impatiences à tous ses correspondants, principalement à Thiriot et à d'Argental; il les gourmande, ce dernier surtout qui était en quelque sorte son *impressario* en titre, par le droit qu'il avait pris ou reçu de revoir les pièces de son ami, d'en dire son sentiment, de les livrer au *tripot,* d'en distribuer les rôles, d'assister aux répétitions et d'indiquer le jour où elles devaient être représentées.

Le 8 auguste, Voltaire était encore sans nouvelles. Mais ses pressentiments l'avertissent que tout est consommé. En effet, l'*Écossaise* avait été jouée le 26 du mois précédent.

En attendant une communication officielle, il aime à se persuader que Fréron s'est reconnu. Voilà qui est naïf : aurait-il craint par hasard qu'il en fût autrement?

Cette conviction née de la seule ardeur de ses désirs, ne le rassurant pas, il s'imagine bientôt avoir appris de la bouche d'autrui ce qu'il souhaite si passionnément de savoir.

« On prétend, écrit-il à Thiriot (13 auguste 1760), que le sieur Fréron veut absolument se reconnaître dans cette pièce. Mais comment peut-il penser qu'on ose dire du mal d'un homme comme lui qui n'en a jamais dit de personne? »

En même temps, il se plaint du silence de Thiriot. Celui-ci qui n'aimait qu'à souper, à boire gaiment son champagne, et qui oubliait tout le reste, n'avait pas manqué non plus d'oublier, dès le soir même de la première représentation, d'en informer Voltaire.

Il le lui mande enfin, mais sans détails, comme aujourd'hui une dépêche télégraphique.

Voltaire, qui avait prévu le laconisme de son paresseux ami, avait écrit le même jour à Marmontel :

« Dites-moi avec quelle noble fierté l'ami Fréron reçoit le fouet et les fleurs de lys qu'on lui donne trois fois par semaine à la comédie ? »

Bientôt les renseignements lui arrivent de toutes parts; mais, hélas ! ils ne sont pas, en ce qui touche Fréron, tels qu'il s'était complu à les prévoir, à les espérer. Fréron avait assisté stoïquement au spectacle de son propre déshonneur et s'était vu sans sourciller attaché à cet infâme pilori, tandis que le public, recruté parmi les amis de Voltaire, et la cabale philosophique applaudissaient à tout rompre.

Bien plus, le nom de Wasp, qui veut dire guêpe, en anglais, ayant été, à la représentation, substitué à celui de Frélon, Fréron eut l'héroïsme de prier les comédiens de conserver ce nom de Frélon, et même de mettre le sien sans l'altérer, s'ils pensaient que cela pût contribuer au succès de la pièce.

« Ils étaient assez portés à m'obliger, dit Fréron. » (Année littéraire, 1760, tome V, page 215.) Apparemment qu'il n'a pas dépendu d'eux de me faire ce plaisir, et j'en suis très-fâché. Notre théâtre aurait acquis une petite liberté honnête, dont on aurait tiré un grand avantage pour la perfection de l'art dramatique. »

Quelques honnêtes gens osèrent prendre le parti de Fréron. Ils admirèrent son courage, le plaignirent, s'intéressèrent à lui et lui ouvrirent leurs maisons.

Voltaire en enrageait.

« Est-il possible, s'écrie-t-il (15 auguste 1760), qu'il y ait encore quelqu'un qui reçoive Fréron chez *lui?* Ce chien fessé dans les rues peut-il trouver d'autre asile que celui qu'il s'est bâti dans ses feuilles? »

La plupart, cependant, regardaient comme un trait d'impudence qu'il eût paru à la première représentation de cette satire personnelle.

Il est vrai qu'il n'y avait qu'un Fréron ou un Socrate qui pussent se voir ainsi traiter en plein théâtre de vil coquin, de scélérat, sans sortir dès la première scène, et aller attendre l'auteur, à l'issue de la pièce, pour le rouer de coups.

Mais après avoir fait, comme je l'ai dit, l'analyse de la pièce avec une modération que lui eût enviée Socrate, Fréron pensa qu'il valait la peine de donner une place dans ses feuilles à l'histoire de la première représentation. On sera curieux, je pense, de connaître la physionomie d'une salle de spectacle, le jour où une célébrité dramatique de l'époque de Fréron, livrait au jugement du parterre une pièce *à succès*, ou une pièce à scandale, et on pourra en même temps se donner le plaisir de faire des rapprochements avec ce qui se passe aujourd'hui sous nos yeux.

« *Relation d'une grande bataille :*

« On m'a envoyé cette relation (1), monsieur; j'avais d'abord refusé de l'insérer dans mes feuilles; mais toutes réflexions faites, j'ai cru qu'elle pourrait vous divertir.

« Hier, samedi 26 de ce mois (juillet), sur les cinq heures et demie du soir, il se donna au parterre de la Comédie-Française une des plus mémorables batailles dont l'histoire littéraire fasse mention. Il s'agissait du *Caffé* ou de l'*Écossaise* qu'on représentait pour la première fois. Les gens de goût voulaient que cette pièce fût sifflée; les philosophes s'étaient engagés à la faire applaudir. L'avant-garde de ces derniers, composée de tous les rimailleurs et *prosailleurs* ridiculisés dans l'*Année littéraire* était conduite par une espèce de savetier appelé *Blaise* qui faisait le diable à quatre. Le redoutable *Dortidius* (2) était au centre de l'armée; on l'avait élu général d'une voix unanime. Son visage était brûlant, ses regards furieux, sa tête échevelée, tous ses sens agités, comme ils le sont, quand dominé par son divin enthousiasme, il rend ses oracles sur le trépied philo-

(1) Fréron se sert souvent de la formule *on m'a envoyé*, quoique le correspondant et le journaliste ne fassent qu'une seule et même personne.

(2) Nom de Diderot anagrammatisé avec une terminaison latine.

sophique. Ce centre renfermait l'élite des troupes, c'est-à-dire, tous ceux qui travaillent à ce grand dictionnaire (1) *dont la suspension fait gémir l'Europe* (2), les typographes qui l'ont imprimé, les libraires qui le vendent et leurs garçons de boutique.

« L'aile droite était commandée par un *prophète de Boehmischbroda* (3), le *Calchas* de l'armée, qui avait prédit les succès du combat. Il avait sous ses ordres deux régiments de clercs de procureurs et d'écrivains sous les Charniers. La gauche, formée de deux brigades d'apprentifs chirurgiens et perruquiers, avait pour chef le pesant La M..... (4), cet usurpateur du petit royaume d'Angola. Un bataillon d'ergoteurs Irlandais, charmés d'obéir à l'abbé *Micromégan* (5), leur compatriote, faisait l'arrière-garde ; ils avaient juré d'user jusqu'au dernier lobe de leurs poumons pour défendre la charmante *Écossaise*, cette nouvelle Hélène qui trouble la littérature et la philosophie. Il y avait jusqu'à un corps de réserve de

(1) L'Encyclopédie.
(2) Expressions de Voltaire. Les lettres du privilége accordées à l'Encyclopédie ayant été révoquées par arrêt du conseil d'État du roi du 8 mars 1759, Voltaire n'en parut pas très-affecté au fond, malgré les plaintes lamentables qu'il en faisait publiquement, car il écrivait le 23 du même mois à M. Bertrand : « Je crois que l'Encyclopédie se continuera, mais probablement, elle finira encore plus mal qu'elle n'a commencé, et *ce ne sera jamais qu'un gros fatras*. » La postérité n'a rien changé à ce jugement.
(3) Grimm, désigné par le titre d'un de ses ouvrages.
(4) La Morlière, auteur du roman d'*Angola* et de plusieurs autres.
(5) L'abbé Méhégan, auteur d'un pamphlet contre Fréron, intitulé : Lettre à M. de ***, sur l'*Année littéraire*.

laquais et de Savoyards en redingotes et en couteaux de chasse qui recevaient l'ordre d'un petit prestolet que la secte elle-même méprise et qu'elle emploie (1), chassé de l'autre parti, dès qu'on a connu son peu d'esprit et de talent, dévoré de la rage d'être journaliste et ne pouvant y réussir : chose pourtant si aisée, au rapport des philosophes, ses protecteurs.

« La veille et le matin de cette grande journée, on avait eu soin d'exercer tous ces nobles combattants et de leur bien marquer les endroits où ils devaient faire feu et applaudir à toute outrance. Le sage *Tacite* (2), le prudent *Théophraste* (3), et tous les graves sénateurs de la République des philosophes ne se trouvèrent point à cette affaire; ils ne jugèrent pas à propos d'exposer leurs augustes personnes. Ils attendaient l'événement aux Tuileries où ils se promenaient inquiets, égarés, impatients. Ils avaient donné ordre qu'on leur envoyât un courrier à chaque acte.

« Les gens de goût s'avancèrent tranquillement, mais en très-petit nombre, sans commandants, sans dispositions et même sans troupes auxiliaires ; il se reposaient sur la justice de leur cause : confiance trop aveugle !

« La toile se lève ; le signal est donné ; l'armée philosophique s'ébranle ; elle fait retentir la salle d'ac-

(1) L'abbé de La Porte, d'abord collaborateur de Fréron ; mais depuis il s'était enrôlé sous la bannière de Voltaire. Il avait fondé l'*Observateur littéraire* qui mourut d'inanition.

(2) Sans doute le président Hénault.

(3) D'Argental. La qualité de sénateur leur est donnée, parce qu'ils étaient magistrats.

clamations; le choc des mains agite l'air, et la terre tremble sous les battements des pieds. On fut quelque temps sans dépêcher de courrier, parce qu'on ne savait si le premier acte était fini. Lorsqu'on en fut certain, le général honora de cet emploi un de ses plus braves aides-de-camp (1), Mercure exilé de l'Olympe et privé de ses fonctions périodiques. Il partit plus prompt que l'éclair, arriva aux Tuileries, annonça ce brillant début aux sénateurs assemblés, leur dit qu'on avait applaudi à tout rompre, même avant que les acteurs ouvrissent la bouche; que le seul nom de *Wasp* (mot anglais qui signifie guêpe), avait excité des transports d'admiration; que rien n'était échappé et qu'on avait saisi tout l'esprit, tout le sel, toute la finesse des épigrammes d'*araignée*, de *vipère*, de *coquin*, de *faquin*, de *fripon*, etc., etc. Le sénat, en récompense d'une si heureuse nouvelle, assura le messager qu'il relèverait toutes ses pièces tombées, qu'il forcerait le public à les trouver nobles et touchantes, ou du moins qu'il les ferait jouer devant lui. Au second, au troisième, au quatrième actes, nouveaux courriers, nouveaux avantages. Enfin, le faible détachement du goût fut écrasé par la supériorité du nombre, et les barbares se virent maîtres du champ de bataille. L'armée victorieuse fit une marche forcée pour se rendre aux Tuileries, où elle déboucha par le Pont-Royal, au bruit des trompettes et des *clai-*

---

(1) Je ne devine pas quel est ce personnage : on voit cependant qu'il avait été journaliste, et sans doute travaillé au *Mercure*, et de plus qu'il était auteur dramatique.

rons (1). Le sénat très-philosophique fut dans un instant entouré des vainqueurs, couverts de sueur et de poussière. Tous parlaient en même temps, tous s'écriaient en même temps : *Triomphe, victoire, victoire complète!* Les Anciens leur imposèrent silence, et après avoir embrassé leur habile général, ils voulurent apprendre de lui-même les particularités de l'action. Le vaillant *Dortidius* en fit le récit d'un style sublime, mais inintelligible. On eut recours au petit prestolet, qui fut clair mais plat. Ses yeux pétillaient d'allégresse. Cependant, sa joie était mêlée d'amertume; il regrettait qu'on eût mis *Wasp* à la place de *Frélon;* il prétendait que ce dernier nom était bien plus plaisant; il ne concevait pas pourquoi on l'avait supprimé. Il savait que l'auteur de l'*Année littéraire* avait demandé lui-même qu'on le laissât. Le sénat fut très-satisfait de ce qu'il venait d'entendre. Le général lui présenta la liste des guerriers qui s'étaient le plus distingués. Sur la lecture qui fut faite à haute voix, on ordonna au petit prestolet de l'insérer dans sa gazette littéraire, avec de grands éloges pour chaque héros. Ensuite les sénateurs tendirent les mains à l'un, sourirent agréablement à l'autre; promirent à celui-ci un exemplaire de leurs *OEuvres mêlées*, à celui-là de le louer dans le premier ouvrage qu'ils feraient, à quelques-uns des places de courtiers dans l'*Encyclopédie*, à tous des billets pour aller encore à l'*Écossaise* gratis, en leur recommandant de ne point s'endormir sur leurs lauriers et de

(1) Allusion à mademoiselle Clairon, violente ennemie du gazetier.

continuer à bien faire leur devoir. Ils leur représentèrent qu'il était à craindre que la vigilance des ennemis ne profitât de leur inaction, pour leur dérober la victoire. Après ce discours éloquent et flatteur, le sénat les congédia et invita à souper le général et les autres officiers. Avant le souper, on tira un beau feu d'artifice; il y eut grande chère; un excellent concert de musique italienne; un intermède exécuté par des bouffons, des illuminations à la façade de tous les hôtels des philosophes. Un bal philosophique qui dura jusqu'à huit heures du matin termina la fête. Les sénateurs, en se retirant, ordonnèrent qu'on eût à s'assembler aux Tuileries sur les dix heures du soir, pour chanter un *Te Voltairianum.* » (*Année littéraire,* 1760, tome V, pag. 209 et suiv.)

Ce morceau, je le répète, est curieux, en ce qu'il offre un tableau d'après nature de la camaraderie littéraire de ce temps-là, mœurs dont notre siècle a précieusement recueilli l'héritage, en les dépouillant un peu de leur brutalité. Pour le reste, il faut convenir que l'auteur a fait des efforts visibles pour accomplir sa tâche avec esprit. Aussi Voltaire ne manqua-t-il pas de dire :

« Il faut que notre ami Fréron soit en colère, car il ne peut être plaisant. Je viens de voir le récit de la *bataille* où il a été si bien étrillé. Le pauvre homme est si blessé qu'il ne peut rire » (A d'Argental, 17 auguste 1760.)

Quoi qu'il en soit, les comédiens, qui lui en voulaient aussi, excités par mademoiselle Clairon, laquelle, lorsque l'*Écossaise* fut jouée, dominait dans le tripot et le gouvernait, qui, liée avec Voltaire et quelques encyclopédistes, avait pris parti contre Fréron et s'était attiré des critiques un peu vives de sa part, les comédiens, dis-je, ne furent pas fâchés de trouver ainsi une occasion de l'humilier. Lorsqu'ils avaient à se plaindre de lui, pour s'être égayé sur le compte de l'un d'eux, ils affichaient l'*Écossaise* pour le lendemain du jour où avait paru la censure, et ils appelaient cela *donner le fouet à Fréron*.

La pièce arriva à sa seizième représentation « bra- » vement et sans affluence, » dit d'Alembert (2 septembre 1760), ce qui signifie que le succès de scandale qu'elle avait eu n'avait pas été de longue durée. Néanmoins, elle fut jouée sur tous les théâtres de France et sur quelques-uns des principales villes de l'Europe.

Fréron se piqua de grandeur d'âme. Non-seulement il s'en tint au compte-rendu modéré qu'il avait donné de l'*Écossaise*, mais encore, *Tancrède* ayant été représenté le 3 septembre de la même année, Fréron loua fort cette tragédie. Voltaire se garda bien d'en faire la remarque.

CHAPITRE V.

Les premiers articles de l'*Encyclopédie* paraissaient depuis 1759. Le succès qu'ils obtinrent imposa de nouveaux devoirs à Fréron. N'ayant ni le loisir, ni l'instruction nécessaire pour combattre les philosophes par les armes de la théologie, il en usait avec eux comme autrefois la cour de Rome en avait usé envers Jansénius, anathématisant la doctrine toute entière pour quelques propositions mal sonnantes. Voltaire en était indigné; car, attaquer les philosophes, c'était battre sa livrée, et Fréron n'y épargnait pas les coups.

L'indignation de Voltaire monta jusqu'à la fureur, lorsqu'il sut que Fréron, non content de dauber ses amis, les dénonçait aussi publiquement. L'architecte Patte, éditeur des *Mémoires* de Perrault, mort en 1814, mêlait alors sa voix à celle de Fréron, et tous deux, à l'envi, s'efforçaient d'éveiller les scrupules de la cour et de secouer l'inertie du parlement.

« Je sais bien, écrit Voltaire à madame d'Épinai (1er mars 1760), que Fréron est un lâche scélérat, mais je ne savais pas qu'il eût porté l'infamie jusqu'à se rendre délateur contre les éditeurs de l'*Encyclopédie.* J'ignore quel est son associé *Patte* dont vous me faites l'honneur de me parler, ces deux messieurs sont apparemment les parents de Cartouche et de Mandrin, mais Mandrin et Cartouche valaient mieux qu'eux : ils avaient au moins du courage. »

Du reste, Fréron aurait mal calculé, si par sa persévérance à molester Voltaire dans sa personne ou dans celle de ses amis, il avait pensé le faire taire ou seulement l'intimider. L'actif vieillard était bien résolu à lui prouver que s'il n'était pas moins opiniâtre, il était encore plus méchant que lui.

Vers le milieu de l'année 1760 parut la satire du *Pauvre Diable,* ouvrage en vers aisés, dit Voltaire, de feu M. Vadé, mis en lumière par Catherine Vadé, sa cousine.

On n'entreprendra pas de faire ici l'éloge ou la critique de ce petit poème. On s'étonnera seulement que des hommes qui passent pour gens d'esprit, et qui ont assurément de la lecture et de la mémoire, aient été assez dupes de leur zèle à réhabiliter Fréron pour parler du *Pauvre Diable,* comme si ce poème avait été écrit uniquement en vue de déchirer Fréron, ou au moins comme si Voltaire n'avait jamais rien dit de plus horrible que ce qu'il y a dit de de lui.

Or, le héros de cette pièce était un nommé Siméon Valette, mort en 1801, et, sur environ cinq cents vers dont elle se compose, une trentaine au plus sont consacrés à Fréron.

Les voici ; c'est le *Pauvre Diable* qui parle :

>Enfin, un jour qu'un surtout emprunté
>Vétit à cru ma triste nudité,
>Après-midi, dans l'antre de Procope
>(C'était le jour que l'on donnait Mérope),
>Seul en un coin pensif et consterné,
>Rimant une ode et n'ayant point dîné,
>Je m'accostai d'un homme à lourde mine,
>Qui sur sa plume a fondé sa cuisine ;
>Grand écumeur des bourbiers d'Hélicon,
>De Loyola chassé pour ses fredaines,
>Vermisseau né ... de Desfontaines,
>Digne en tous sens de son extraction,
>Lâche Zoïle, autrefois laid Giton :
>Cet animal se nommait Jean Fréron.
>
>J'étais tout neuf : j'étais jeune, sincère,
>Et j'ignorais son naturel félon ;
>Je m'engageai, sous l'espoir d'un salaire,
>A travailler à son hebdomadaire,
>Qu'aucuns nommaient alors patibulaire.
>Il m'enseigna comment on dépeçait
>Un livre entier, comme on le recousait,
>Comme on jugeait du tout par la préface,
>Comme on louait un sot auteur en place.
>. . . . .
>Je m'enrôlai, je servis le Corsaire,
>. . . . .
>Et je mentis pour dix écus par mois.
>Quel fut le prix de ma plate manie ?
>Je fus connu, mais par mon infamie.
>. . . . .
>Triste et honteux, je quittai le pirate,

> Qui me vola, pour fruit de mon labeur,
> Mon honoraire, en me parlant d'honneur.

Certes, tout ce que peut suggérer la haine la plus implacable jointe au mépris le plus profond, tous les poisons que peut distiller la calomnie, quand le calomniateur est altéré de la soif de la vengeance, sont renfermés dans cette courte mais abominable peinture. Mais, il faut bien le dire, ce portrait n'est rien, si on le compare à celui du même personnage qui est dans le dix-huitième chant de la *Pucelle,* et qui le remplit tout entier.

Voltaire appelait ce chant la *Capilotade*. Il en fit d'abord un poème à part, puis il en fit un chant de la *Pucelle* « par voie de prophétie ou à peu près. » Fréron y est peint avec tous les écrivains dont Voltaire avait à se plaindre.

« Dieu m'a fait la grâce, écrit Voltaire à Thiriot (6 janvier 1761), que, quand on veut rendre les gens ridicules et méprisables à la postérité, il faut les nicher dans quelque ouvrage qui aille à la postérité. Or, le sujet de Jeanne étant cher à la nation, et l'auteur, inspiré de Dieu, ayant retouché et achevé ce saint ouvrage avec un zèle pur, il se flatte que nos derniers neveux siffleront les Fréron, les Mayer, les Caveirac, les Chaumeix, les Gauchat, et tous les énergumènes, et tous les fripons ennemis des frères. »

Dans ce dix-huitième chant, Fréron fait partie

d'une bande de galériens qui s'acheminent vers Toulon et qui est composée de tous les gens de lettres que Voltaire a nommés dans sa lettre à Thiriot.

Pendant que ces malheureux se reposent dans la forêt d'Orléans, sous la surveillance de leurs gardiens, survient Jeanne-d'Arc, suivie du beau Dunois, lesquels, prenant cette bande pour une troupe de chevaliers français prisonniers des Anglais, fondent sur les gardiens, les mettent en fuite et délivrent les captifs.

Conduits en présence de Charles et d'Agnès, les galériens, par l'organe de Fréron, se font connaître au roi pour des victimes innocentes de la justice humaine. Fréron énumère leurs méfaits, du même ton qu'il raconterait les plus nobles prouesses, et Charles touché, ordonne qu'ils soient débarrassés de leurs fers.

Ils passent la nuit sous l'auvent du logis du roi. Mais le lendemain, dès la pointe du jour, ils décampent après avoir dévalisé la garde-robe d'Agnès, de son royal amant et du *bon Bonneau*.

Il y a cette différence entre le portrait de Fréron dans le *Pauvre Diable*, et ce même portrait dans la *Pucelle*, que dans le premier, c'est Voltaire qui se déshonore lui-même par la plus basse grossièreté, et sans presque se donner la peine d'avoir de l'esprit, et que dans le second tracé avec beaucoup d'esprit, de finesse, de modération et même avec une certaine bonhomie, c'est Fréron qui subit la flétrissure l'espace de quatre cents vers au moins, et que l'immolation dont il est l'objet s'aggrave encore de tout l'intérêt répandu sur le drame auquel il est mêlé.

Il était donc naturel que Fréron fût plus touché du dix-huitième chant de la *Pucelle* que des inventions du *Pauvre Diable*. Mais ni l'un ni l'autre ne lui firent rien perdre de son sang-froid. Il mit sans doute plus de malice, il montra aussi plus d'ardeur à critiquer Voltaire; mais son ton n'en fut pas plus acerbe, ni son jugement plus partial.

Je m'imagine qu'il se faisait de Voltaire l'idée d'un taureau que la piqûre réitérée d'une mouche irrite jusqu'à la fureur et qui regimbe tout au plus, quand il sent le fer de l'épieu.

Cependant la plus robuste patience chancelle à la fin. L'impassible Fréron en sera un exemple. Il est vrai que le coup qui le frappera sera terrible; toutefois il ne l'étourdira pas tellement, qu'il lui ôte tout-à-fait la raison. D'abord abattu, Fréron gardera le silence; mais bientôt revenant à soi et rentrant dans la plénitude de son esprit, il ne déguisera plus son ressentiment et fera payer cher à l'ennemi sa cruauté; et alors ce ne sera plus seulement aux tragédies et aux opéras de Voltaire que sa critique s'adressera, elle forcera le foyer domestique du poète, elle insinuera que les actes qui s'y passent, honorables en apparence, sont des actes honteux, elle donnera lieu à des soupçons sur la moralité du maître, qui péseront aussi sur celle de ses hôtes.

Chose étrange! Voltaire a osé tout cela et bien plus encore contre Fréron, et le monde s'en est amusé. Fréron se bornera à en insinuer timidement la millionième partie contre Voltaire, et il sera bien heureux s'il échappe à la Bastille!

Venons au fait.

Un écrit anonyme intitulé : *Anecdotes sur Fréron, écrites par un homme de lettres à un magistrat qui voulait être instruit des mœurs de cet homme,* fut répandu dans le public au mois d'août 1760.

Ce pamphlet dégoûtant où rien n'est omis de ce qui illustrerait au bagne les états de services du plus effronté coquin, fut attribué tout d'une voix à Voltaire.

Grimm (Correspondance littéraire, 15 juin 1770) dit plaisamment que l'orateur avait voulu imiter la manière de Plutarque, en rapportant un grand nombre de détails de la vie domestique de son héros. On dit dans ce pamphlet : qu'après un dîner où il avait beaucoup bu, Fréron s'était vanté qu'étant aux Jésuites, il avait été l'agent et le patient. On calcule combien de fois il a été mis à la Bastille, combien de fois au For-l'Évêque, combien de fois à Bicêtre. On y remarque que son père était orfèvre et qu'il passe pour avoir été obligé de quitter sa profession, parce qu'il mettait de l'alliage plus que de raison dans l'or et dans l'argent ; que pour lui, il avait volé au jeu, et un couteau au chirurgien Loris ; qu'il avait épousé sa nièce qui balayait la rue devant la boutique de sa sœur ; que cette sœur, fripière de son métier, haïssait son frère, le folliculaire, etc., etc.

« Sérieusement, dit Grimm, je n'ai garde d'accuser le patriarche de ce tas d'ordures détestables : c'est quelque Thiriot ou quelque abbé de La Porte, tous aussi gueux que Fréron, qui lui fournit ces infamies, dont il a ensuite la faiblesse de souiller sa plume, dans un moment de désœuvrement. »

Grimm ne se trompait pas. Thiriot, le *fureteur*, avait effectivement fourni à Voltaire les matériaux pour le moins des anecdotes. La preuve en est dans quelques lettres de Voltaire à Thiriot, à Lebrun, à La Harpe et à d'Alembert. (Voyez celles des 20 et 29 auguste 1760, du 6 février 1761, du 8 auguste 1771, du 25 février et du 8 avril 1777.)

Si on eût loué cet écrit, Voltaire n'eût peut-être pas trouvé mauvais qu'on le lui imputât; mais on le trouva ignoble, infâme, et au moins très-imprudent. Voltaire nia donc qu'il en fût l'auteur par cette raison vulgaire, mais dont il sut parfaitement bien tirer parti dans vingt circonstances plus délicates, que tout mauvais cas est niable.

Après ce mensonge, il commit une lâcheté: il osa dire :

« Les *Anecdotes sur Fréron* sont du sieur La Harpe, jadis son associé, et friponné par lui. » (A M. Le Brun, 6 février 1761.)

« Thiriot, ajouta-t-il, m'a envoyé ces *Anecdotes*, écrites de la main de La Harpe. »

On le verra plus tard obligé de rétracter cette calomnie, et lui-même se déclarer de nouveau et très-énergiquement étranger à la fabrication des *Anecdotes*. Néanmoins cette accusation portée contre La Harpe est un trait de caractère qu'il importe de noter, car il n'en faudrait que deux pareils pour faire descendre Voltaire au-dessous de Fréron, tel du moins qu'il l'a dépeint.

Des copies de ces *Anecdotes,* qu'on appelait aussi *Mémoire sur Fréron,* circulèrent bientôt dans tout Paris. Voltaire en envoyait des exemplaires aux uns, il en proposait aux autres. Il trouvait, il est vrai, ce Mémoire bien bas, mais c'était aussi du plus bas des hommes qu'il s'agissait, d'un coquin qui appartenait plus au Châtelet qu'au Parnasse; et d'ailleurs le Mémoire avait un air de grande vérité.

Quelque habitué qu'il fût aux outrages, Fréron, comme je l'ai dit, perdit patience à celui-là. Il avait dit, dans une de ses feuilles de l'année 1756 : « Je ne hais pas la médisance, peut-être même ne haïrais-je pas la calomnie. » L'homme qui écrivait ceci ne devait être ni surpris qu'on le diffamât, ni bien soucieux de confondre les diffamateurs. Il se bornait à récriminer. Encore ne touchait-il qu'à l'amour-propre des gens, rarement ou jamais à leur réputation. Cette fois-ci pourtant il poursuivit Voltaire sur ce terrain sacré.

Tout le monde sait que Voltaire avait accueilli chez lui et adopté une petite-nièce du grand Corneille. Une ode de Lebrun, dit *Pindare,* l'avait porté à cette bonne action.

« Vous savez, écrit-il à M. de Brenles (16 décembre 1760), que j'ai acheté des terres en France pour être plus libre. Une descendante du grand Corneille vient dans ces terres. Vous serez peut-être surpris qu'une nièce de Rodogune sache à peine lire, et écrire; mais son père, malheureusement réduit à l'état le plus indigent, et plus malheureusement encore abandonné de Fontenelle, n'avait pas eu de quoi donner à sa fille les commencements de la plus mince éducation. On m'a recommandé cette infortunée; j'ai cru qu'il convenait à un soldat de nourrir la fille de son général... On la dit aimable; je me ferai un plaisir de lui servir de père... »

Il n'est pas indifférent de rapporter ici deux lettres de Voltaire, écrites dans le temps qu'il se préparait à faire venir cette jeune personne aux Délices.

L'une est adressée à Lebrun et est conçue en ces termes :

« 22 Novembre 1760.

» Sur la dernière lettre que vous me faites l'honneur de m'écrire, monsieur, sur le nom de *Corneille,* sur le mérite de la personne qui descend de ce grand homme, je me détermine avec la plus grande satisfaction à faire pour elle tout ce que je pourrai. Je me flatte qu'elle ne sera pas effrayée d'un séjour à la campagne, où elle trouvera quelquefois des gens de mérite, qui sentent tous celui de son grand-père. M. de Laleu, notaire très-connu à Paris..., vous remboursera sur-le-champ et à l'inspection de cette seule lettre, ce que vous aurez déboursé pour le voyage de mademoiselle Corneille : elle n'a aucun préparatif à faire; on lui fournira en arrivant le linge et les habits convenables; M. Tronchin, banquier de Lyon, sera prévenu de son arrivée, et prendra le soin de la recevoir à Lyon et de la faire conduire dans les terres que j'habite. Puisque vous daignez, monsieur, entrer dans ces petits détails, je m'en rapporte entièrement à la bonne volonté et à l'intérêt que vous prenez à un nom qui doit être si cher à tous les gens de lettres.

J'ai l'honneur, etc. »

L'autre est à mademoiselle Corneille elle-même :

« Aux Délices, 22 novembre 1760,

» Votre nom, mademoiselle, votre mérite et la lettre dont vous m'honorez, augmentent dans madame Denis et dans moi, le désir de vous recevoir et de mériter la préférence que vous voulez bien nous donner (1). Je dois vous dire que nous passons plusieurs mois de l'année dans une campagne auprès de Genève; mais vous y aurez toutes les facilités et tous les secours possibles pour tous les devoirs de la religion. D'ailleurs, notre principale habitation est en France, à une lieue de là, dans un château très-logeable que je viens de faire bâtir et où vous serez beaucoup plus commodément que dans la maison d'où j'ai l'honneur de vous écrire. Vous trouverez dans l'une et dans l'autre habitation de quoi vous occuper, tant aux petits ouvrages de la main qui pourront vous plaire, qu'à la musique et à la lecture. Si

---

(1) Mademoiselle Corneille était alors chez Titon du Tillet, l'auteur du *Parnasse français*, qui aspirait aussi à l'honneur de l'élever et de l'établir.

votre goût est de vous instruire de la géographie et de l'histoire, nous ferons venir un maître qui sera sans doute très-honoré d'enseigner quelque chose à la petite-fille (1) du grand Corneille : mais je le serai beaucoup plus que lui de vous voir habiter chez moi. J'ai l'honneur d'être avec respect, mademoiselle, votre très-humble et très-obéissant serviteur,

» VOLTAIRE. »

C'est par ces nobles sentiments qu'il se préparait à l'un des actes qui honorent le plus sa vie. Il est fâcheux seulement qu'il l'ait un peu gâté en le comparant trop souvent et avec trop de complaisance à l'égoïsme et à l'ingratitude de Fontenelle.

Cette comparaison, au rapport de Fréron, était mal fondée. « Tout le monde sait, dit-il, que M. de Fontenelle approchait du terme de sa longue carrière, lorsque le père de mademoiselle Corneille l'alla voir. M. de Fontenelle qui n'avait pas sa généalogie bien présente, et qui s'était persuadé qu'il avait succédé à tous ses parents mâles du côté des Corneille, prit le seul héritier de ce nom pour un imposteur : crédulité bien naturelle à son âge. Voilà l'exacte vérité dont je suis bien instruit. » (Année littéraire, 1760, tom. VIII, page 158.)

Cette justification a bien l'air d'une plaisanterie. En tout cas, je doute qu'elle eût contenté Fontenelle.

(1) Voltaire affecte par ostentation d'appeler partout mademoiselle Corneille, *petite-fille* du poète, quoiqu'elle n'en fût que la petite-nièce et que Voltaire dût le savoir.

Voltaire fut enchanté de mademoiselle Corneille, remercia fort Lebrun de l'avoir *encorneillé* (A d'Argental, 26 novembre 1760) ; et se réjouit d'avoir, lui, septuagénaire, à gouverner les dix-sept ans de cette jeune fille. (A madame du Deffant, 20 décembre 1760.)

Le portrait qu'il en fait est charmant. On me permettra de le transcrire. Il est court, mais plein de fraîcheur. C'est un portrait de Watteau.

« Nous sommes très-contents de mademoiselle Rodogune, nous la trouvons naturelle, gaie, vraie. Son nez ressemble à celui de madame de Ruffec ; elle en a le minois de doguin, de plus beaux yeux, une plus belle peau, une grande bouche assez appétissante, avec deux rangs de perles. Si quelqu'un a le plaisir d'approcher ses dents de celles-là, je souhaite que ce soit plutôt un catholique qu'un huguenot ; mais ce ne sera pas moi, sur ma parole. » (A d'Argental, 22 décembre 1760.)

Sitôt que ce fait fut connu, les dévots et les personnes pieuses jetèrent les hauts cris. Ils ne purent voir sans scandale une jeune fille arrachée, disaient-ils, de l'antichambre du paradis, entendant par là le couvent, pour être conduite dans une maison qu'ils regardaient, non sans fondement, comme le tabernacle de l'enfer. Ils donnèrent l'éveil à Fréron, lequel tailla sa plume et écrivit cette réflexion doucereuse :

« Vous ne sauriez croire, monsieur, le bruit que fait dans le monde cette générosité de M. de Voltaire.

On en a parlé dans les gazettes, dans les journaux, dans tous les papiers publics, et je suis persuadé que ces annonces fastueuses font beaucoup de peine à ce poëte modeste, qui sait que le principal mérite des actions louables est d'être tenues secrètes. Il semble, d'ailleurs, par cet éclat, que M. de Voltaire n'est point accoutumé à donner de pareilles preuves de son bon cœur, et que c'est la chose la plus extraordinaire que de le voir jeter un regard de sa sensibilité sur une jeune infortunée. Mais il y a près d'un an qu'il a fait le même bien à un sieur de l'Écluse, ancien acteur de l'Opéra-Comique, qu'il loge chez lui, qu'il nourrit, en un mot, qu'il traite en frère. Il faut avouer que, en sortant du couvent, mademoiselle Corneille va tomber en bonnes mains. » (Année littéraire, 1760, t. VIII, p. 164.)

Cette perfide insinuation atteignait tout ensemble, Voltaire, mademoiselle Corneille et de l'Écluse; elle désignait à la fois un séducteur, une victime et un entremetteur. Il n'est pas possible de l'entendre autrement. Aussi, Fréron en avait-il mesuré toute la portée, pesé tous les termes. Il est à croire qu'il en prévit encore toutes les suites; mais enfin, il avait dû ce soulagement à son âme ulcérée par une longue série d'outrages demeurés impunis, et d'ailleurs, il était curieux de voir comment Voltaire supporterait une attaque du genre de celles où ce grand homme était passé maître, quand cette attaque viendrait le surprendre dans l'asile respecté jusqu'alors de son foyer domestique.

Voltaire fut transporté de colère; mais sa douleur fut au moins égale à son emportement. Se voir transformer en infâme proxénète dans le moment même où il prodiguait à mademoiselle Corneille les soins les plus respectueux et les plus délicats, il y avait de quoi faire désespérer de la raison humaine et peut-être douter de lui-même.

« Pour Dieu, écrit-il à d'Argental (14 janvier 1761), daignez m'envoyer (paroles ne puent pas) la feuille de l'infâme Fréron. »

A peine a-t-il vu de ses yeux le récit dont Thiriot lui avait déjà fait passer la copie, qu'il remue ciel et terre pour faire châtier Fréron.

Il commence par établir la situation des différentes personnes qui composaient sa maison, afin de démontrer que mademoiselle Corneille n'y pouvait recevoir que de bons exemples.

Il vient ensuite à de l'Écluse.

Selon lui et selon la vérité, l'Écluse, étant jeune, était monté sur le théâtre; mais il y avait plus de vingt-cinq ans qu'il exerçait la profession de dentiste avec honneur. Il n'avait jamais logé chez Voltaire; il y était venu seulement quatre mois auparavant pour raccommoder les dents de sa nièce, lesquelles, au rapport de Marmontel (Mémoires, livr. VIII), étaient *irraccommodables*. Il était, en outre, chirurgien-dentiste du roi de Pologne, véritable sinécure, puisque ce prince lui avait confié cet emploi le jour même où il avait perdu sa dernière dent. On se rappelle, à cette occasion, le choix que le prince de Conti fit de l'abbé Prévost pour son aumônier.

« Monsieur, dit l'auteur de Cléveland, je remercie beaucoup Votre Altesse; mais je vous avouerai que je ne sais plus dire la messe. » — « Eh! qu'importe? reprit le prince, je ne l'entends jamais. »

De plus, l'Écluse, qui avait ajouté à son nom celui de du Tillois, du nom d'une terre qu'il avait achetée en Gâtinais, avait quitté depuis quelques mois la maison de Voltaire, après y avoir donné ses soins à madame Denis; et il demeurait alors à Genève, où il avait une réputation distinguée parmi les mâchoires génevoises.

Cela posé, Voltaire était d'avis qu'on parlât aux ministres du procédé de Fréron; que cette affaire était du ressort du lieutenant-criminel; que ces mots: Mademoiselle Corneille va tomber « en bonnes mains » méritaient le carcan.

Il engagea Lebrun à faire signer au père de sa pupille un pouvoir à un procureur, annonça l'intention d'intervenir lui et sa nièce au procès, et envoya à cet effet ses pouvoirs, ceux de madame Denis et ceux de l'Écluse. Avec cela, disait-il, « je me flatte que Fréron sera condamné à une peine infamante et à de gros dédommagements »

En même temps il pressait Lebrun d'adresser une requête au lieutenant-criminel.

Tant d'efforts demeurèrent inutiles. M. de Malesherbes, au grand scandale de Voltaire, jugea un peu légèrement que le cas de Fréron n'était point passible des rigueurs de la justice; d'ailleurs, il s'en rapportait à Voltaire pour avoir raison du journaliste. Quelques amis du seigneur de Ferney, qui partageaient ses sentiments, allèrent jusqu'à lui conseiller de retirer sa plainte et « de mépriser les petits traits que Fréron avait la bonté de décocher contre lui. » Mais Voltaire s'irrita contre la bêtise de ces gens; comme si, en effet, il s'agissait de lui dans cette affaire, et qu'il fût une jeune fille à marier.

Voyant que le procès qu'il voulait intenter avorterait, il pensa que ce qui restait de plus honnête, de plus doux, de plus modéré à faire, était d'assommer de coups de bâton Fréron, à la porte de M. Corneille. (V. les *lettres* des 30 et 31 janvier 1760, des 2, 9 et 27 février 1761.)

On ne dit pas qu'il se soit présenté quelqu'un pour l'exécution de cette commission délicate.

Quoi qu'il en soit, l'indignation de Voltaire était légitime. Ce n'est pas qu'on refuse à Fréron le droit de représailles contre Voltaire, ce droit, en ce qui touchait celui-ci, demeurant au contraire dans son entier, on nie seulement qu'il pût s'étendre jusqu'à diffamer, dans l'intérêt d'une cause à laquelle ils sont étrangers, une jeune fille innocente et pure et un homme environné, comme l'était l'Écluse, de la considération et de l'estime générales. Que tout homme ayant du cœur et de l'honneur se mette un moment à la place de Voltaire, et je défie qu'il pense, et, au besoin, qu'il fasse autrement que lui.

Aussi, la feuille de Fréron, cette feuille que certains amis de Voltaire traitaient de bagatelle, eut-elle les suites les plus désagréables. Un gentillâtre bourguignon voulait épouser mademoiselle Corneille; il vit la feuille; il y vit, outre l'insinuation dirigée contre les projets de Voltaire sur sa pupille, que mademoiselle Corneille était fille d'un paysan qui subsistait d'un emploi de cinquante livres par mois, à la poste de deux sous (1); il n'avait jamais lu le *Cid*; il crut qu'on le trompait quand on lui disait que mademoiselle Corneille avait deux cents ans de noblesse; le mariage fut rompu.

« Il est bien étrange, s'écrie à bon droit Voltaire, qu'on souffre de pareilles personnalités, uniquement parce que je suis compromis. Nous demandons à M. de Malesherbes qu'il exige au moins une rétractation formelle du coquin; qu'il dise *qu'il demande pardon au public d'avoir outragé un nom respectable, en disant que mademoiselle Corneille avait quitté le couvent pour aller recevoir une nouvelle éducation du sieur l'Écluse, acteur de l'Opéra-Comique; qu'il avoue qu'il a été grossièrement trompé et qu'il se repent d'avoir donné ce scandale.* » (A d'Argental, 3 avril 1764.)

Comme on le voit, Voltaire insistait toujours pour une réparation; mais il se contenterait pourtant d'un simple désaveu.

« M. de Malesherbes partagerait, disait-il, lui-même l'infamie de Fréron, s'il hésitait à rendre cette

(1) Ce fait était vrai. François Corneille était facteur de la petite poste à Paris. Voltaire le reconnaît lui-même dans sa lettre à d'Argental, en date du 26 janvier 1763. Le mois suivant, Marie Corneille épousa M. Dupuis, officier de dragons.

légère justice.; » sinon, « le nom de Fréron est sans doute celui du dernier des hommes, mais celui de son protecteur serait à coup sûr l'avant-dernier. » (A Lebrun, 6 avril 1764.)

Le protecteur de Fréron, bien entendu, est ici M. de Malesherbes.

Repoussé dans cette nouvelle prétention comme il l'avait été dans la première, Voltaire cessa d'importuner ses amis de ses réclamations, et, ne prenant plus conseil que de sa haine, il continua de se faire justice à sa mode; il déchira plus que jamais Fréron dans tous ses ouvrages. Il convenait qu'il n'y a rien à gagner à être modéré et que c'est une duperie. Vivre pour lui, c'était combattre. Il combattait donc. Seulement ses armes favorites, les injures, s'émoussèrent quelquefois à force d'exercice. Il n'avait pas, comme Joseph Scaliger, qui fut aussi attaqué, aussi irritable et presque aussi implacable que lui, la ressource de renouveler dans les langues mortes sa provision d'injures et de dire à ses ennemis leur fait en latin, grec ou hébreu; il se répéta donc dans la sienne et parfois il ennuya. Peut-être n'est-ce pas là un effet de l'impuissance, mais du découragement. Mais alors l'honneur de ce découragement revient à Fréron, qui après tout, s'inquiétait peu de convaincre son ennemi, pourvu qu'il le forçât de rabâcher ou de se taire.

C'est à cette époque que les *Anecdotes* qui circulaient dans Paris furent imprimées. Il fallait à Voltaire une compensation pour le double échec qu'il avait essuyé en demandant justice contre son diffamateur; il la trouva sinon complète, du moins immédiate dans l'impression des *Anecdotes*.

Pour Fréron, il n'avait pas seulement blessé Voltaire, à l'occasion de mademoiselle Corneille, il avait aussi fort maltraité *Pindare*-Lebrun, auteur de la fameuse ode à Voltaire, qui avait déterminé celui-ci à adopter la jeune fille.

La critique qu'il donna de cette ode est une véritable débauche d'esprit. D'un mot, d'une syllabe, d'un point, il fait une affaire à Lebrun. Mais il choque son lecteur, parce qu'il est trop souvent injuste; il le fatigue, parce qu'il est trop long et trop minutieux. Au lieu d'expédier promptement son homme, il en prend une à une les verrues, comme dit Horace, les porreaux, les durillons; il les arrache, il les dissèque, comme s'il sentait un monde tout entier frémir sous sa lancette. Pas un vers, pas une lettre de cette ode qui ne l'attachent, qui ne captivent son attention. Il suit de là qu'il ne marche pas, mais qu'il se traîne comme le limaçon, regardant, s'arrêtant, se heurtant contre tous les objets. Ce que Piron a dit d'Olivet peut fort bien s'appliquer ici à Fréron :

> Juré piqueur de diphtongue,
> Rigoureux au dernier point
> Sur la virgule et sur le point,
> La syllabe brève et la longue,
> Sur le tiret contigu,
> Sur l'accent grave et l'aigu,
> La voyelle et la consonne.

Ce charme qui l'enflamma
Fut sa passion mignonne.

En somme, il semble que Fréron se fasse un malin plaisir d'empoisonner à petites doses la joie que Lebrun avait pu sentir des effet de son ode, et qu'il veuille l'empêcher de trop s'enorgueillir d'avoir été l'instigateur d'une bonne action.

Lebrun répondit à la critique de Fréron par deux pamphlets : *L'Ane littéraire* et *la Wasprie*.

C'est un fatras d'injures ignobles et sans sel. A peine si l'on rencontre çà et là quelques traits heureux, et de ces riens qui se font lire avec intérêt.

Ce qui m'y a frappé, je pourrais dire amusé le plus, ce sont d'abord des preuves de l'ignorance de Fréron assez plaisantes et qui m'avaient paru assez peu vraisemblables pour que j'aie pris la peine de les vérifier. Cette vérification fut des plus pénibles, Fréron ayant écrit plus de deux cents volumes, et Lebrun citant presque toujours mal ou même ne citant pas du tout. Le résultat en fut favorable à Lebrun.

Ainsi, Fréron parle d'une préface de Quinte-Curce, qui n'exista jamais; il cite Phalaris qui étendait ses victimes sur son lit, au lieu de Procuste; il fait Thespis l'inventeur de la comédie, au lieu de la tragédie; il dit qu'une Sophonisbe, une Pulchérie ne parlait pas tendresse comme une Monime, comme une Athalie. « Athalie qui parle tendresse, amour ! » s'écrie Lebrun. (L'Ane littéraire, page 22, 23.)

J'ai dit ci-devant que Fréron avait la manie de

faire des Orphées des poètes les plus médiocres. Il traitait sur ce pied un certain d'Arnaud de Baculard, et quand il critiquait quelque chose dans un poète qu'il avait à cœur de ravaler, il lui opposait des exemples pris dans ce même d'Arnaud de Baculard ou, à son défaut, dans quelque autre de même farine.

Il prétendait justifier cette malheureuse indulgence en disant, et qu'il avait à craindre le mécontentement de plusieurs Mécènes, pleins d'entrailles pour leurs chers petits rimailleurs ou leurs insipides romanciers, et que ses amis venaient le trouver, lorsqu'il paraissait un ouvrage nouveau, pour l'engager à n'en pas dire de mal, l'auteur étant protégé par tel prince, tel duc, ou telle dame qui ne manqueraient pas d'employer contre sa personne et son journal toutes les ressources du crédit.

« Une telle justification, observe judicieusement l'auteur de la vie de Fréron, dans la *Biographie universelle*, peut excuser quelques indulgences, mais rendrait ridicule le journaliste qui prônant sans cesse les Cotins et les de Pure du XVIIIe siècle, se serait sans cesse attaché à prouver que Voltaire n'est pas un poète, que Marmontel, d'Alembert, Diderot et La Harpe étaient de misérables écrivains. »

Quoi qu'il en soit, Fréron ayant trouvé à redire à certaine harmonie défectueuse dans l'ode de Lebrun, celui-ci reconnaît qu'il a raison, et qu'effectivement d'Arnaud de Baculard, en fait d'harmonie imitative, pourrait bien être le maître à tous.

Que ne devait-on pas attendre d'un poète qui se vantait ingénieusement d'avoir, pour parler comme Lebrun, *tetté* Ovide sur le Parnasse? car Baculard s'appelle quelque part le *nourrisson* d'Ovide.

« Voici, dit Lebrun, un petit vers doux, sifflant, que M. Fréron admire dans une description des douceurs de la paix :

Sur ses pipaux naïfs ses fils à ses côtés. »

Et Lebrun ne manque pas de mettre les S en grandes capitales pour faire mieux ressortir la mélodie.

« Les répétitions, continue-t-il, ont quelquefois de la grâce, j'aime celle-ci :

Son sein, son sein de fer indocile et rebelle.

« *Son sein, son sein*. Quelle douceur! Au reste, ne croyez pas que la muse de M. de Baculard siffle toujours. Voici un vers d'harmonie moitié sifflant, moitié pétant :

Le sistre aux sons aigus et la trompette éteinte.

Pette éteinte, pette éteinte. Le vers est si beau qu'il demanderait à lui seul un long commentaire pour en développer toutes les finesses.

« Le même M. de Baculard, le premier poète de toute la France, à ce que dit M. Fréron, imite ainsi le bruit des tambours :

Les lamentables sons des lugubres tambours.

« Ce grand vers niais, monté sur deux grands mots, comme sur deux échasses, offre-t-il la moindre image à l'âme? M. de Baculard pensait apparemment à sa très-*lamentable* translation des lamentations de Jérémie quand quand il a fait ce vers.

« Je me souviens d'avoir lu dans une traduction en vers des *Métamorphoses d'Ovide*, une description des tambours, très-comique, il est vrai, mais bien plus expressive que celle de M. de Baculard. Ce vers m'est resté dans la tête :

Babattus, des deux mains les tambours bedondonnent.

« Je vous avouerai ingénument que j'aimerais mieux ce dernier; car, ridicule pour ridicule, je préfère l'auteur qui, du moins, a senti qu'il fallait peindre par le son. » (Année. littéraire, p. 28 à 31.)

Je pense comme Lebrun qui, s'il était dans tout son livre aussi heureux dans ses critiques qu'il l'est ici, ne laisserait pas d'être assez amusant.

Cependant Fréron pouvait croire qu'il n'avait pas si grand tort de louer d'Arnaud de Baculard, puisque Voltaire l'avait loué lui-même de ses vers charmants, et l'avait procuré au roi de Prusse, comme secrétaire. (A M. d'Arnaud, juin 1748.) Mais la partialité de Voltaire s'explique par l'hommage que lui avait fait ce poète d'une certaine épître à *Manon*, où ce que d'Arnaud vantait le plus dans son héroïne n'avait pas la figure. La licence de cette épître pouvait sembler à Voltaire un effet de l'étude de sa *Pucelle*, et par conséquent le flatter beaucoup.

Qu'eût-il dit, s'il eût connu ce madrigal du même auteur, intitulé les *Gants :*

> L'Amour va s'écriant,
> D'un ton joyeux : Victoire! j'ai son gant.
> — De qui? de qui? — D'une beauté sévère...
> — Ah! dit Vénus, l'Hymen, ton heureux frère,
> Aura bien mieux, il en aura les gants!

Quelle fadeur! Cotin n'eût pas mieux dit.

Fréron n'avait-il pas bonne grâce à rompre des lances en l'honneur des poètes de cette espèce? Et comment pouvait-il attendre du respect dans sa profession de journaliste, quand il en faisait si peu de cas lui-même?

Jusqu'alors, il n'avait manqué à Fréron que d'être chansonné dans les règles. La diffamation, exprimée en couplets rimés et chantés, avait le double avantage d'être colportée plus facilement et en plus de lieux à la fois, et de pouvoir être retenue par cœur.

La mode était aux satires appelées *calottes*. Une plaisanterie ignoble, toujours répétée, toujours retombant dans les mêmes tours, sans esprit, sans imagination, sans grâce, voilà ce qui constituait ce genre d'ouvrage; voilà ce qui fit l'occupation des Parisiens, depuis le commencement du règne de Louis XV jusqu'à la révolution de 1789. On en avait déjà imprimé deux recueils, l'un en quatre, et l'autre en cinq volumes, monuments infâmes de méchanceté et de mauvais goût, selon Voltaire, dans lesquels, depuis les princes jusqu'aux artisans, tout était immolé à la médisance la plus atroce et la plus basse, et à la plus plate plaisanterie.

Fréron eut les honneurs d'une calotte, et voici celle qu'on fit contre lui :

Les Frérons.

D'où vient que le nom des Fréron
Est l'emblème du ridicule ?
Si quelque maître Aliboron,
Sans esprit comme sans scrupule,
Brave les mœurs et la raison ;
Si de Zoïle ou de Chausson,
Il se montre le digne émule,
Les enfans disent : C'est Fréron !

Sitôt qu'un libelle imbécille,
Croqué par quelque polisson,
Court dans les cafés de la ville ;
Fi ! dit-on ; quel ennui ! quel style !
C'est du Fréron ; c'est du Fréron.

Si quelque pédant fanfaron
Vient étaler son ignorance,
S'il prend Gillot pour Cicéron,
S'il vous ment avec impudence,
On lui dit : Taisez-vous, Fréron.

Lorsqu'au drame de monsieur Hume (l'Écossaise)
On bafouait certain fripon,
Le parterre dont la coutume
Est d'avoir le nez assez bon,
Se disait tout haut : Je présume
Qu'on a voulu peindre Fréron.

Cependant, fier de son renom,
Certain maroufle se rengorge,
Dans son antre à loisir il forge
Des traits pour l'indignation.

Sur le papier il vous dégorge,
De ses Lettres le froid poison,
Sans songer qu'on serre la gorge
Aux gens du métier de Fréron.

Pour notre petit embryon (Lefranc de Pompignan),
Délateur de profession,
Qui du mensonge est la trompette,
Déjà sa réputation,
Dans le monde nous semble faite :
C'est le perroquet de Fréron.

Ainsi s'exprimait, à son agonie, cette littérature naguère si féconde en excellents écrivains! Tels étaient les chants de la muse exhalant le dernier soupir sur de vils tréteaux, chants, hélas! plus semblables au gloussement du dindon en liesse qu'à la mélodie du cygne expirant!

CHAPITRE VI.

En 1761, *Tancrède*, tragédie de Voltaire, fut imprimée chez les frères Cramer.

On fut très-surpris d'y voir une estampe représentant un âne dans l'action de braire, et qui regardait une lyre suspendue à un arbre.

Au bas de cette estampe, on lisait les vers suivants :

> Que veut dire
> Cette lyre ?
> C'est Melpomène ou Clairon.
> Et ce monsieur qui soupire
> Et fait rire,
> N'est-ce pas Martin Fréron ?

Pourquoi cette estampe en tête de la tragédie de *Tancrède* et non pas d'une autre ? Est-ce parce que Fréron avait critiqué le jeu de Clairon dans cette tragédie ? Mais, quoi qu'elle jouât, l'actrice rencontrait toujours le journaliste pour mêler quelques feuilles d'absinthe à ses lauriers et lancer des sarcasmes autour de son char de triomphe. A ce compte, l'estampe eût aussi bien convenu à tout le théâtre de Voltaire, qui formait la principale partie du répertoire de

Clairon, et dont elle ne jouait jamais une pièce sans encourir les dénigrements du critique.

Il y avait donc là erreur ou substitution de la part des imprimeurs.

En effet, l'estampe était destinée à la comédie de l'*Écossaise*, que Voltaire faisait imprimer à Genève. Fréron, instruit de cette disposition, annonça, dit-on, que l'*Écossaise* allait paraître, ornée du portrait de l'auteur.

La réclame était sanglante; Voltaire fut de cet avis, car il retira bien vite de chez le graveur le dessin, la planche et les épreuves; mais il n'eut pas la générosité de les anéantir. Honteux de sa faiblesse et pensant la réparer par un ajournement qui ferait oublier le bon mot devant lequel il avait reculé, il envoya peu de temps après l'estampe aux imprimeurs Cramer, avec l'ordre de la publier avec *Tancrède*.

Durant cet intervalle, le diable qui ne trouvait pas son compte aux bonnes pensées de Voltaire, lui souffla une épigramme atroce contre Fréron, en dédommagement du sacrifice que le critique lui avait momentanément imposé.

Un certain abbé de Lacoste, condamné aux galères pour un crime dont l'espèce m'échappe, venait de mourir à Toulon. Il passait à tort pour avoir été un des collaborateurs de Fréron dans l'*Année littéraire;* c'était un personnage du même nom et des meilleurs amis du journaliste, le même, par parenthèse, qui figura dans la fameuse mystification du *petit* Poinsinet et qui faisait le rôle du médecin.

Soit ignorance, soit malice, Voltaire confondit l'un avec l'autre et fit cette épigramme :

> Lacoste est mort ! Il vaque dans Toulon,
> Par ce trépas, un emploi d'importance ;
> Ce bénéfice exige résidence,
> Et tout Paris y nomme Jean Fréron.

Fréron examina la tragédie de *Tancrède,* sans seulement parler de l'estampe et sans prendre la peine de rééditer son bon mot. Il ne paraît pas même que cette nouvelle injure du poète ait influé sur la critique de la pièce; car cette critique, pour être minutieuse, peut-être un peu tracassière, n'est point malveillante. Le début seul en est marqué de cette ironie qui est particulière à Fréron quand il parle de Voltaire, et qui est toujours un peu outrée, n'y ayant que cette sorte d'ironie qui fût sensible au poète et qui l'irritât.

« Vous attendiez, monsieur, avec impatience l'impression de cette tragédie; je ne sais si la lecture lui sera aussi favorable que la représentation. Une pièce qu'on lit de sang-froid dans son cabinet est une femme qu'on peut juger avant sa toilette.

» Que vous goûterez de plaisir à voir M. de Voltaire s'élever, dans son *Épître dédicatoire* à madame la marquise de Pompadour, contre les cabales et les calomnies ! « Les cabales sont admises, je le sais; la
» littérature en sera toujours troublée, ainsi que tous
» les autres États; on calomniera toujours les gens
» de lettres comme les gens en place, et j'avouerai
» que l'horreur pour ces cabales me fait prendre le

» parti de la retraite, qui seule m'a rendu heureux;
» Le bien suprême est de cultiver la terre. » On prétend que Dioclétien, cultivant son petit jardin, après s'être démis de l'Empire, brûlait de remonter sur le trône. Mais il ne faut point sonder les cœurs; applaudissons à cette félicité si pure dont jouit M. de Voltaire, et que mérite un homme comme lui qui a si bien dompté l'envie et toutes les passions qui nuisent au bonheur. » (Année littéraire, 1761, tom. I, pag. 289.)

Après cela, il y eut comme une trêve tacite entre les deux partis, mêlée par-ci, par-là de quelques petites escarmouches et entretenue sur ce pied jusqu'en 1765.

Fréron en profita pour faire un voyage en Allemagne.

Les princes de ce pays, tous ou à peu près, infatués de la philosophie de leur siècle et encyclopédistes pour le moins honoraires, n'étaient pas tellement les amis, les flatteurs même de cet autre prince qui tenait le sceptre de la littérature en France, qu'ils n'aimassent de temps en temps à picoter son orgueil, en ayant des prévenances pour ceux qui passaient pour ses plus habiles ou ses plus dangereux adversaires. Chez les princes, on appelait cela de l'impartialité; chez les femmes, on l'eût appelé de la coquetterie.

Le grand Frédéric en fut un exemple. Il caressa tour-à-tour Maupertuis et Voltaire, et finit par les rendre ennemis irréconciliables. Il fit plus, il manda à sa cour, sur la recommandation de Voltaire, ce d'Arnaud de Baculard dont il a été parlé ci-devant (et cela pendant même qu'il y invitait aussi Voltaire), et il lui adressait une épître dans laquelle on lit ces deux strophes :

> Bientôt sans être téméraire,
> Prenant votre vol jusqu'aux cieux,
> Vous pourrez égaler Voltaire,
> Et, près de Virgile et d'Homère,
> Jouir de vos succès heureux.
>
> Déjà l'Apollon de la France
> S'achemine à la décadence ;
> Venez briller à votre tour,
> Élevez-vous s'il baisse encore :
> Ainsi le couchant d'un beau jour
> Promet une belle aurore.

Cette épître, par une erreur peut-être volontaire, ayant été envoyée à Thiriot, correspondant littéraire du roi de Prusse, Thiriot la fit voir à son bon ami. « L'aurore d'Arnaud ! » s'écrie Voltaire, en sautant de son lit, en chemise : « Voltaire à son couchant ! que Frédéric se mêle de régner et non pas de me juger. J'irai, oui, j'irai apprendre à ce roi que je ne me couche pas encore. »

Le duc de Deux-Ponts ne poussa pas les choses aussi loin ; et d'ailleurs, il n'était pas engagé envers Voltaire comme le roi de Prusse. Mais il y a lieu de croire qu'il partageait le ressentiment de la cour de Manheim, laquelle avait toujours su mauvais gré à Voltaire d'avoir décliné l'honneur de venir la visiter, sous prétexte d'une fluxion sur les yeux. (A d'Alembert, 16 juillet 1764.)

Il fit donc savoir à Fréron le désir qu'il avait de le recevoir chez lui. Il paraît même qu'il lui promit le premier bailliage vacant dans ses États. Ces bailliages valaient, dit-on, chacun vingt mille livres de rentes. Fréron, qui n'était pas accoutumé à des grâces de ce genre, et qui était peut-être curieux de se voir transformé en courtisan, laissa ses feuilles à fabriquer, pendant son absence, « à quelques sous-marauds à sa solde, » et partit pour Deux-Ponts. De là, il paraît avoir été conduit, par le duc de Deux-Ponts, à la cour de Manheim, « qui s'était préparée, dit d'Alembert (9 juillet 1764), à le bien fêter, oubliant apparemment l'honneur que Voltaire avait fait, quelques années auparavant, au maître de la maison. »

Pour l'intelligence de tout ceci, il faut dire que Voltaire, à une époque que je ne saurais préciser, avait fait une visite aux hôtes de la cour de Manheim. Le souvenir qu'on avait gardé de ce charmant esprit, y avait provoqué le désir de le posséder encore et donné lieu à cette invitation, demeurée sans effet à cause de la fluxion.

La rancune de la cour de Manheim s'étant trouvée d'intelligence avec celle de Deux-Ponts, Fréron recueillit les bénéfices des avances faites à Voltaire et alla « faire les délices » de messieurs les électeurs.

« Ce sont, je crois, de plates gens, disait à ce propos d'Alembert, que tous ces petits principaux d'Allemagne; et je me souviens que quand le roi de Prusse me demanda si, en retournant en France, je m'arrêterais dans toutes ces petites cours borgnes, je lui répondis que non, parce que, quand on vient de voir Dieu, on ne se soucie guère de voir saint Crépin. » (9 juillet 1764.)

S'il faut en croire aussi d'Alembert (car malheureusement les témoignages des amis de Voltaire, en ce qui touche Fréron, sont presque aussi suspects que ceux de Voltaire même), Fréron, avant de partir, avait répandu sourdement que son ennemi lui avait fait faire des propositions de paix. (Ibid.)

Il serait assez intéressant de savoir si Fréron disait vrai. Or, le silence de Voltaire sur ce passage de la lettre de d'Alembert semble indiquer qu'il en était bien quelque chose. Ce n'était pas le seul hommage que cet homme illustre aurait rendu à Fréron, tout en l'exécrant. Quelques années avant ce voyage de Fréron en Allemagne, un seigneur de la cour de Turin, chambellan de l'empereur, ayant une grande fortune et le goût des lettres, le marquis de Prié, alla voir Voltaire et passa quelques jours chez lui. Avant de le quitter, il le pria de le recommander à Paris à quelqu'un qui pût lui donner une idée de tous les écrits qui paraissaient en France. Voltaire, après avoir rêvé un moment, lui dit : « Adressez-vous à ce coquin de Fréron ; il n'y a que lui qui puisse faire ce que vous demandez. » Le marquis de Prié, qui avait lu toutes les injures dont Voltaire avait gratifié Fréron, témoigna beaucoup d'étonnement : « Ma foi, oui, reprit le seigneur de Ferney, c'est le seul homme qui ait du goût; je suis forcé d'en convenir, quoique je ne l'aime pas et que j'aie de bonnes raisons pour le détester. »

Ce fut sans doute à l'occasion de quelques compliments de cette nature que Fréron, appréciant tout ce qu'ils avaient de flatteur pour lui, malgré la forme insolente dont ils étaient revêtus, ne voulut pas rester en arrière de bons procédés avec Voltaire, et prit honnêtement sa défense contre le poète Gilbert, qui se déchaînait un jour contre lui. Il avait réuni à souper plusieurs gens de lettres. Gilbert se mit à attaquer Voltaire et à dire que l'auteur de l'*Écossaise* était un poète médiocre. Cette galanterie fut mal reçue de l'amphitryon. Fréron se leva soudain, récita avec enthousiasme quelques tirades de la *Henriade*, et, s'adressant ensuite aux convives :

— Est-ce un mauvais écrivain que celui qui a fait ces vers ? Est-ce-vous, Gilbert, qui en feriez de pareils? »

Malheureusement, le vin du souper était au moins de moitié dans cette bonne action.

Mais ces accès de courtoisie de part et d'autre étaient rares; le naturel reprenait bientôt le dessus, et c'était alors à qui rattraperait le plus vite le temps perdu.

En 1762, Voltaire voit arriver chez lui une famille « dont le chef a été traîné sur la roue par des juges fanatiques, instruments des passions d'un peuple superstitieux. » Il apprend que Calas, vieillard infirme, a été accusé d'avoir pendu son fils, jeune et vigoureux, au milieu de sa famille, en présence d'une servante catholique, et qu'il avait été porté à ce crime par la crainte de voir ce fils embrasser la religion catholique. Mais cette accusation était d'autant plus fausse, que Calas avait un autre fils déjà catholique, qu'il le souffrait avec douceur, et que même il lui faisait une pension. La conduite de l'autre, son caractère, ses lectures, tout annonçait qu'il s'était suicidé. Néanmoins, Calas est condamné et meurt sur la roue, en protestant qu'il était innocent et en pardonnant à ses juges.

Voltaire, attendri et indigné, se fait instruire de ces horribles détails, et bientôt, sûr de l'innocence de Calas, il ose concevoir l'espérance d'obtenir sa réhabilitation. Le zèle des avocats est excité, leur courage soutenu par ses lettres. Lui-même écrit son *Traité sur la Tolérance,* et finit par intéresser à la cause de ses clients le duc de Choiseul.

Durant trois ans, pendant lesquels, dit-il, il ne lui échappa pas un sourire qu'il ne se le reprochât comme un crime, il poursuivit cette affaire avec une persévérance infatigable, et vit enfin ses efforts couronnés de succès. Calas fut réhabilité par arrêt du Conseil, le 9 mars 1765, trois ans après, mois pour mois et jour pour jour, qu'il avait été supplicié.

Fréron n'eut pas assez de grandeur d'âme pour s'associer aux applaudissements unanimes qui s'élevèrent à la suite de cette réhabilitation, par la seule raison qu'ils s'adressaient principalement à Voltaire.

« M. de Voltaire, dit-il, a beaucoup écrit dans le cours de cette affaire, et depuis l'arrêt du Conseil, il a publié une lettre adressée à M. d'Am... (1), son ami ; cette lettre a été imprimée. Elle est tombée entre les mains d'un philosophe protestant qui n'a pas été frappé des raisons que ce poète allègue en faveur de Calas. Il a écrit ce qu'il en pensait à une personne qui m'a remis une copie de sa lettre, en me priant de l'insérer dans mes feuillles. Je ne balance point à lui donner cette satisfaction, parce que dans la lettre du philosophe protestant, il ne s'agit pas de jeter de nouveaux nuages sur l'innocence des Calas, c'est un objet de pure littérature et non de discussion juridique. Personne n'a plus gémi que moi sur le sort de cette famille, et n'a reçu avec plus de transports la nouvelle de sa justification et de la fin de ses malheurs. Encore une fois, il n'est question dans la lettre suivante que d'apprécier les beaux raisonnements de M. de Voltaire. Cela soit dit aux méchants qui lisent mes feuilles avec l'intention louable et la douce espérance d'y saisir des prétextes de me nuire. » (Année littéraire, 1765, tom. III, page 146.)

Mais, quand on vient à lire la lettre du soi-disant philosophe protestant, on est confondu de l'impudence du gazetier qui l'offre à ses lecteurs comme un objet de pure controverse littéraire. La vérité est que la littérature n'y est absolument pour rien. Outre que cette lettre est pleine de doutes sur l'innocence des Calas et une sorte d'apologie des magistrats toulousains, elle n'oppose guère aux raisonnements qu'elle

(1) Damilaville.

combat que des raisonnements non moins faciles à rétorquer, et, oubliant tout-à-fait l'immense résultat obtenu par Voltaire, elle s'évertue à en diminuer le mérite, en insultant à l'homme qui en avait été l'instrument ; elle fait entre autres cette observation que, dans les circonstances de ce genre, « la tête poétique de M. de Voltaire s'échauffe et que ce n'est pas tant un sentiment d'humanité qui le transporte que celui de ranimer son existence et de faire parler de lui. » (Ibid., pag. 156.)

« Il faut être le dernier des hommes, dit Grimm (Correspondance littéraire, 1er octobre 1765.), pour oser attaquer l'innocence d'une famille si cruellement opprimée, simplement parce qu'elle comptait parmi ses défenseurs un homme qu'on a intérêt à décrier. »

Il y a des gens qui, aujourd'hui tout sympathiques à Fréron, sont assez disposés à ne juger ce drôle qu'en prenant le contrepied de tout ce que Voltaire a dit de lui, et qui, par conséquent, le tiennent pour le plus honnête et le plus calomnié des hommes ; je leur demanderai de réfléchir un moment sur ce trait de mépris pour les plus nobles sentiments du cœur, la justice et la pitié, et de me dire ensuite leur avis. Il ne faut pas donner lieu à leur enthousiasme de se refroidir, et c'est en favoriser l'essor que d'éveiller sa susceptibilité, en mettant en doute la vertu de leur cher et illustre favori.

La protestation de Fréron indigna tout le public. Voltaire n'eut pas besoin d'y répondre ; d'autres que lui se chargèrent de ce soin. L'un d'eux, le marquis d'Argens, brigadier des armées du roi, révolté de la bassesse du journaliste, écrivit à Voltaire, signa, et fit imprimer une lettre contre Fréron, à laquelle, au rapport de Grimm (Ibid.), tout homme qui n'aurait pas perdu tout sentiment d'honneur, ne pouvait répondre qu'en se faisant tuer par celui qui l'avait écrite, ou qu'en lui perçant le cœur. Fréron ne prit aucun de ces deux partis et s'enveloppa dans sa vertu.

Il est triste d'être contraint de rattacher à cet acte odieux d'intolérance du journaliste, un bruit répandu quelques mois auparavant dans Paris, suivant lequel Marie Lecsinska aurait jeté les yeux sur Fréron, pour en faire son secrétaire des commandements. Fréron avait-il voulu gagner ses éperons? Quoi qu'il en soit, il était seul responsable de son excès de zèle ; car la pauvre reine était loin de prévoir qu'en se reposant sur lui du soin de défendre la religion contre la philosophie, elle l'exposait à la tentation d'envelopper dans les mêmes anathèmes, la morale et l'humanité.

CHAPITRE VII.

Pendant qu'il s'efforçait si malheureusement de relever de la flétrissure la sentence des juges de Toulouse contre les Calas, Fréron recevait un affront sanglant de la part d'une personne qu'on pourrait appeler son ennemie la plus intime, et cela uniquement à cause du talent qu'elle déployait en jouant les pièces de Voltaire.

Il s'agit de mademoiselle Clairon.

La haine du journaliste, quoique tempérée par des formes doucereuses, ne laissait pas de se reproduire à toutes les représentations où l'actrice figurait; ce qui faisait dire à Voltaire, qu'il trouvait mademoiselle Clairon bien heureuse, puisque, non-seulement elle était adorée du public, mais que, poursuivie à outrance par l'inimitié de Fréron, elle obtenait ainsi toutes les sortes de gloires.

Enfin, Fréron oublia son rôle de critique dramatique à ce point, qu'il fit une petite excursion sur le terrain des mœurs privées de la tragédienne.

Cette imprudence pensa lui coûter cher.

Mais l'affront qui en fut la suite l'humilia et l'aigrit assez pour équivaloir presque au châtiment plus grave qu'il eut le bonheur d'esquiver.

Mademoiselle d'Oligny venait d'être reçue à la Comédie-Française.

Fréron, en s'extasiant sur la sagesse, les mœurs pures, l'innocence de cette demoiselle, fut entraîné si loin par son enthousiasme pour la chasteté, que le public crut reconnaître dans sa philippique contre les actrices qui vivaient dans le désordre, les erreurs célèbres de la première jeunesse de mademoiselle Clairon.

Celle-ci de se plaindre vivement et d'exiger, comme si la reine de théâtre fût devenue tout-à-coup une reine de fait, que Fréron soit jeté au For-l'Évêque. Elle faillit être obéie. Le bruit même en vint à Ferney, et Voltaire en tressaillit de joie. *Absolvit nunc pœna deos!* s'écria-t-il. (A Damilaville, 27 février 1765.) Mais la renommée avait menti. Fréron était toujours libre.

Cependant, les comédiens ayant appuyé la demande de leur camarade, le roi, sur les représentations du maréchal de Richelieu, voulut bien montrer aux comédiens les effets de la protection dont il les honorait, en infligeant la peine la plus sévère au sieur Fréron.

Mais l'exempt qui devait conduire le journaliste en prison, le trouva au lit et souffrant de la goutte. Cet exempt était sensible; il accorda au journaliste quelques jours pour se rétablir. Fréron usa de ce répit pour faire agir ses protections. Il intéressa la pitié de la reine qui demanda qu'on lui fît grâce, en faveur de sa piété et de son zèle contre les philosophes. Clairon voyant sa vengeance trompée par la clémence de la reine, menaça d'abord de quitter le théâtre. Elle changea bientôt d'avis, à la suite d'une conversation qu'elle eut, dit-on, avec le duc de Choiseul, et dans laquelle le ministre lui tint à peu près ce langage : « Mademoiselle, nous représentons tous les deux sur un grand théâtre ; mais il y a cette différence entre nous, que vous, vous choisissez vos rôles, et dès que vous vous montrez, vous êtes applaudie : moi, au contraire, je ne suis pas le maître de mes rôles, et dès que je me montre, je suis sifflé : cependant, je reste, et si vous m'en croyez, vous en ferez autant. »

L'actrice suivit ce conseil. Pour Fréron, il écrivit d'abord au maréchal de Richelieu, pour protester qu'il n'avait jamais eu dessein de peindre dans un article de ses feuilles mademoiselle Clairon, et qu'il n'y avait que ses ennemis ou les ennemis de cette actrice qui osassent lui appliquer un portrait général, en prêtant à la plume du journaliste une malignité dont elle n'était point coupable en cette occasion. Il écrivit à peu près dans les mêmes termes à M. de Saint-Florentin, ministre de la maison du roi, lequel en donna avis au maréchal de Richelieu. Le maréchal envoya la lettre à lui adressée par Fréron et celle de M. de Saint-Florentin aux comédiens, et l'affaire en resta là. (Correspondance littéraire de Grimm, t. IV, 15 février et 1er mars 1765. — Revue rétrospective, 2e série, t. X, pag. 143-145.)

Ce dénoûment fut un merveilleux topique pour la goutte de Fréron. Elle disparut aussi à propos qu'elle s'était manifestée, lors de la visite de l'exempt, et le podagre se retrouva sur ses pieds en même temps que mademoiselle Clairon remontait sur ses planches.

Au mois de septembre de cette même année 1765, Fréron fit un voyage en Basse-Bretagne, pour y recueillir la succession d'une nièce, qui lui était échue inopinément, et qu'on disait assez considérable, vu, ajoutait-on, le trafic lucratif que la défunte faisait de ses charmes dans les ports les plus fréquentés de la province. Cette dernière assertion ressemble fort à une de ces calomnies gratuites dont on poursuit jusque dans la personne de leurs proches les hommes qui ont accumulé sur leur tête les haines du public; outre ce qu'il y a d'invraisemblable dans cette grande fortune acquise par une femme, en vendant ses faveurs à de pauvres matelots.

En passant par Rennes, Fréron eut l'imprudence de vouloir disserter sur les affaires du parlement de Bretagne comme sur le procès du malheureux Calas. Instruit de ces propos, M. de la Chalotais, procureur-général, le fit venir chez lui.

— Comment vous appelez-vous? lui dit-il.

— Monseigneur, je suis Fréron.

— Je ne connais pas Fréron, mais on m'a rendu compte de vos propos, et je vous conseille de quitter Rennes sous vingt-quatre heures, si vous ne voulez pas qu'on en fasse justice.

L'avis du magistrat était presque un ordre. Toutefois, avant d'obéir, Fréron voulut voir la comédie.

Dès qu'il entra dans la salle, tout le monde de crier : *l'Écossaise! l'Écossaise! donnez-nous l'Écossaise!*

Le héros de l'*Écossaise* jugea prudent de se retirer avant le lever du rideau.

Grimm, qui, à l'exemple de Voltaire, se soucie peu d'être vrai sur Fréron, pourvu qu'il fasse de l'esprit à ses dépens, nous fournit cette anecdote; mais il semble vouloir en même temps nous empêcher d'y croire, lorsqu'il ajoute que, Fréron étant arrivé à Brest, le commandant des galères lui fit demander s'il voulait prendre possession de son bénéfice. (Correspondance littéraire, 1er octobre 1765.)

Dans ce temps-là, Voltaire, qui s'occupait fort de Rousseau, laissait parler Fréron à son aise, n'opposant aux critiques de *l'Année littéraire* qu'un superbe silence. Fréron, libre du souci de se défendre et n'ayant plus qu'à attaquer, profita de cette situation pour se marier. Ce qu'il fit avant de revenir à Paris.

Suivant l'auteur des *Anecdotes,* il épousa sa nièce. Cette nièce était de Quimper-Corentin comme lui et fille d'un huissier. Elle était venue à Paris treize ou quatorze ans auparavant, et avait été placée en qualité de servante chez la sœur de Fréron. On la voyait balayer devant la boutique de sa tante, qui était fripière. Le mauvais traitement qu'elle recevait chez cette même tante engagea Fréron, qui demeurait avec sa sœur, à en sortir et à prendre avec lui, dans une chambre garnie, rue de Bussy, le petite fille avec laquelle il était en commerce. Quelque temps après,

Fréron prit des meubles. Sa nièce devint sa gouvernante. Il en eut deux enfants. Pendant la grossesse du second, il se maria par dispense.

Si ce récit est vrai, Fréron se serait marié deux fois, puisqu'on le verra tout-à-l'heure mari de la sœur de Royou, avocat au parlement de Rennes. Il aurait donc eu de sa première femme, qui était sa nièce, le fils dont Stanislas était le parrain, et qui soit dit en passant, fut un des membres trop fameux de la Convention. Il n'aurait donc pas vécu en concubinage avec elle, puisque Stanislas n'aurait sans doute jamais consenti à tenir sur les fonts de baptême un enfant illégitime. L'auteur des *Anecdotes,* dans son empressement à calomnier, témoigne ou qu'il ignorait ce fait, ou que, le sachant, il l'a tu pour ne pas affaiblir l'effet de la calomnie. D'où on peut juger du peu de foi que mérite son libelle. Il faut avouer pourtant que, sur ce dernier point, il est difficile de démêler la vérité. Ce qui paraît certain, c'est que Fréron épousa en 1767, c'est-à-dire un an après la mort de Stanislas, la sœur de l'abbé Royou et de l'avocat Royou l'historien, que Fréron dissipa la dot en débauches, et qu'il maltraitait sa femme après l'avoir ruinée.

C'est ce qui résulte d'une lettre en forme de mémoire adressée de Londres à Voltaire par l'avocat Royou. On y lit ce qui suit :

« Fréron épousa ma sœur il y a trois ans, en Bretagne. Mon père donna vingt mille livres de dot. Il les dissipa avec des filles et donna du mal à ma sœur. Après quoi il la fit partir pour Paris dans le panier du coche, et la fit coucher en chemin sur la paille. Je courus demander raison à ce malheureux ; il feignit de se repentir. Mais comme il faisait le métier d'espion et qu'il sut qu'en qualité d'avocat j'avais pris parti dans les troubles de Bretagne, il m'accusa en présence de M. de..., et obtint une lettre de cachet pour me faire enfermer. Il vint lui-même avec des archers dans la rue des Noyers, un lundi, à dix heures du matin, me fit charger de chaînes, se mit à côté de moi dans un fiacre et tint lui-même le bout de la chaîne.

« ... On peut s'informer de toutes ces particularités au sieur Royou, père du déposant, lequel demeure à Quimper ; à M. Dupont, conseiller au parlement de Rennes ; à M. Duparc, professeur royal en droit français à Rennes ; à M. Chapellier, doyen des avocats à Rennes. » (A d'Alembert, 19 mars 1770 ; Dictionnaire philosophique, au mot *Ana*.)

Tenons-nous-en à ce mariage bien et dûment constaté ; il suffit pour faire apprécier la moralité de Fréron.

Dans ce résumé rapide et sans passion des infamies dont Royou l'accuse, on ne peut méconnaître l'accent de la vérité, et, dans les témoignages honorables qu'il invoque, la certitude de n'être pas démenti. Mais la meilleure preuve que Royou disait vrai, c'est que Fréron n'osa point parler de cette affaire dans ses feuilles, ce à quoi il n'aurait pas manqué s'il eût été en état de se justifier. Par exemple, n'était-ce pas pour lui une excellente raison de l'entreprendre, que le fait de ce mémoire adressé à Voltaire, à cet ennemi si naturellement partial, si prompt à exercer ses vengeances, si indifférent sur le choix de ses armes et si facile à les prendre partout et de toutes mains, pourvu qu'il fût assuré que les coups en seraient mortels? Qui sait? En faisant ressortir avec modération, avec art, l'intervention de Voltaire dans cette querelle de famille, Fréron eût peut-être réussi à jeter des doutes dans l'esprit du public, et du doute à la négation il n'y a que la main. Fréron ne le tenta même pas.

Alors il resta démontré que la plainte de Royou était fondée. Fréron ne passa plus que pour un vil coquin. Voltaire dit qu'à présent on s'expliquait les dépenses de Fréron, qu'elles étaient les rémunérations probables de ses délations, et qu'elles lui donnaient les moyens de vivre dans la plus infime crapule. (A Élie de Beaumont, 19 mars 1770.) On en demande bien pardon à Voltaire; ce qu'il dit de l'origine des dépenses de Fréron est tout simplement absurde; car, outre que Fréron entretenait fort bien ses débauches du produit de ses feuilles, à moins qu'il n'eût été directeur-général de la police du royaume, on ne voit pas trop comment il eût soutenu sa vie dispendieuse avec les appointements d'un mouchard.

Quoi qu'il en soit, Fréron était à jamais déshonoré. Son crédit déjà fort diminué par la mort de ses deux plus puissants protecteurs, Stanislas et la reine Marie, tomba tout-à-fait. On cessa de jour en jour de souscrire à ses feuilles. Les maladies, fruits de ses déréglements, et la misère, suite naturelle de son imprévoyance, vinrent toutes à la fois le visiter.

Dans ces circonstances critiques, il pensa qu'il se relèverait peut-être dans l'opinion par un de ces actes qui attestent ou une rare impudence ou une sublime abnégation.

Il était alors de bon goût de souscrire pour la statue de Voltaire, confiée au ciseau de Pigalle. Le roi de Prusse avait souscrit, tous les philosophes de l'*Encyclopédie*, M. de Richelieu, M. de Choiseul, et beaucoup d'autres grands seigneurs avaient envoyé leur argent à madame de Necker, la trésorière de l'œuvre. J.-J. Rousseau, se trouvant à Lyon, s'était adressé à M. de La Tourette, pour faire passer à Paris son contingent. Il lui avait écrit à cette occasion la lettre suivante :

« J'apprends, monsieur, qu'on a formé le projet d'élever une statue à M. de Voltaire, et qu'on permet à tous ceux qui sont connus par quelques ouvrages imprimés de concourir à cette entreprise. J'ai payé assez cher le droit d'être admis à cet honneur pour oser y prétendre, et je vous supplie de vouloir bien interposer vos bons offices pour me faire inscrire au nombre des souscrivants...

» Je vous salue, monsieur, très-humblement et de tout mon cœur.

» Rousseau. »

Les gens de lettres, qui se réunissaient tous les vendredis chez madame Necker, contestèrent néanmoins à Rousseau le droit qu'il s'arrogeait. D'Alembert ne fut pas de leur avis, et il appuya le sien de ce singulier raisonnement : Si l'offrande de Rousseau était indispensable pour l'érection de la statue, on conçoit qu'on pourrait se faire une peine de l'accepter ; mais qu'il souscrive ou non, la statue n'en sera pas moins érigée ; ce n'est plus qu'un hommage qu'il rend à Voltaire et une espèce de réparation qu'il lui fait. (Lettre de d'Alembert, 2 juillet 1770.) D'après cette belle considération, l'argent de Rousseau, nonobstant l'opposition obstinée de Voltaire, fut accepté.

Fréron s'étant reconnu le même droit que Rousseau, offrit donc sa souscription, et avec lui la Beaumelle et Palissot. Ils furent repoussés tous trois sans débat. Il y a apparence que leurs offres, faites avant qu'il ait été pris une décision sur Rousseau, fut une des causes qui déterminèrent le vote des commissaires en faveur de ce dernier, la Beaumelle, Fréron et Palissot étant de trop petits compagnons littéraires, pour qu'il eût été juste de mettre Rousseau dans la même catégorie que ces messieurs. (A d'Alembert, 2 juillet 1770 ; Correspondance littéraire de Grimm, 16 juin 1770.)

Vers le même temps, on écrivit de Paris à Voltaire, pour tâcher d'empoisonner son plaisir, que ce n'était point à l'auteur de la *Henriade*, de *Zaïre*, etc., qu'on élevait ce monument, mais au destructeur de la religion. Voltaire, justement inquiet, demande à d'Alembert ce qu'il doit croire de ce bruit, et lui signale madame du Deffant comme l'auteur de la lettre où il en est question.

« Soyez sûr, lui répond d'Alembert, que madame du Deffant, qui vous a écrit cette noirceur, est bien moins votre amie que nous; qu'elle lit et applaudit les feuilles de Fréron, et qu'elle en cite avec éloge les méchancetés qui vous regardent. C'est de quoi j'ai été témoin plusieurs fois. Ne la croyez donc pas dans les méchancetés qu'elle vous écrit. » (Lettre de d'Alembert, 2 juillet 1770.)

Là-dessus, Voltaire soupçonne immédiatement Fréron d'avoir calomnié près de madame du Deffant l'intention de ses amis. Il y a à parier qu'il ne se trompait pas. Il demande donc que la conduite de ce misérable soit approfondie, et que l'on connaisse ce folliculaire qui a été si longtemps l'oracle de madame du Deffant. (A d'Alembert, 7 juillet 1770.)

C'est ce que j'ai fait. J'ai feuilleté *l'Année littéraire* de 1770, et je n'y ai trouvé qu'un extrait de *l'Observateur Français à Londres*, relatif à la souscription, qui n'a rien de personnel à Fréron, et que celui-ci n'a cité que parce qu'il se termine par une réflexion sur l'impuissance où sont les génies universels de ne rien faire avec perfection. (Année littéraire, 1770, t. VII, pag. 123.) Ainsi, la calomnie de Fréron, si calomnie il y a, n'avait été que verbale; seulement, elle avait été déposée dans une oreille sûre, conformément à ce principe que le succès d'une méchanceté dépend plus de l'oreille qui l'entend que de la langue qui l'a dite.

Cependant, le mémoire de Royou circulait dans

le public, et y surexcitait les haines au plus haut degré. On réimprima les *Anecdotes*, avec un supplément, et le terrible mémoire à la suite. Jamais on n'avait spéculé sur la honte d'un homme avec tant d'acharnement, et il faut le dire, avec tant de succès.

Il y a apparence que Voltaire n'eut point de part à cette réimpression. Néanmoins, on ne laissait pas que de l'accuser d'y avoir trempé, par la certitude où l'on croyait être qu'il avait été le premier éditeur. Ses dénégations à cet égard étaient très-vives, mais n'étaient pas toujours claires, ni surtout généreuses. On voit très-bien que ce fut Thiriot qui, le premier, lui envoya les *Anecdotes*, mais on ne devine pas si c'en était la rédaction définitive ou simplement le canevas. Cette dernière supposition est la plus probable. Mais le lâche Thiriot, qui savait très-bien ce qu'il en était, ne cherchait qu'à s'effacer et défendait faiblement son ami contre l'imputation dont il était l'objet. Voltaire avait beau invoquer son témoignage, le menacer même de produire l'original des *Anecdotes* qu'il tenait de lui, Thiriot, et de se décharger aux dépens de qui de droit, Thiriot faisait la sourde oreille ou ne s'exécutait qu'à demi. Les choses en vinrent à ce point, que La Harpe, sur le compte duquel Voltaire avait mis les *Anecdotes*, jusque-là, disait-il, qu'elles étaient écrites de sa main, La Harpe, averti par la rumeur publique, réclama et obtint de Voltaire des explications qui le satisfirent. Mais soit qu'elles n'aient pas été complètes, ou que, l'ayant été pour La Harpe, elles ne le fussent pas encore pour le public, six ou sept ans après, La Harpe, inculpé de nouveau, protesta avec énergie et se plaignit si hautement à ses amis, que d'Alembert crut devoir en avertir Voltaire. Dans sa réponse, Voltaire persiste à nier qu'il soit l'auteur des *Anecdotes*; il lui importe, dit-il, avant tout qu'on en soit bien convaincu, montrant par là plus d'empressement à se disculper qu'à défendre La Harpe d'une calomnie que lui, Voltaire, tout le premier, avait si fort contribué à répandre. Ces *Anecdotes*, selon lui, sont quelque chose de si bas, de si misérable, de si crasseux; c'est un ramas si dégoûtant d'aventures de halles et de sacristies, qu'il n'y avait qu'un porte-dieu ou un crocheteur qui ait pu écrire une pareille histoire. Il annonça depuis à d'Alembert qu'il en avait quelque part un exemplaire que Thiriot, le fureteur, lui avait envoyé, et que, dès qu'il trouverait ce rogaton, il le ferait parvenir à La Harpe. Il écrivit enfin à celui-ci :

« Soyez persuadé qu'il n'y a personne dans la littérature d'assez vil et d'assez insensé pour vous attribuer jamais ces *Anecdotes* sur feu Zoïle Fréron. Il n'y a qu'un colporteur qui puisse les avoir écrites, et ce n'est pas à l'auteur de *Warwich* et de *Mélanie* qu'on pourra jamais attribuer de pareilles misères. » (A La Harpe, 8 avril 1777; à d'Alembert, 8 avril 1777; à Lebrun, 6 février 1764 ; à Thiriot, 8 auguste 1774.)

Pendant que ces messieurs s'accusaient, se désavouaient et se justifiaient les uns les autres, Fréron demeurait sous le coup d'imputations horribles qu'il n'osait ni dénoncer au magistrat, ni même discuter, laissant ainsi le public en penser tout ce qu'il lui plairait. Or, en matière de diffamation, le public commence par tout croire, et n'en rabat rien si l'on ne l'éclaire aussitôt. Encore, la lumière étant faite et les méchants propos réfutés, en reste-t-il toujours quelque chose, comme dit Basile.

Fréron ne s'en apercevait que trop. Non-seulement il voyait fondre ses abonnés comme la neige au soleil, mais encore les articles qu'il avait lieu de croire les plus propres à intéresser le lecteur, étaient gardés un temps indéfini par les censeurs ou même supprimés tout-à-fait. Obligé donc de les refaire à nouveau ou d'en composer d'autres, ceux-ci se ressentaient de la précipitation qu'il mettait à son travail pour que ses feuilles parussent au jour prescrit, et ils étaient par conséquent plus négligés. Il gémissait de cet état de choses et de son impuissance à y remédier, lorsqu'il fit une découverte qui lui permit d'attribuer la déchéance de ses feuilles à autre chose encore qu'à sa négligence et à sa mauvaise réputation.

C'est ce qu'on verra dans le chapitre suivant.

CHAPITRE VIII.

On a vu que la négligence et la mauvaise renommée de Fréron n'étaient pas les seules causes du discrédit dans lequel ses feuilles étaient tombées; on va voir maintenant quelles étaient les autres et comment il en fit la découverte.

Comme il s'agit ici d'un des traits les plus piquants de mœurs littéraires du xviiie siècle, ce qu'on a de mieux à faire est de laisser parler l'homme qui en fut à la fois le type le plus caractéristique et le moins noble, en même temps que la plus éclatante victime.

« Les philosophes, dit Fréron, M. de Voltaire à leur tête, crient sans cesse à la persécution, et ce sont eux-mêmes qui m'ont persécuté de toute leur fureur et de toute leur adresse. Je ne vous parle plus des libelles abominables qu'ils ont publiés contre moi, de leur acharnement à décrier ces malheureuses feuilles..... de leurs efforts pour me rendre odieux au gouvernement, de leur satisfaction lorsqu'ils ont pu réussir à me faire interdire mon travail, et quelquefois même à me ravir la liberté de ma personne. Malheureusement, dans le moment qu'ils se flattaient d'être délivrés d'un Aristarque incommode, je reparaissais sur l'arène avec l'ardeur d'un athlète, dont quelques blessures, que des lâches lui ont faites en trahison, ranimaient le courage, au lieu de l'abattre.

« Le grand but qu'ils se proposaient était l'extinction d'un journal où je respecte aussi peu leur doctrine détestable que leur style emphatique, où faible roseau, j'ai l'insolence de ne pas plier devant ces cèdres majestueux.

« Désespérés de ne pouvoir faire supprimer ces feuilles, ils formèrent le projet de les faire tomber, et vous conviendrez, monsieur, quand vous en serez instruit, qu'ils s'y prirent très-habilement pour couronner ce dessein d'une heureuse exécution.

« Le détail de cette anecdote ne vous ennuiera pas. »

Après une esquisse éloquente et rapide que Fréron trace de lui-même, où il se garde bien de se dire tel qu'il est, mais, où en se peignant tel qu'il n'est pas, il fait de Voltaire, sans le nommer, un portrait plein de vie et de ressemblance, il continue :

« Un censeur, nommé par le chef de la justice, a toujours mis à mes ouvrages le sceau de son approbation. Feu M. l'abbé Trublet fut chargé pendant longtemps de les examiner. Mais fatigué des plaintes importunes des auteurs qui sans cesse lui faisaient des reproches de mes critiques, il m'annonça que son repos ne lui en permettait plus la révision. Je demandai un autre censeur, et pour le mettre à couvert des criailleries de la tourbe des écrivailleurs, je priai le magistrat qui présidait alors à la librairie de

m'en donner un qui gardât l'anonyme. Le magistrat
goûta cet expédient ; mais il ajouta qu'il ne fallait
pas que je susse moi-même le nom du censeur, afin
que lorsqu'il se croirait obligé de me rayer quelques
traits, il fût inaccessible à mes instances pour les lui
faire passer. On régla donc que ce censeur ne serait
connu que du magistrat et d'une autre personne que
je connaîtrais, à qui je remettrais mes articles, qui
serait chargée de les donner au censeur, et de les retirer de ses mains, lorsqu'il les aurait approuvés.

« Je n'eus lieu que de m'applaudir pendant plusieurs années de cet arrangement. Mais l'officieux
médiateur s'étant démis de cet emploi, un autre que
je connaissais encore prit sa place. J'ignorais qu'il
fût l'ami de mes ennemis. Ils lui firent part d'un
moyen neuf et admirable, qu'ils avaient imaginé
pour dégoûter le public de mon ouvrage : c'était de
me renvoyer tous mes articles un peu saillants, sans
les faire voir au censeur, en me marquant que ce dernier leur refusait son approbation.

« Cette heureuse idée fut merveilleusement remplie. Toutes les fois que, dans mes extraits, je m'avisais de m'égayer aux dépens de quelque grand ou
petit philosophe, le nouveau facteur me les rendait
et ne manquait pas de me dire d'un air touché que
le censeur ne voulait pas en entendre parler.

« .... Ce cruel manége a duré près de quatre ans.
Enfin j'y soupçonnai quelque mystère. Il ne me paraissait pas naturel qu'il y eût en France un censeur
assez déraisonnable pour condamner des critiques,
quelquefois un peu vives, à la vérité, mais toujours

renfermées dans les bornes prescrites. Je confiai ma pensée au magistrat sage, honnête, intègre autant qu'éclairé, qui, sous les ordres de M. le chancelier, veille aujourd'hui sur le département de la librairie. Il daigna m'écouter avec intérêt, et promit de me rendre justice. Je lui laissai tous les articles qu'on avait impitoyablement proscrits. Il les fit passer à mon censeur, accompagnés d'une lettre par laquelle il lui demandait pourquoi il ne les avait pas approuvés. Le lendemain le censeur rapporta ces articles au magistrat, en lui protestant que jamais on ne les lui avait envoyés, que c'était pour la première fois qu'il les avait lus, et qu'il n'y trouvait rien qui lui parût devoir en empêcher l'impression. Je saisis cette circonstance pour solliciter que l'on me permit de connaître mon approbateur et de lui adresser moi-même mes ouvrages; ce qui me fut accordé. » (Année littéraire, 1772, t. 1, pag. 3-10.)

Il y a deux réflexions à faire sur ce passage; la première est que, dans un siècle qui avait la prétention fondée de ne rien admettre sur parole, de tout examiner, de tout approfondir, de tout contrôler, la secte éminente investie de cette haute mission se soit méprise à ce point, qu'elle ait non-seulement dénié à ceux dont elle combattait les préjugés, le droit de se défendre eux-mêmes avec les mêmes armes, mais qu'elle ait employé, pour les réduire au silence, des moyens auxquels l'impuissance elle-même, poussée à bout, aurait eu honte de recourir.

La seconde est qu'il se soit rencontré un homme qui, assez courageux pour n'être pas de l'avis de cette secte vindicative, et trop faible pour pouvoir se soustraire à ses persécutions, n'ait jamais permis à sa plainte de prendre le ton de l'invective, et qu'il ait au contraire montré une telle modération, une si grande simplicité, que l'innocence la plus pure et la plus incontestable n'a pas un langage plus décent ni plus persuasif.

La haine de Voltaire et des encyclopédistes est honteuse. Ils étaient sans contredit les plus forts par le nombre et par le talent, et toutefois tous leurs efforts, toutes leurs intrigues n'avaient qu'un but, celui d'accabler Fréron sous le poids de la force brutale. On ne voit pas qu'il y en ait un seul qui daigne raisonner avec lui, si ce n'est Marmontel. Encore, ne s'y exposa-t-il qu'une fois, à l'occasion de sa tragédie de *Denys le tyran*, que Fréron avait critiquée. (Lettres sur quelques écrits de ce temps, t. 1, pag. 104 et suiv.) Il se repentit bientôt après de cette condescendance, et ne fit plus entendre sa voix contre Fréron que mêlée à celle des philosophes.

Et pourtant ce Fréron, traqué par eux comme une bête fauve, odieux à Voltaire qui ne pouvait, disait-il, s'accoutumer à le voir protégé (A d'Alembert, 16 juillet 1770.), qualifié par le même de lâche scélérat qu'il était aussi important pour tous les gens de lettres de faire connaître qu'il l'était aux pères de famille de faire connaître Cartouche ; ce Fréron opposant à toutes les injures la patience d'un Socrate, discutait avec un admirable sang-froid le mérite littéraire des pamphlets où ils travaillaient à le déshonorer ; et, peu sensible à l'accusation d'ignorance qu'ils portaient sans cesse contre lui, il s'attachait à les convaincre qu'en fait de bon goût, de tenue et de savoir-vivre, il était plus riche à lui seul, quand il le voulait, que tout leur bataillon réuni.

Il est vrai que ses mœurs étaient détestables et que les gens les plus touchés de son esprit se montraient difficiles sur les rapports avec sa personne. Mais, outre que les vices de Fréron étaient ceux de son temps, et que l'espèce de ministère public dont il était revêtu leur donnait des proportions qu'ils n'eussent pas eues dans un simple particulier, il valait apparemment mieux que sa réputation ; et quand par hasard ou autrement on était mis en contact avec lui, la répulsion dont il avait été l'objet s'évanouissait tout-à-coup pour faire place à un sentiment tout opposé. Qu'on en juge par ce trait :

Un de ses amis se proposa un jour de faire revenir sur son compte une femme de considération (Madame la présidente d'Aligre) qui, à force d'entendre parler mal de Fréron, avait fini par se le représenter comme une sorte de monstre. L'ami le mena donc chez elle sous un nom emprunté. La présidente le trouva charmant. On fit tomber la conversation sur le journaliste, et Fréron fut le premier à rire à ses dépens de la meilleure grâce du monde. La plaisanterie étant bien soutenue, la maîtresse de la maison s'engoua si fort de l'inconnu, qu'elle l'engagea à revenir souvent ; ce que l'autre promit. Un tiers, à qui on avait donné le mot, entra, comme pour rendre une visite, et, après les premiers compliments, s'écria :

— Comment! monsieur Fréron chez vous, madame? Je vous félicite d'avoir triomphé de votre antipathie ; vous n'aurez pas lieu de vous en repentir et vous y gagnerez un commensal très-aimable.

La présidente fut si étourdie un moment, qu'elle avait presque envie de se fâcher de la supercherie. Elle aima mieux s'en tirer en femme d'esprit.

— Ma foi! dit-elle à l'étranger, fussiez-vous le diable ou Fréron, je ne puis m'empêcher de vous rendre justice et de vous aimer beaucoup. Je vous remercie même de la leçon; vous m'apprenez à ne point juger sur parole et à n'avoir ni préjugé, ni prévention.

Une preuve cependant que Fréron baissait et dans son crédit et dans son talent, c'est que, dans ce temps-là, aux collaborateurs déjà très-nombreux qu'il avait associés à son œuvre, on l'avait forcé, à ce qu'il paraît, d'en ajouter d'autres, comme on envoie des renforts à une armée, quand on doute que celui qui la commande soit en état de suppléer le nombre par le génie.

C'est peut-être à cette circonstance que Voltaire fait allusion lorsqu'il écrit à d'Alembert, le 11 octobre 1770 :

« On mande que le ministère a donné quatre à cinq mille livres de rentes à des gens de lettres, sur l'évêché de Fréron (Année littéraire). Cet homme qui ne devrait être qu'évêque des champs, a donc vingt-quatre mille livres de rentes pour dire des sottises !

Et il ajoute trois vers de Claudien (I, *in Rufinum*), dont le sens est celui-ci :

« Deux sentiments ont souvent partagé mon esprit incertain si les dieux veillent sur la terre, ou si la terre, sans arbitre suprême, est le jouet d'un aveugle hasard. »

Or, il ne résulterait pas seulement de ceci, que l'ancienne confiance qu'on avait dans la capacité de Fréron était diminuée, mais encore qu'il touchait une subvention, apparemment sur les fonds secrets de la librairie. Voilà, il faut en convenir, une belle garantie d'impartialité !

On aimerait à penser que ce fait est aussi de l'invention de Voltaire. Cependant il y a grande apparence qu'il est vrai, d'abord, à cause de la circonstance particulière (le prélèvement des quatre ou cinq mille livres qui l'accompagne et qui devait être de notoriété publique), ensuite, parce qu'au point de déconsidération où en était Fréron, une saleté de plus ne lui coûtait guère, pourvu qu'il en tirât de l'argent, enfin, parce qu'il savait bien que son impartialité, fût-elle la plus désintéressée du monde, ne le préserverait pas de l'accusation du contraire, et qu'en donnant raison sur un point aux méchants propos de ses ennemis, il leur laisserait encore assez de calomnies sur la conscience pour qu'on ne lui en voulût pas davantage, s'il leur arrivait, une fois par hasard, de dire sur lui la vérité.

Au commencement de l'année 1773, le bruit courut de la mort de Fréron.

« On nous annonce que Fréron vient de mourir,

dit Voltaire ; c'est une terrible perte pour les belles-lettres et la probité. On dit que tous les écrivains des Charniers, Clément à la tête, se disputent cette belle place. Elle n'en était point une, elle l'est devenue. La méchanceté l'a rendue très-lucrative. J'imagine qu'il ne serait pas mal qu'on prévint M. le chancelier ; il ne voudra pas déshonorer à ce point la littérature. » (A d'Alembert; 12 février 1773.)

Ce Clément était un homme qui avait publié des *Lettres à Voltaire*, sur les principaux ouvrages poétiques de ce monarque de la littérature. Ses lettres forment trois volumes in-8, où Voltaire est peu ménagé. Celui-ci l'appelait l'*Inclément*. Le style de ces trois volumes est dur, incorrect, sans esprit, et, sous ce triple rapport, peu propre à recommander l'auteur au titre de successeur de Fréron. Néanmoins, Voltaire l'appréhendait, parce qu'avec moins de talent que Fréron, Clément s'annonçait avec une égale fécondité. Voltaire en fut quitte pour la peur : Fréron ne mourut pas encore.

Loin de là, pour ôter à Voltaire la crainte de tomber en des mains plus redoutables que les siennes, il publia le commentaire de la *Henriade*, par la Beaumelle, commentaire où l'auteur, ne se bornant pas au rôle de critique, avait eu la prétention de refaire plusieurs chants du poème de Voltaire. Cette falsification impudente avait eu pour effet la saisie de l'ouvrage en 1769.

Cette circonstance n'effraya pas Fréron, et le commentaire, revu et corrigé par lui, reparut en 1775.

Ce fut comme le testament littéraire de Fréron. Il était même tellement malade quand il le publia, que son corps, ayant perdu tout son embonpoint, offrait déjà les indices de sa destruction prochaine. C'est pourquoi d'Alembert, avec un mauvais ton qui n'était pas dans sa nature délicate et distinguée, mais qu'il empruntait à son insu à la correspondance de Voltaire, appelait cette édition de la *Henriade* une « infamie de l'ombre de la Beaumelle menée par le squelette de Fréron. » (Lettre de d'Alembert, 18 auguste 1775.)

Pour Voltaire, il n'en fut que médiocrement affecté, et son esprit venant au secours de sa philosophie, il finit par prendre la chose assez gaîment. C'est ce qu'il sera facile de reconnaître à la manière dont il accueillit le zèle d'un de ses plus ardents défenseurs, du jeune François de Neufchâteau qui avait fait un mémoire dans lequel il dénonçait l'attentat de Fréron, et qui avait écrit à Voltaire pour le prier de l'autoriser à poursuivre cette canaille morte et vivante.

« Si vous voyez M. de Neufchâteau, répond Voltaire à d'Alembert (24 auguste 1775), dites-lui, je vous en prie, combien je suis touché de son amitié courageuse ; mais détournez-le d'intenter un procès qui serait ridicule. Il se peut très-bien que Fréron et la Beaumelle aient fait une *Henriade* meilleure que la mienne, rien n'est plus aisé. Il n'y a pas moyen de présenter requête au conseil pour obtenir qu'on préfère ma *Henriade* à celle de Fréron. Cette démarche serait d'ailleurs contre les principes de M. Turgot, qui donne toute liberté aux marchands de livres comme aux marchands de blé.

« Considérez encore, s'il vous plaît, que la loi du talion est en vigueur dans la république des lettres. Je me suis tant moqué de l'ami Fréron, qu'il est bien juste qu'il me le rende. Si M. de Neufchâteau veut prendre un parti et combattre en ma faveur, et en champ clos dans le *Mercure* ou dans quelque autre des mille et un journaux qui paraissent toutes les semaines, cela pourra faire un grand effet sur l'esprit de trois ou quatre lecteurs désintéressés, et je lui en témoignerai ma juste reconnaissance. »

Cette résignation de Voltaire, qui n'est que de la plus stricte équité, lui venait bien tard. Mais déjà, quoique vieux lui-même, il pressentait que Fréron le devancerait vers la mort, et la joie de survivre à cet ennemi qui avait si fort troublé son orgueil pendant plus de trente ans, lui faisait accepter ses derniers coups avec grâce, comme ceux d'un adversaire qu'il aurait toujours honoré.

Fréron était abîmé de dettes; ses créanciers le poursuivaient : ses meubles étaient saisis ; il se voyait à la veille d'être réduit à coucher sur la paille ou à demander un lit à l'hôpital, lorsqu'il apprit que M. de Malesherbes, harcelé par ses ennemis, par les encyclopédistes et par la cabale de Voltaire, était décidé à supprimer ses feuilles pour 1776. Il reçut cette nouvelle à la Comédie. Il avait copieusement dîné, selon sa coutume. Une indigestion terrible se déclara. Sa femme était allée à Versailles solliciter et essayer de parer le coup qui le menaçait; elle avait fait agir ses protecteurs et enfin réussi, lorsqu'à son retour elle trouva son mari mort. La goutte était remontée à l'estomac.

Ainsi mourut Fréron, le 10 mars 1776, à l'âge d'environ cinquante-cinq ans. On rapporte qu'étant sur le point d'expirer, il dit, en parlant de sa mort : « C'est un malheur particulier qui ne doit détourner personne de la défense de la monarchie; le salut de tous est attaché au sien. »

Paroles prophétiques, mais qu'on a lieu de croire lui avoir été gratuitement attribuées, n'y ayant rien dans tout ce qu'il a écrit qui le représente comme le champion du trône. Seule, au contraire, la république des lettres était son obligée; seule, elle perdait quelque chose à la mort du critique et n'avait pas moins besoin de défenseurs et d'amis que la royauté.

CHAPITRE IX.

L'auteur de la *Vie polémique* de Voltaire, écrivain dont j'ignore et dont il n'importe guère de savoir le nom, mais qui pousse la partialité contre le poète jusqu'à l'injustice, trace ce tableau assez vif et souvent vrai de la lutte engagée entre le journaliste et le poète.

« Comme chez certains peuples de l'Orient, il y avait un officier chargé d'avertir tous les jours les rois, à leur réveil, qu'au milieu de leur vaine gloire et de leurs flatteurs ils n'étaient que des hommes, M. Fréron n'a pas craint de prendre sur lui cet emploi à l'égard du héros de la littérature.

» Il n'est donc pas étonnant que M. de Voltaire, plus despote dans le monde littéraire que ces monarques orientaux,

Qui de l'Asie esclave, oppresseurs arbitraires,
Pensent ne bien régner qu'en étranglant leurs frères,

se soit déchaîné avec tant de fureur contre Fréron. Possédé de tout temps de la manie de dominer, d'établir des lois, de prescrire des règles, de réformer le goût, de subjuguer les talents, de dégrader les mérites, d'assigner les rangs, de renverser les dogmes, d'assujétir les esprits, d'exclure les suffrages, de devenir, en un mot, l'Alexandre du monde littéraire, il a trouvé dans le journaliste un Callisthène qui lui a dit constamment : *Non, vous n'êtes pas un Dieu.* Le héros s'est fâché; Jupiter a tonné. Mais, en riant de ses foudres, on lui a dit comme Lucien : *Jupiter, tu te fâches? donc tu as tort.* Non-seulement on a dit à ce Jupiter : Tu as tort, mais on l'a prouvé; et, s'il eût éte sage, il n'aurait pas fourni de quoi le prouver encore.

» M. de Voltaire a voulu passer pour inventeur, et M. Fréron a fait connaître ses plagiats.

» M. de Voltaire a voulu passer pour critique, et M. Fréron a démontré ses bévues.

» M. de Voltaire a voulu passer pour le premier de nos poètes et de nos orateurs, dans un ouvrage qu'il avait publié sous le nom d'autrui; et M. Fréron, après l'avoir démasqué, l'a remis à sa véritable place.

» M. de Voltaire a voulu passer pour bon poète épique, et M. Fréron a fait voir que de beaux vers ne suffisaient pas pour mériter ce titre.

» M. de Voltaire a voulu passer pour le plus grand de nos tragiques, et M. Fréron a fait voir qu'il était bien au-dessous de Corneille et de Racine.

» M. de Voltaire a voulu passer pour bon comique, et M. Fréron, appelé par lui tant de fois *bâtard* de Desfontaines, l'a fait reconnaître plus évidemment pour *bâtard* de Thalie.

» M. de Voltaire s'est vanté d'avoir porté le flambeau de la vérité dans l'histoire, et M. Fréron a fait voir qu'il n'y avait porté qu'une lanterne et même une lanterne sourde.

» M. de Voltaire s'est érigé en réformateur, et M. Fréron l'a réformé lui-même.

» M. de Voltaire a voulu être théologien, et M. Fréron lui a appris son catéchisme,

» M. de Voltaire a voulu enfin parler de tout, et M. Fréron, toujours intrépide, l'a suivi partout, a répliqué à tout, et s'est moqué de tout. »

Le lecteur impartial saura bien, dans cette peinture, démêler le faux d'avec le vrai. Mais on doit convenir qu'ici le vrai l'emporte sur le faux.

Doué d'un esprit impétueux et envahisseur, Voltaire ne suivait pas seulement son instinct, en étant un littérateur universel, il croyait aussi remplir une mission et il s'en acquittait avec la foi robuste d'un apôtre, jointe à une volonté inflexible, à une ambition sans frein. Pour lui sa facilité à concevoir les choses était une preuve de génie, et il ne doutait pas que tout ne lui fût permis, parce qu'après s'être essayé dans tout, tout lui avait réussi. Ce n'est pas qu'au regard de certains ouvrages dont la fortune singulière n'était pas en rapport avec leur peu de mérite, il n'eût la conscience de leur imperfection ; mais alors tous ses efforts tendaient à ce que les jugements surpris au public, devinssent des arrêts définitifs et sans appel. Pour y parvenir il usait d'un procédé tout simple mais infaillible ; il produisait beaucoup, convaincu que la curiosité, détournée sur ses nouveaux ouvrages, n'aurait ni le temps, ni le loisir de se reporter vers les anciens.

Il fut le premier peut-être, depuis les grands et modestes écrivains du siècle de Louis XIV, qui ait regardé comme un brevet de génie la faveur de ses contemporains; il fut le premier à s'en faire un argument, non-seulement contre ses détracteurs, mais encore contre les doutes qu'il aurait pu former sur soi-même. Aussi, ce préjugé l'entraina-t-il plus d'une fois à considérer les critiques dont il était l'objet comme des attentats à la littérature même incarnée dans sa personne. Quand, fatigué des attaques de ses adversaires, ou que, dégoûté de les avoir parées longtemps sans succès, il invoquait contre elles une répression juridique, c'était moins en son nom qu'il formulait sa plainte qu'au nom de la morale publique. C'est pourquoi il reproche si souvent et si durement à M. de Malesherbes sa faiblesse ou sa tolérance pour Fréron, et qu'il va jusqu'à le rendre responsable des malheurs qui pourront en résulter pour la société. Eh quoi! la tolérance pour un pauvre critique littéraire, pour un peseur de mots, pour un éplucheur de syllabes, comme dit Rabelais, était un crime; et il y allait du salut de l'État! Et l'homme qui parlait ainsi, imprimait et réimprimait la *Pucelle*, multipliait les éditions clandestines du *Dictionnaire philosophique,* faisait condamner par son crédit un prêtre aux galères, en regrettant de n'avoir pu le faire pendre, ruinait les parlements en les forçant d'avouer leur imbécillité ou leur fanatisme par la réhabilitation de Calas et la révision du procès d'Étalondes! N'est-il pas étrange de voir cet homme si inquiet du salut de cette société dont il sapait avec tant de persévérance les antiques fondements?

Son excessif orgueil explique ces contradictions. Voltaire le puisait dans sa supériorité acceptée, sinon réelle sur tous ses rivaux; il le justifiait par la qualité de ses relations, de ses amis, lesquels étaient les plus distingués du pays, s'ils n'en étaient pas les plus estimés; il l'appuyait de sa grande fortune, honteux et vain appui, sur la foi duquel il s'accoutuma à mesurer le talent des autres selon leurs moyens d'existence, et à conclure que plus on était pauvre, plus on était sot.

Quoiqu'il fût irascible en proportion de ce qu'il était orgueilleux, il semble que sa colère et sa vanité n'étaient pas les seuls défauts qui l'aveuglassent et qui l'empêchassent de bien apprécier les devoirs de l'écrivain et les droits de la critique. D'un autre côté, il est difficile de croire qu'il ne devinât pas toutes les conséquences d'un bienfait dont il usait lui-même si largement; l'indépendance de la pensée. Cependant ses appels incessants à la force brutale, ses menaces de procès criminels, cette satisfaction déhontée qu'il témoignait, quand Fréron était séquestré, tout cela rapproché des moyens qu'il avait de se venger avec sa plume et de l'usage qu'il en a fait, implique chez lui une si étrange confusion des mots et des choses, qu'on est parfois tenté d'y reconnaître une ignorance complète, et des obligations de sa profession, et du contrôle que chacun était en droit d'y apporter. Peut-être que, comme par le changement du nom d'Arouet en celui de Voltaire, par la jouissance de quatre-vingt mille livres de rentes, et par la possession de deux ou trois terres seigneuriales, il s'était cru légitimement investi des priviléges de la noblesse, de même ne voyant dans la littérature qu'une aristocratie dont il était le chef, il voulut assimiler le commun des gens de lettres à des vassaux, exercer sur eux le droit de haute et basse justice et leur interdire toute observation sur ce qu'il aurait souverainement décidé. Si cela est, on commence à comprendre le despotisme inconséquent de Voltaire. Mais Fréron n'entendait pas qu'il en fût ainsi.

Dès son début dans la carrière littéraire, Fréron, à l'exemple de Desfontaines, avait montré un grand respect et même un certain enthousiasme pour Voltaire. Ses jugements sur cet écrivain se rapprochaient alors bien plus du panégyrique que de la censure. Il avait droit de s'attendre à des remerciments. Quelle fut sa surprise, lorsque après avoir écrit, en 1742, une lettre à Voltaire, et par cette avance, témoigné le désir d'entrer en correspondance avec lui, il n'en reçut pas de réponse! Voltaire donne pour raison de son silence qu'ayant entendu parler des mœurs de Fréron (Dictionnaire philosophique, au mot ANA), il n'avait pas voulu lui répondre. Il est plus probable que Voltaire, voyant qu'il avait affaire à un critique de l'école de Desfontaines, et se rappelant le mauvais succès de ses anciennes complaisances pour celui-ci, craignit la même ingratitude de la part de l'élève que de celle du maître, et aima mieux tout de suite mépriser Fréron sans le connaître, que de courir le risque de l'estimer en faisant connaissance avec lui. Fréron le sentit. De là, au rapport de Voltaire (ibid.), l'origine de toutes les calomnies (lisez critiques) que le journaliste débita contre lui dans ses feuilles.

Quoi qu'il en soit, Fréron se départit peu à peu du système de louer exclusivement Voltaire, et il commença d'assaisonner ses éloges de critiques vives et décidées.

Il continua sur ce pied jusqu'à la fin. Il était trop habile pour écrire des pamphlets contre Voltaire : car, outre qu'un pamphlet perd beaucoup de sa force par la forme anonyme à l'ombre de laquelle il se cache, ceux dont Voltaire avait été l'objet lui avaient toujours fait plus de bien que de mal. Le comble de l'art était donc de produire par la seule critique des œuvres littéraires du poète philosophe le même résultat qu'on eût obtenu par des pamphlets contre sa personne, c'est-à-dire de le vexer, de l'exaspérer, sans tomber sous le coup de la loi criminelle.

C'est ce que fit Fréron. D'ailleurs, le sort de Desfontaines, auquel le pamphlet n'avait pas porté bonheur, l'invitait à la circonspection, à la prudence.

Sa tactique consistait à voltiger sur les flancs de l'ennemi et à le harceler. Lorsqu'enfin le chef se décidait à sortir de son orgueilleuse inaction et tirait l'épée, Fréron le laissant s'escrimer à vide, se dérobait tout-à-coup. Mais bientôt il reparaissait sur les derrières de l'armée où les encyclopédistes veillaient à la garde des bagages, et il les battait en détail avant que Voltaire ait eu le temps de venir à leur aide.

Marmontel et La Harpe étaient ceux dont la faiblesse lui offrait le plus de facilité pour vaincre. Aussi, étaient-ils fort maltraités. Fréron ne leur laissait pas un moment de repos, et, s'ils ne moururent pas de ses blessures, c'est que Voltaire n'ayant pu les prévenir, prenait lui-même le soin de les panser.

On conçoit que, dans cette guerre de tous les instants, Fréron ait acquis une connaissance parfaite du caractère et du tempérament de son ennemi. Il vit qu'une susceptibilité chatouilleuse à l'excès et une soif de louanges inextinguible en étaient le fond, et il s'appliqua à irriter l'un, sans négliger toutefois d'apaiser l'autre de temps en temps. Fréron savait que pour les hommes pétris d'un certain orgueil, la louange qui sert de passe-port à la critique est plus amère que la critique même; il louait Voltaire dans le but de réveiller en lui ce sentiment, et il avait de plus la satisfaction de paraître impartial.

En même temps que, par une appréciation du talent de Voltaire en gros, il reconnaissait en lui un écrivain supérieur, il s'efforçait de démontrer par l'analyse que Voltaire était inférieur non-seulement aux écrivains du siècle de Louis XIV, mais qu'en beaucoup de parties il l'était encore à ses contemporains.

D'une part, il l'aidait à se dresser un piédestal de granit, de l'autre, il le lui retirait ou le réduisait à la hauteur d'un escabeau de bois.

Voltaire avait-il intérêt à se cacher sous le voile de l'anonyme ou du pseudonyme, Fréron ne lui disait pas grossièrement : Beau masque, je te connais; il lui infligeait le supplice de tourner lentement autour de lui, de l'examiner, de le palper, d'user de ruse pour le faire parler, de mille précautions pour détacher son masque; il le lui arrachait enfin dès qu'il s'apercevait qu'on n'était pas dupe de cette inquisition et qu'on soupçonnait l'inquisiteur d'être plus instruit qu'il ne paraissait l'être.

Au contraire, quand Fréron avait quelque raison de croire que Voltaire serait charmé d'être deviné par lui, il jouait l'ignorance à merveille. Ainsi, dans l'examen qu'il fait de l'*Écossaise*, donnée sous le pseudonyme de Hume, il recherche avec un soin minutieux si cette pièce est traduite en effet du théâtre anglais et quel est ce monsieur Hume qui l'a composée. Mais comme il serait fâcheux pour lui de faire croire qu'il ne connaît pas la littérature dramatique anglaise, et qu'en feignant de prendre l'*Écossaise* pour une pièce qui lui appartienne il donnerait lieu à une accusation de cette nature, il conclut que la pièce est d'origine française, mais qu'elle est si pauvrement écrite, si dépourvue d'esprit et d'intrigue, si chamarrée de lambeaux dérobés aux uns et aux autres, si mal conduite, si indigne enfin d'un auteur qui aurait quelque habitude d'écrire et tant soit peu de goût, qu'il est impossible que M. de Voltaire l'ait faite, et que le bruit qui en court est une de ces mille et une calomnies dont on se plaît à noircir la vie de cet honnête homme.

Bien des gens ont lu Voltaire, qui n'oseraient l'accuser de plagiat. Fréron n'était ni aussi timide, ni aussi aveugle; mais comme il avait à peine le temps de lire et de fureter les auteurs, il avait des collaborateurs qui lui rendaient le service de chercher dans les poètes anciens et modernes les preuves des plagiats de Voltaire. Par là, il découvrit que, comme Molière et plus souvent que lui, l'auteur de la *Henriade* non content de prendre son bien où il le trouvait, l'avait pris encore là où ce bien n'était pas, où du moins ses droits de propriété n'étaient pas aussi clairement constatés.

Enfin, il n'omit rien de ce qui eût pu ébranler la bonne opinion que Voltaire avait de soi-même, si l'orgueil de ce personnage n'eût été une cuirasse impénétrable aux traits les plus acérés, et si Fréron n'eût affaibli l'autorité de sa critique par une foule de jugements trop évidemment injustes, par ses prédilections absurdes pour des écrivains sans talent, et surtout par l'ignominie de ses mœurs.

Peut-être Fréron a-t-il laissé des successeurs qui, s'étant bien trouvés de faire comme lui, penseraient se réhabiliter eux-mêmes, en cherchant à atténuer ou à nier les vices qu'on lui reproche; cela dépend sans doute du plus ou moins d'avantages qu'ils ont recueillis, en le prenant pour modèle : mais, supposez qu'ils passent sur ses iniquités littéraires, en considération de l'énorme pouvoir et de la méchanceté de son ennemi; supposez encore qu'ils ne voient dans ses débauches que les délassements nécessaires d'une vie trop occupée ou les agréables passe-temps d'un joyeux compagnon, comment justifieront-ils son hypocrisie?

Quel beau prédicateur de morale, en effet, qu'un homme qui donnait des soupers où ce qu'il y avait de plus taré à Paris parmi les deux sexes étaient ses convives ordinaires, et où il se jouait des tours comme celui où fut mystifié le petit Poinsinet; qui, après s'être enivré de champagne dans ses fins repas, allait se gorger de vin bleu dans le cabaret du coin; qui, prié d'être le parrain de l'enfant de sa sœur, fit venir à crédit du cabaret le vin de la collation; qui en but tant, selon sa coutume, qu'il se brouilla avec l'accouchée, parce qu'il prétendait que c'était à elle à payer le vin; qui, enfin, par sa résistance aux sommations du marchand, lequel réclamait naturellement son dû de celui-là seulement qui avait demandé le vin, donna lieu à un procès qui dura plus de douze ans (1)! On ne parle pas ici de ses tromperies au jeu, ni de ses relations peu édifiantes avec sa nièce, n'y ayant à l'appui de ces faits que les assertions de l'auteur passionné des *Anecdotes*; mais que dire de sa conduite envers sa seconde femme, la sœur de Royou? Ceci dépasse un peu les priviléges qu'on est convenu d'accorder à un bon vivant et couronne au contraire tristement une série d'actes très-propres à déshonorer un homme, fût-il, avec cela, le défenseur le plus éloquent de la morale et de la religion.

On a vu plus haut que, s'il n'était pas espion de

(1) On peut voir les détails dans cette sale affaire, exposés par Fréron, dans une lettre à M. Duché, son beau-frère, maître de musique, en date du 7 mars 1754, et l'interrogatoire que Fréron subit à cette occasion devant le magistrat. *Revue rétrospective*, 2ᵉ série, t. 10, page 449 et suivantes. Voyez aux *Observations littéraires* de La Porte, T. I, page 177.

la police, il était au moins subventionné par elle. Ce qui le distinguait des espions proprement dits, c'est qu'au lieu d'aller comme un limier à la piste des gens qui conspirent dans l'ombre et de les dénoncer clandestinement, il signalait hautement dans ses feuilles les conspirateurs au grand jour, tels que les encyclopédistes, et donnait l'explication des énigmes factieuses à l'aide desquelles ils flétrissaient et minaient sourdement le trône et l'autel.

Cette vénalité officielle rend assez vraisemblable le soupçon de s'être fait payer ses critiques simplement littéraires ; néanmoins, s'il y a présomption, il n'y a pas preuve matérielle. Les accusations vagues de Voltaire et de ses amis, sur ce point, ne sauraient, à cet égard, motiver une décision contre lui. On fait cette remarque avec plaisir, d'abord dans l'intérêt de Fréron, ensuite pour consoler les journalistes qui, par une charité délicate, verraient avec chagrin qu'un homme dont ils honorent d'autant plus la profession qu'ils l'exercent eux-mêmes, n'avait eu de si bons jugements en matière de goût, que parce qu'ils lui étaient payés.

Fréron avait le travail lent, et il en convient lui-même dans le préambule de l'*Année littéraire*. L'esprit s'était développé tard chez lui, et il contait là-dessus une anecdote dont se seraient bien égayés les encyclopédistes, disait-il en riant, s'ils l'avaient sue. Il rapporte que ses parents, ne pouvant rien tirer de lui durant ses premières années, avaient pris le parti, soit pour l'employer à quelque chose, soit pour lui faire honte et aiguillonner son amour-propre, de le placer dans la basse-cour, sur un petit fauteuil, une verge à la main, de lui donner la surveillance des dindons, et de l'assimiler en quelque sorte par cette royauté dérisoire à la stupide volatile.

Cette lenteur à travailler, qui n'était peut-être aussi qu'un effet de la conformation de ses organes et de sa charpente un peu surchargée de graisse, le rendit paresseux et l'empêcha par conséquent d'apporter à son style tout le soin que réclamait la gravité du rôle dont il s'était emparé. Aussi, Fréron est-il, la plupart du temps, incorrect et dur, et si cependant il est clair, c'est qu'il craignait, par une recherche trop scrupuleuse des ornements du langage, de tomber dans l'obscurité. Son imagination était féconde, mais non pas fleurie, sa mémoire, qui en faisait presque tous les frais, ne lui ayant laissé que l'impression des idées sans l'avoir frappé de l'éclat des couleurs dont elles étaient revêtues. En général, au témoignage d'un *feuilliste* du temps qui l'a bien jugé, il ne brillait pas par le raisonnement ; il n'avait point assez de dialectique pour discuter les ouvrages de métaphysique ou même ceux qui exigeaient une certaine contention d'esprit : il n'entendait pas le genre de l'analyse : en revanche, il excellait par le goût, par la bonne plaisanterie et surtout par l'art de l'ironie, qu'il possédait à un degré éminent. C'est par là qu'il a désespéré tant de graves personnages peu familiarisés avec ce genre de polémique, et a forcé Voltaire lui-même, tout habile qu'il était à se moquer des gens, de trouver cette ressource insuffisante pour se défendre, et d'en appeler à l'injure pour la compléter.

Pindare-Lebrun, d'autres disent son frère, dans *l'Ane littéraire* et dans la *Wasprie*, essaya de lutter d'ironie avec Fréron; mais, à voir le mal qu'il se donne pour être plaisant, et qui pis est, pour l'être à chaque ligne et presque à chaque mot, on sent qu'il n'était pas né pour cela et qu'il s'en doutait vraisemblablement un peu, tant il prodigue à Fréron les outrages, cette dernière arme de l'impuissance et de la haine!

Le malheur de Fréron, c'est de n'avoir pas pu faire son journal à lui seul et de s'être adjoint une foule de collaborateurs du talent desquels on ne lui savait nul gré, tandis qu'on lui imputait toutes leurs sottises. C'est qu'indépendamment du plaisir qu'avaient ses ennemis à le transformer en bouc émissaire des iniquités du journalisme, Fréron prêtait le flanc aux accusations dont il était l'objet, en ne souffrant pas que ses collaborateurs eussent de l'indépendance, et en les obligeant par des considérations dont la nature n'était pas toujours honorable, non-seulement à modeler leur opinion sur la sienne, mais encore à la corriger de manière à ce qu'elle exprimât directement le contraire de ce qu'ils avaient pensé ou écrit auparavant. Cette violence était de notoriété publique; car ceux qui la subissaient ne se gênaient pas pour s'en plaindre, afin de n'être pas du moins taxés de mauvais goût, s'ils encouraient le reproche de lâcheté.

Voici un exemple de ce contrôle tyrannique. Il

est rapporté par Lebrun, dans l'*Ane littéraire*, page 16.

« On m'a conté qu'un de ceux qui travaillaient à la journée, sous lui (Fréron), fit une fois l'extrait d'un livre, par ordre de M. Fréron. Il le trouva mauvais, en rapporta divers endroits, et les affubla des qualifications convenues par ces messieurs, quand un ouvrage leur déplait. *Cela est louche, absurde, grossier, détestable : c'est la production la plus plate, la plus maussade, l'auteur n'est qu'un barbouilleur, un prosailleur.* Qu'arrive-t-il? M. Fréron revoit la feuille : — Ah! malheureux, dit-il au *sous-feulliste,* qu'avez-vous fait? L'auteur est un de nos meilleurs amis; c'est un galant homme chez qui je dine, qui m'a donné... — Ah! je vous entends, répond l'autre, l'injustice était criante; mais que faire? Il est tard, l'imprimeur attend notre feuille; nous attendons l'argent. Quel moyen ?.. J'ai rapporté ce qu'il y a de plus mauvais... Peut-être avec le temps pourrais-je enfin trouver quelque morceau moins... — Sottise, sottise, dit M. Fréron; vous ne saurez jamais votre métier; cela est-il donc si difficile? Laissez les endroits cités, et, au lieu de *détestable,* mettez *excellent;* au lieu d'*absurde, admirable;* au lieu d'*ignorant, savant;* au lieu d'*écrivailleur,* de *barbouilleur,* mettez *grand écrivain, auteur merveilleux.* Cela est assez bon pour le public; il doit en croire mes jugements. »

Il est sûr, du moins, que dans quelques comptes-rendus d'ouvrages, dans ceux principalement qui consistent en simples extraits suivis de courtes réflexions critiques, on remarque un certain agencement de mots, grâce auquel la substitution exigée par Fréron était facile à opérer sans entraîner un remaniement considérable du texte, et, par conséquent, sans occasionner de ces retards dans la publication du journal que redoutait, par exemple, le *sous-feuilliste* cité par Lebrun.

Parmi ses collaborateurs, il y en eut quelques-uns d'un grand mérite. L'abbé de La Porte, celui qui partageait ses travaux dans le principe, était laborieux, exact, et analysait assez bien, mais il était froid, lourd et sans élégance. Dès qu'en voulant créer un journal (Observations littéraires) à lui seul, il éleva autel contre autel, il ne put tenir et tomba. On caractérisait ces deux rivaux par l'épigramme suivante :

> Fréron de La Porte diffère ;
> Voici leur devise à tous deux :
> L'un fait bien, mais est paresseux,
> L'autre est diligent à mal faire.

L'abbé Duport du Tertre n'était bon que pour débrouiller le chaos des ouvrages où il y avait plus de mots que de choses ; mais sans grâce et sans sel, il était incapable de marcher de pair avec Fréron dans la critique de ceux qui appartenaient à la littérature légère.

Palissot était celui qui l'eût secondé le mieux ; mais sa méchanceté n'était pas assez gazée. Il ne savait point jouer avec ses victimes comme Fréron.

Dorat pouvait fournir des pièces fugitives, quelques lettres agréables, les extraits de ses propres œuvres, mais trop fécond pour son propre compte, trop paresseux pour celui d'autrui, il ne fut jamais bien utile au journaliste.

Enfin Gastel Dudoyer, bon logicien, excellent pour dépecer un livre, mais ne sachant faire grâce du moindre détail, par conséquent se résumer, ni se réduire, d'ailleurs sans gaîté et sans finesse dans la raillerie. Fréron n'abusa pas de son zèle (1).

Fréron avait donné lieu à tant d'épigrammes pendant sa vie, qu'il ne pouvait guère y échapper après sa mort. On lui appliqua celle-ci en guise d'épitaphe :

> Ci-gît Fréron, et le diable en enrage,
> Il ne veut pas qu'il y soit davantage.

Il laissa plusieurs enfants, entre autres celui qui fut membre de la Convention, lequel avait vingt ans à la mort de son père, et comme lui était homme de lettres. Il y a de ses contes dans l'*Almanach des Muses* de ce temps-là. Il hérita du privilége de l'*Année littéraire*.

Voltaire nous apprend en ces termes que Fréron eut une fille :

« Savez-vous, mon cher ange (A. d'Argenteuil, du 30 mars 1776), que j'ai reçu une invitation d'assister à l'inhumation de Catherin Fréron, et de plus une lettre anonyme d'une femme qui pourrait bien être

---

(1) Ces jugements divers aussi concis que justes, sont également extraits de l'*Espion anglais*.

la veuve ? Elle me propose de prendre chez moi la fille à Fréron et de la marier. J'ai répondu que si Fréron a fait *le Cid, Cinna,* *Polyeucte,* je marierai sa fille incontestablement. »

Cette raillerie amère fut toute l'oraison funèbre du pauvre Fréron, et il n'y avait que Voltaire d'assez cruel pour en faire payer les frais à sa veuve et à sa malheureuse fille.

LA BEAUMELLE.

LA BEAUMELLE.

CHAPITRE PREMIER.

J'ai dit, et j'ai fait voir dans les premiers chapitres de Desfontaines, que, de tous les ennemis de Voltaire, aucun n'avait excité à un plus haut degré la haine de ce grand homme, parce que, étant l'obligé de Voltaire, il était devenu ingrat gratuitement, et qu'il avait porté cette ingratitude au point de travailler à un libelle contre son bienfaiteur, dans le temps même que celui-ci usait de toute son influence pour le tirer d'un très-mauvais pas.

Mais quand on étudie avec soin Voltaire, au point de vue de sa polémique avec les gens de lettres qui l'ont censuré, on trouve que pas un d'eux ne lui a inspiré une haine plus vive, plus profondément sentie et plus impatiente que la Beaumelle.

Si cette haine eut moins d'éclat que celle dont Desfontaines et Fréron ont été l'objet, c'est que la Beaumelle n'avait pas comme eux un journal hebdomadaire à soi pour la fomenter par des provocations à jour fixe, et qu'il en était réduit à guerroyer à coups de brochures.

Or, les brochures n'ayant ni souscripteurs ni abonnés, il y avait toujours entre la première publiée et la dernière un intervalle assez long pour que les auteurs de l'attaque et de la riposte oubliassent momentanément leurs querelles, et le public la cause qui y avait donné lieu. Du moins, n'étant pas incessamment attisée, il semblait que la guerre, lorsqu'elle éclatait de nouveau, devait avoir perdu, dans son inaction momentanée, quelque chose de sa première vivacité.

Mais de la part de Voltaire, il n'en était pas ainsi.

Ni le temps, ni la vieillesse, ni même la fatigue de la Beaumelle, dont les attaques, à mesure qu'il prenait de la maturité, devenaient moins acerbes, ne changèrent la nature, n'affaiblirent la force et ne refroidirent l'ardeur de son ressentiment.

Je ne vois pas d'autre raison de ce phénomène que celle-ci, à savoir que la Beaumelle n'avait pas de protecteurs puissants comme en avaient Desfontaines et Fréron, et que la faiblesse ou le dénûment d'un ennemi redoublaient dans Voltaire la passion qu'il avait de l'écraser.

Rien donc n'est plus intéressant, rien, à coup sûr, n'est plus particulier que les démêlés de ces deux personnages. C'est ce que je vais essayer de prouver en les racontant.

Laurent Angliviel de la Beaumelle naquit à Vallerangue, en Bas-Languedoc, le 28 janvier 1726. Voltaire, qui, à l'exemple du maréchal de Richelieu, se faisait quelquefois un insolent plaisir d'estropier les noms, avait transformé celui d'Angliviel en *Langlevieux*. La Beaumelle en fut choqué. Cependant, Vol-

taire corrigea ainsi son impertinence préméditée :
« Un certain la Beaumelle atteste tout le public qu'on
a mal orthographié son nom. Je m'appelle Langleviel et non pas Langlevieux, dit-il dans une de ses
immortelles productions ; donc, tout ce qu'on me reproche est faux et ne peut porter sur moi. »

Dans une addition à l'article du *Dictionnaire philosophique* (Au mot Quisquis) d'où ce passage est
extrait, addition qui a été communiquée par M. Decroix, un des éditeurs de Kehl, à M. Beuchot, et insérée par celui-ci dans sa belle édition de Voltaire,
on lit des détails sur l'enfance de la Beaumelle et sur
son éducation, trop curieux pour qu'on ne les rapporte pas ici en entier :

« Feu M. d'Avéjan, dit Voltaire, évêque d'Alais, y
fonda un collége de vingt-cinq bourses pour vingt-cinq jeunes gens, fils de père ou de mère protestants,
afin de les faire élever dans la religion catholique. N...
Angliviel a été de ce nombre. Il était fils d'un soldat irlandais qui s'était marié à Valrogues (*sic*), gros
bourg du diocèse d'Alais, avec une protestante; et
voilà pourquoi son fils, qu'il avait laissé orphelin en
bas âge, fut du nombre de ces vingt-cinq, M. l'évêque ne voulant pas lui laisser sucer avec le lait les
erreurs de sa mère. Il fit de bonnes études dans ce
collége qui était alors très-bien composé. Il se distingua par quelques prix qu'il eut et plus encore par
de petites friponneries. M. Puech en était alors
principal. C'était de son nom qu'étaient signées les
petites marques de distinction qu'on donne aux écoliers et qu'on appelle *exemptions*. M. Puech en avait

signé à la fois plusieurs mains. La feuille en contenait soixante-quatre. Le sieur Angliviel en vola quelques mains et les vendit aux écoliers moyennant deux et trois sous la pièce. Les mains de papier étant épuisées et ce commerce étant très-lucratif, ledit sieur en vola d'autres ou les acheta chez l'imprimeur. La signature *Puech* y manquait; ce ne fut pas un obstacle : elle fut si parfaitement imitée, que M. Puech lui-même y fut trompé, et le trafic alla son train. Cette adresse inspira de nouvelles idées au dit Angliviel. Il se servit de cette signature pour avoir chez le nommé Portalier, pâtissier, de quoi déjeûner avec friandise durant un certain temps. Cela fut découvert, et Angliviel, qui venait de finir sa rhétorique, fut chassé honteusement du collége, quoiqu'il dût y rester encore deux ans. C'était en 1744 ou 1745; je ne peux assigner l'époque précise. Alors Angliviel fait entendre à sa mère protestante que c'était parce qu'il avait paru faire sa première communion à la catholique malgré lui, qu'on l'avait renvoyé. La mère, pénétrée d'un zèle pour le calvinisme que la persécution échauffait, lui fournit les moyens de s'expatrier et d'aller à Genève où il pourrait devenir ministre du saint Évangile. Angliviel partit. Mais, comme il se croyait déjà quelque chose, il s'imagina que le gouvernement avait les yeux ouverts sur lui, vu le lieu, l'objet et le genre de son éducation, et conséquemment il prit le nom de la Beaumelle pour se dérober à des recherches qu'on n'avait pas envie de faire. A Genève, Angliviel se lia avec M. Beaulaire, qui était alors bibliothécaire. Mademoiselle

Beaulaire, sa nièce, avait une petite société de veillée dans la cour du collége. La Beaumelle y fut admis, et dans une conversation de femmes, il eut de quoi savoir la chronique scandaleuse de Genève. C'était plus qu'il n'en fallait pour augmenter sa malignité naturelle : mais il fallait avant tout se faire un nom... Voici comment il s'y prit. M. de la Visclède, secrétaire perpétuel de l'Académie de Marseille, venait de faire une ode *sur la mort* qui avait été couronnée aux jeux floraux. Il ne s'était pas fait connaître. La Beaumelle s'en procura une copie; il la fit imprimer en placards et en in-8, chez Duvillard, la dédia à M. Lallin, alors professeur d'histoire ecclésiastique, et jouit de la gloire d'être à vingt-un ans environ, auteur d'une ode où il y avait de bonnes strophes. Cette célébrité lui plut; mais il fallait se donner le plaisir de la satire. En conséquence, d'après ce qu'il avait recueilli de médisances féminines, il composa un catalogue de livres dans lequel il déchira tout Genève. Je ne me souviens que d'un article, et le voici : *Le Mauvais Ménage, opéra-comique, par M. et madame Gallatin.* Tous les autres étaient dans ce goût-là. Cela fut su; il fut honni, s'intrigua, alla en Danemark, etc. »

Il faut avouer que ce récit a je ne sais quel air de vraisemblance. N'eût-on fait que mentir toute sa vie (et Voltaire n'a guère fait autre chose, lors même qu'il travaillait au triomphe de ce qu'il pensait être la vérité), il semble qu'on n'invente pas de pareilles histoires; on ne s'expose pas surtout, en y mêlant des noms propres, à voir les personnes nommées se soulever d'indignation et protester contre la calomnie.

Mais il est une circonstance qui, plus que toutes les autres, rendrait suspectes ces anecdotes : c'est que Voltaire n'osa pas les publier, et qu'étant tombées, on ne sait comment, entre les mains d'un de ses éditeurs, celui-ci se garda bien d'en grossir l'édition à laquelle il coopérait.

Et puis Voltaire avait cette incurable manie de croire ne s'être jamais assez vengé de ses critiques, si, après les avoir convaincus ou seulement accusés d'injustice ou d'ignorance, il ne cherchait pas en outre à les faire passer pour des voleurs et des faussaires.

Toutefois, et en admettant que les faits imputés ici à la Beaumelle fussent vrais, bien qu'ils dépassent de beaucoup la portée des espiègleries ordinaires, il faudrait désespérer de l'espèce humaine, si la fin des sottises du collége était que celui qui les a commises, dans un âge où la légèreté naturelle arrête les progrès du discernement, ne s'amendera jamais et sera certainement un malhonnête homme. Il n'est guère d'écoliers ayant sur la conscience des fautes analogues, qui ne soient devenus plus tard bons pères de famille. Qui de nous, pour satisfaire sa gourmandise, n'a pas un peu violé au collége les lois du tien et du mien ? Qui, pour échapper à un châtiment, n'a pas contrefait ou du moins regretté de n'avoir pas pu contrefaire la griffe du censeur ou du maître d'étude ?

Le doute sur la totalité des faits de l'accusation naît aussi de l'excuse alléguée à sa mère par la Beaumelle, de la facilité avec laquelle celle-ci se paye de cette excuse, et du dédommagement qu'elle trouve au malheur de son fils.

En effet, quand elle n'aurait pas été, comme elle le fut sans doute, officiellement informée par le chef de l'établissement, des causes graves qui avaient motivé le renvoi de son fils, la voix publique, éveillée par les indiscrétions des autres écoliers et celles de leurs parents, n'eût pas manqué de l'instruire de la vérité ; et alors cette mère pieuse et fanatique, comme Voltaire la représente, au lieu de conseiller à son fils d'embrasser un état où il s'agissait d'édifier les autres par son exemple et de les corriger, l'eût exhorté d'abord à se corriger lui-même, et à effacer par une pénitence préalable le scandale qu'il avait donné aux hommes.

L'imagination seule de Voltaire a donc fait les frais de cette anecdote.

La mère de la Beaumelle était catholique et non calviniste. Elle mourut en 1729, laissant son fils âgé de trois ans; ce qui prouve qu'elle ne pouvait pas lui fournir en 1744 ou 1745, des moyens de s'expatrier.

Son père n'était ni soldat, ni Irlandais, ni catholique; il était protestant et négociant. La Beaumelle avait trente-un ans, lorsqu'il le perdit, en 1757. De plus, la Beaumelle quitta volontairement Genève, et n'en fut pas chassé, et, si en effet il y étudia les dogmes des protestants, il ne fut jamais ministre de leur culte et ne fut pas même proposant.

Ceci soit dit une fois, pour toutes celles où Voltaire, affectant de lui donner l'une ou l'autre de ces qualités, insiste principalement sur cette circonstance que la Beaumelle prêcha pendant deux ans à Genève, à une époque où la Beaumelle n'aurait eu que dix-huit ans.

Il ne paraît pas plus vrai que la Beaumelle ait été précepteur, dans la même ville, du fils de M. Bude de Boissi. Voltaire inventa sans doute ce fait, qui semble d'abord indifférent, mais qui, aux yeux de certaines personnes, pouvait abaisser la Beaumelle. Aussi ce dernier remarque-t-il fort justement que c'est une grande sottise d'imaginer, pour décrier un homme, une fausseté qui ne le décrie point.

Après un séjour de dix-huit mois à Genève, la Beaumelle alla à Copenhague. Il avait déjà publié une défense de l'*Esprit des lois*, où on remarquait une bonne dialectique, avec des jugements qui visaient à la profondeur et qui l'atteignent quelquefois. C'est sans doute à cette occasion qu'il avait été appelé, en 1751, à Copenhague, pour y professer les belles-lettres françaises. Il avait vingt-quatre ans.

Le gouvernement danois aurait pu trouver mieux, si la passion qu'on avait alors dans tous les États du nord de l'Europe pour la langue et l'esprit français, ne lui eût ôté la liberté de choisir et le pouvoir de discerner entre les titres douteux d'un jeune écrivain et ses prétentions.

Quoi qu'il en soit, arrivé à Copenhague, la Beaumelle annonça l'ouverture de son cours par un programme où il faisait l'éloge de la langue française avec une rare fadeur et dans un pauvre style. Il le terminait par cette formule qui tient à fois du préambule des ordonnances royales, des édits de magistrats de police, et de celles qu'on emploie dans les engagements pris sur papier timbré : « Je, Laurent Angliviel de la Beaumelle,.. fais savoir, par ordre de Sa Majesté, au public lettré, etc. »

Quant au discours d'ouverture, il avait pour thème la question suivante : « Un empire se rend-il plus respectable par les arts qu'il crée que par ceux qu'il adopte? »

L'orateur tâche de se tenir en équilibre entre ces deux termes, mais il penche toujours forcément du côté où, pour justifier sa présence dans une chaire de langue française à Copenhague, il était nécessaire qu'il inclinât. Aussi ne vient-il pas, dit-il, *célébrer l'éclat où le Danemark a porté les arts, ni les grands génies* que ce pays a vus naître ; il élude brusquement cette question délicate ; il ne s'excuse pas même de nous laisser ignorer quels sont ces grands génies dans les arts dont la renommée n'avait pas encore, au moment où il parlait, franchi les rivages que baigne la Baltique. Il n'en nomme que quelques-uns, la plupart guerriers ou politiques, et pose en fait que l'adoption que le Danemark *a daigné faire des lettres de tous les pays de l'Europe, ne lui est pas moins glorieuse que la création même;* il *ose* dire que cette adoption *annonce quelque chose de plus grand*, et il s'attache à démontrer *cette espèce de paradoxe*. Cela lui fournit l'occasion de débiter une foule de lieux communs où la platitude le dispute à l'emphase, et qui eussent donné à ses auditeurs une très-mince opinion de la langue qu'il allait enseigner, si ces auditeurs n'eussent été des Danois.

Heureusement que la Beaumelle n'est probablement pas l'auteur de ce ridicule discours. Je trouve, en effet, dans le tome LXXVII, p. 145, du *Choix des mercures*, où cette pièce d'éloquence a été recueillie, une note dans laquelle le coupable est dénoncé : «Cet excellent discours, composé à Paris par M. de Méhégan, fut récité à Copenhague par M. de la Beaumelle, le jour de l'ouverture de leçons publiques de langue et de belles-lettres françaises. »

Il y eut deux Méhégan : l'un qui professa les belles-lettres à Copenhague avant la Beaumelle, l'autre qui fut capitaine pendant la guerre de sept ans. Le discours est probablement du premier, mais le style appartient évidemment au second. L'épithète d'*excellent* qu'on lit à la note est d'un certain de la Place, un des compilateurs du *Choix des mercures*, lequel, s'il n'a fait qu'adopter ce discours, était bien digne de le créer.

Je ne sais ce qu'en pensa le public *lettré* que la Beaumelle appelait si pompeusement à ses leçons ; je ne sais pas davantage ce qu'il pensa des leçons elles-mêmes et s'il y profita. Pour lui, impatient d'avoir des lecteurs à Copenhague, comme je suppose qu'il y avait des auditeurs, il se hâta de faire un livre. Seulement, au lieu d'en écrire un qui, par l'intérêt de la matière, la bonne organisation du plan, la tenue, la gravité et la pureté du style, fût à la fois l'éloge du professeur et la justification du choix dont il avait été l'objet, il le prit sur un ton moitié plaisant, moitié sérieux et généralement satirique, et publia, sous le titre de : *Mes pensées*, ou le *Qu'en dira-t-on*, un petit recueil de réflexions philosophiques, politiques et littéraires.

Cette œuvre singulière plus digne d'un écolier spirituel qui s'essaye en l'art d'écrire que d'un maître investi du droit d'en donner des préceptes, est précédée d'une dédicace qu'il adresse à son frère, et qui est signée : GONIA DE PALAIOS. C'est la traduction en grec d'*Angle-vieil*.

La Beaumelle, ainsi que l'a remarqué après Voltaire, l'auteur de sa *Notice* dans la *Biographie universelle*, dit là beaucoup de choses hardies pour le temps où il écrivait; il y tranche du grand politique; il y discute les forces, les moyens et les intérêts des puissances de l'Europe, et prononce en dix lignes sur le sort de chacune d'elles.

Mais parmi les pensées qui regardent les mœurs, quelques-unes sont d'une liberté qui va jusqu'à l'indécence, tout comme certaines de ses vues sur une réforme sociale sont d'une bizarrerie comparable, à quelques égards, aux chimères de ceux qui ont rêvé des réformes de la même nature, cent ans après lui. Par exemple, il dit (n° XI du Supplément) :

« Qu'un prince rassemble dans une même ville tout ce qu'il trouvera de plus sage, de plus éclairé, de plus vertueux, de mieux fait parmi l'un et l'autre sexe, cette ville sera une pépinière de grands hommes. Les princes ont des haras de chevaux; ils devraient en avoir de sujets. Quand on empêchera le mélange des races, on sera sûr d'avoir de l'excellent, et en chevaux et en hommes. »

Outre la grossièreté de la proposition, quoi de plus ridicule et de plus faux que cette physiologie de la reproduction? N'avait-on pas au contraire, et dès le temps de la Beaumelle, la preuve que les races qui vivent dans l'état de société se perfectionnent par le mélange habilement mesuré des fortes avec les faibles, comme elles s'appauvrissent à la longue par une résistance systématique à ce mélange ?

« Les législateurs, ajoute-t-il, se contentent de prendre soin des enfants après leur naissance ; le nôtre devrait en prendre soin dès sa conception. »

Là-dessus, il prescrit des lois en vertu desquelles on procurerait à la mère des amusements qui iraient, je pense, récréer son fruit jusque dans son sein. De là il fait passer l'enfant « dans les bras de l'humanité, » prétentieux jargon qui équivaut à ce français, que l'enfant sera nourri du lait de sa mère, les nourrices étrangères se trouvant en quelque sorte, par cette distinction, déchues du rang de créatures humaines. Mais le comble de l'impudence est que, dans son système de génération, il fait intervenir la religion, et lui assigne un rôle en des termes qu'il faut bien que je cite, faute du courage nécessaire pour chercher à revêtir d'une forme qui me soit propre de semblables idées :

« La religion, dit-il, toujours attentive au bonheur des hommes, toujours si puissante sur les passions, conseillerait aux maris de ne se livrer aux plaisirs de l'hymen que dans ces moments rapides, où ils seraient tout esprit, tout sentiment, tout cœur, et leurs femmes à l'unisson. »

Le xviiie siècle, qui a émis tant de doctrines étranges, qui a, pour ainsi dire, supprimé du plan de la création l'influence directe du Créateur, qui a substitué la nature ou une abstraction à Dieu, les caprices de la conscience aux élans de la foi, et le xixe, qui a vu les disciples de cette école s'essayer à la pratique des mêmes doctrines, les étendre et les perfectionner, n'offrent pas de témoignage de la vanité de l'homme plus extravagant que celui-là.

Il dit ailleurs avec le ton dégagé d'un réformateur qui a observé la société du fond de son cabinet et avec un cynisme badin :

Nombre CLXX. « Un homme me disait : Tous mes enfants ont de l'imagination et des sentiments, parce que je ne les fais que dans ces moments rapides où je suis tout esprit, tout cœur, et où ma femme est à l'unisson. »

Nombre CLXXIII. « Il est naturel qu'un homme, qu'un Anglais même ait de la sérénité dans les yeux, dès que la beauté de la jambe est bien constatée. »

Comprenez-vous la conséquence ?

Nombre CCXXIV. « Une femme qui ne prendra conseil que de son tempérament, préférera toujours à un homme d'esprit un homme qui n'a pas son esprit dans sa tête. »

Mais voici de plaisants conseils aux hommes d'état :

Nombre XXIII du Supplément. « Que l'homme d'état

soit maître de ses passions; que, comme Bolingbrocke, il sache céder une maîtresse chérie à un utile commis, pour le retirer de la dissipation. Que l'homme d'état se joue des plaisirs; que, comme lui, il puisse dater....... de la belle Pulteney des dépêches qui décident du sort de l'Europe. »

Il y a beaucoup de choses dans ce goût; mais peut-être en ai-je déjà trop cité. C'est la rareté de ce livre qui m'a donné le désir de le faire connaître, au risque d'être indiscret.

En même temps qu'il travaillait à cet opuscule, la Beaumelle formait le projet de publier une édition complète des classiques français, *ad usum Delphini Dannemarhi*, comme dit plaisamment Voltaire. (A d'Argental, 18 décembre 1752.) Mais ce projet, pour lequel il avait sollicité le concours de Voltaire, n'eut pas de suite. Il en résulta seulement entre l'un et l'autre un échange de lettres qui fut le commencement de leurs relations ultérieures.

La Beaumelle quitta bientôt après Copenhague, muni, dit-il, d'un congé en forme qu'il avait obtenu du roi, et d'une gratification considérable, avec la faculté de venir, quand il le voudrait, reprendre son poste (1).

Voltaire assure qu'il fut chassé (2), et ce qui ferait croire que la Beaumelle ne sortit pas du moins de Copenhague avec tous les honneurs de la guerre, c'est

---

(1) Mémoire de M. de Voltaire, apostillé par M. de la Beaumelle.

(2) Ibid.

que, de son propre aveu, il ne reçut pas de pension (1).

Quoi qu'il en soit, il partit pour Berlin.

(1) Ibid.

CHAPITRE II.

« Il arriva, dit Voltaire, à Potsdam, avec un plumet. Il me dit qu'il venait voir Frédéric et moi. Cette cordialité pour le roi me parut forte. » (A d'Argental, 18 décembre 1752.) Forte, en effet ; mais cette cordialité n'eût pas tant choqué Voltaire (puisqu'après tout la Beaumelle le traitait sur le même pied que Frédéric), si la Beaumelle n'eût point parlé en même temps de son désir de voir Maupertuis, si surtout il ne se fût pas fait précéder à Berlin de quelques exemplaires de ses *Pensées*. Il n'en fallait pas tant pour déterminer Voltaire à prendre en mauvaise part tous ses compliments, et à quelque chose de pis, selon l'occurrence.

Il ne laissa pas néanmoins de l'entendre quatre heures durant et de lui donner ensuite à dîner (1).

Si j'en crois la Beaumelle, il était dans les meilleures dispositions à l'égard de Voltaire, lorsqu'il alla le voir.

(1) Lettre sur mes démêlés avec M. de Voltaire. Cette lettre fait partie d'une brochure imprimée à Colmar, 1754, sous le titre général de *Réponse au Supplément du Siècle de Louis XIV*.

Milord Tyrconel, ministre d'Angleterre à Berlin, à qui il était adressé, lui ayant dit qu'il fallait flatter Voltaire, qui était un homme dangereux, et s'attacher à Maupertuis, le seul Français peut-être que le roi estimât réellement, la Beaumelle repoussa ce conseil. Il connaissait les défauts, les vices même de Voltaire, mais le plaisir qu'il avait eu quelquefois à le lire, les lui faisait oublier, et il pardonnait beaucoup de choses à l'auteur d'*Alzire*, en faveur d'*Alzire*.

Il s'ouvrit dans ce sens à lady Bentinck, amie de Voltaire, qui fut ravie non pas seulement de trouver dans la Beaumelle un juge indulgent, mais encore un défenseur de son ami, et il fut convenu entre elle et lui « qu'on n'avait à reprocher à ce grand poète que quelques moments (1). »

A travers ces sentiments généreux, on distingue déjà la fatuité, et l'orgueil qui va les gâter tout-à-fait, qui, à la franchise calculée avec laquelle la Beaumelle repoussera d'abord les avances, puis les insinuations, puis enfin les reproches directs de Voltaire, donnera les formes de l'insolence brutale, et dont l'effet sera d'attirer sur ce dernier un intérêt qu'il n'eût point obtenu, si, au lieu de l'insulter grossièrement, son adversaire se fût borné à lui répondre avec fermeté, mais avec modération.

« Il me questionna beaucoup, dit la Beaumelle, et même jusqu'à l'indécence. Toutes ses questions aboutissaient à savoir si j'avais des desseins sur la

---

(1) Ibid.

place de la Mettrie, dont on venait d'apprendre la mort. Comme j'avais un objet un peu plus relevé et que j'étais chez lui pour lui rendre des hommages et non pour lui faire des confidences, toutes mes réponses aboutirent à lui faire entendre qu'il ne pénétrerait pas mes vues (1). »

Si quelque chose est à la louange de Voltaire, c'est qu'au lieu de *questionner longtemps* un hôte qui l'avait traité avec mépris dans un livre déjà connu à Berlin, il ait été assez maître de soi pour ne pas lui demander incontinent raison de son procédé. Il y arrivait sans doute, mais par des détours; il voulait que l'autre se démasquât le premier; il manœuvrait, j'imagine, dans le but de l'y contraindre; il était tantôt insinuant et tantôt pressant.

Cette tactique irritait la Beaumelle au plus haut degré. Il se contenait néanmoins, le moment n'étant pas encore venu d'éclater. Jusque-là il n'est que plein de suffisance et d'aigreur; il pince son amphytrion en attendant qu'il l'égratigne, et plus tard qu'il le déchire.

« Il me demanda quels étaient les deux autres hommes que je venais voir ; je lui dis que l'un était le roi. — Oh! me répondit-il, il n'est pas si aisé de voir le *révérend père abbé.*

« Et l'autre?

« M. de Maupertuis.

« Il sourit amèrement (2). »

Je le crois bien : le vrai moyen de gagner les bonnes

(1) Ibid.
(2) Ibid.

grâces de Voltaire, ainsi que la Beaumelle en avait exprimé l'intention à lady Bentinck, n'était pas de le menacer en quelque sorte de voir son plus grand ennemi. Aussi y avait-il dans le sourire de Voltaire plus de philosophie que d'amertume.

Il n'en reste pas moins plaisant que la Beaumelle vienne à Berlin *pour voir le roi;* car, puisqu'il avait, en entreprenant ce voyage, *un objet plus relevé* que celui de succéder à la Mettrie, un des académiciens français de Berlin, je ne vois guère à quoi il visait, si ce n'est peut-être à une charge de ministre d'État.

L'étrange et insupportable présomption de ce jeune homme autorise toutes les conjectures, même les moins vraisemblables. Je poursuis.

« Il me parla de son *Siècle de Louis XIV;* je lui parlai de mes *Lettres de Maintenon*. Il me demanda à les voir. Je me rappelai qu'un certain manuscrit de *Lettres de Sévigné* que Tyriot (Thiriot) lui avait prêté, s'était trouvé imprimé à Troyes. Je lui refusai le mien avec autant de politesse que si je ne me fusse pas rappelé cette anecdote. Il me répondit :

« Eh! qu'est-ce qui vous les demande (1)? »

Que dites-vous de ce rapprochement modeste : son *Siècle de Louis XIV;* et MES *Lettres de Maintenon?* Grande toutefois était la différence! L'un pouvait dire *mon Siècle,* parce qu'il l'avait écrit ; l'autre ne disait *mes Lettres,* que parce qu'il les avait *trouvées.*

D'ailleurs, la remarque touchant les lettres de madame de Sévigné est aussi mal fondée que maladroite.

(1) Ibid.

Car, outre que l'intimité qui existait entre Voltaire et Thiriot permet de croire que celui-ci avait donné plein pouvoir à son ami de disposer, comme il l'entendrait, de cette correspondance, une infidélité du genre de celle que la Beaumelle insinue contre Voltaire, sans oser, comme on le peut voir, l'en accuser nettement, n'appartient qu'aux méchants écrivains que les spéculations sur leurs propres ouvrages n'enrichissent pas. Du reste, il faut savoir gré à la Beaumelle de n'avoir pas autrement motivé son refus; il était trop grand pour n'être généreux qu'à demi.

« Je tâchai de le gagner, continue-t-il ; mais je m'aperçus que je n'avançais pas dans son esprit. Je le savais fort sensible à la louange ; à chaque instant j'allais l'encenser; je fus toujours retenu par une mauvaise honte. Je n'ai point le courage de louer en face les personnes que j'estime ni celles que je méprise. »

Est-ce à dire qu'il méprisait Voltaire? Non sans doute, puisque, de son propre aveu, il était jaloux d'obtenir son amitié. Mais alors, c'est parce qu'il l'estimait qu'il ne le louait pas? Examinons ce point.

Et d'abord je commence par établir que je ne prétends point ici me porter le défenseur de Voltaire, ni de sa loyauté, ni de ses mœurs, ni de sa modestie, ni même de son désintéressement : Dieu m'en garde ! Je ne vois que l'immense considération dont le poète était alors l'objet en France et dans toute l'Europe, ce qu'était la Beaumelle au prix de lui, et je réponds à la Beaumelle:

Pourquoi, s'il vous plaît, ne pouvez-vous louer en

face l'homme que vous estimez? En quoi l'estime qu'on a pour un homme, c'est-à-dire le sentiment qui est en nous de l'excellence des qualités par lesquelles cet homme mérite notre estime, peut-elle étouffer les éloges qu'on accorderait au premier venu, dont on attendrait quelque chose? Est-ce parce que vous étiez obligé de les donner en face? Mais outre que l'homme bien élevé loue, en pareil cas, avec délicatesse, quoi de plus naturel qu'un très-jeune écrivain, encore qu'un premier succès ait surexcité sa vanité, perde un peu de la bonne opinion qu'il a de soi-même, en présence d'un homme qui avait mis près de quarante ans à conquérir sa renommée, qui en goûtait de son vivant toutes les douceurs, et qui devait imposer nécessairement à quiconque ne l'abordait pas avec la prétention d'être son supérieur dans les lettres ou bien son égal?

Puis, quand à chaque demande qu'il vous fait, vous répondez précisément de la manière que vous savez devoir lui déplaire; quand vous vous appliquez à lui refuser le seul genre d'hommage auquel vous le savez sensible, pour ne lui adresser que des provocations sourdes, ce n'est plus parce que vous êtes retenu par une mauvaise honte que vous n'osez pas le louer, c'est, convenez-en, parce que vous vous souvenez de l'avoir offensé gratuitement; c'est surtout parce que l'orgueil, celui de la plus sotte espèce, vous cloue la langue au palais, et que déjà même peut-être vous avez l'audace d'être jaloux.

Au fond, la Beaumelle était assez de cet avis, car il convient qu'en quittant Voltaire et bien qu'il en fût très-mécontent, il l'était aussi *un peu* de lui-même.

Mais cet aveu lui coûte, et il cherche un dédommagement sans dignité dans cette remarque : qu'il doit pardonner à Voltaire d'avoir été avec lui faux, dur et cruel, cet homme étant dans un mauvais jour, sa digestion ayant été mauvaise, et une si belle âme dépendant trop de son estomac.

A quelques jours de là, Voltaire écrivit à la Beaumelle que celui-ci l'obligerait beaucoup de lui prêter ses *Pensées*. C'était enfin en venir au fait. Jusque-là on s'était observé de part et d'autre; à présent la bataille s'engage et Voltaire ouvrira le feu.

La Beaumelle hésita. Il alléguait que, louant beaucoup le roi de Prusse dans son livre, il ne voulait pas, par son empressement à le faire connaître, donner lieu de croire que ses éloges étaient intéressés.

Le prétexte était mauvais. C'est le sentiment qu'il avait que cette communication serait suivie d'un éclat entre Voltaire et lui, qui le tenait en suspens. Il n'était pas assez aveugle pour ne pas voir que Voltaire, médiocrement flatté du jugement dont il était l'objet dans les *Pensées,* s'en prévaudrait avec fondement comme d'une provocation, et se croirait en droit d'en tirer vengeance. Or les vengeances de Voltaire étaient terribles, même à Berlin.

Cependant, ayant pris l'avis de lady Bentinck, la Beaumelle envoya son livre à Potsdam où Voltaire était encore.

Au bout de trois jours, Voltaire le lui renvoya par

son valet de chambre. La page 70 était cornée, et dans cette page on lisait :

« Qu'on parcoure l'histoire ancienne et moderne, on ne trouvera point d'exemple de prince qui ait donné 7,000 écus de pension à un homme de lettres à titre d'homme de lettres. Il y a eu de plus grands poètes que Voltaire; il n'y en eut jamais de si bien récompensés... Le roi de Prusse comble de bienfaits les hommes à talent, précisément par les mêmes raisons qui engagent un prince d'Allemagne à combler de bienfaits un bouffon ou un nain (1). »

Le lendemain ou le surlendemain, qui était le 7 décembre, Voltaire revint de Potsdam à Berlin. La Beaumelle alla le voir. Il n'espérait pas sans doute le persuader de son innocence; mais il pensait qu'il était de sa dignité d'en faire l'essai, sauf, si Voltaire ne se rendait pas, à se donner le plaisir de le braver encore. Il goûta bientôt ce plaisir avec ivresse.

Voltaire ne lui parla d'abord de son livre que pour en faire une critique générale et sévère. La Beaumelle convient même qu'elle était judicieuse et qu'il en profita dans la suite, mais qu'alors il en fut très-mécontent.

J'ai déjà dit qu'il lui échappe de temps en temps des aveux de cette nature : ce sont comme autant de relais où son orgueil vient se rafraîchir et reprendre de nouvelles forces.

Voltaire ayant ajouté que l'empressement avec le-

---

(1) *Mes Pensées* ou le *Qu'en dira-t-on ?* avec le Supplément, Berlin, 1755, numéro 49.

quel il était entré dans le projet de l'édition des classiques français à Copenhague, méritait d'être reconnu autrement qu'il ne l'était dans le *Qu'en dira-t-on,* la Beaumelle feignit la surprise. Voltaire lut simplement le passage cité plus haut. La Beaumelle trouvant qu'il le lisait « à sa manière, » le relut à la sienne, soutint « qu'il était à la gloire de Voltaire, encore plus à celle du roi, » et n'en démordit pas.

« Je ne sais donc pas lire ? s'écria Voltaire.

» Peut-être bien, dit la Beaumelle ; toujours est-il que je ne vous ai offensé ni voulu offenser. »

Et il retourna ce passage en cent façons différentes, sans pouvoir, ajoute-t-il, « faire convenir Voltaire du seul sens qu'il pût avoir (1). »

Je le crois bien. Avec la meilleure volonté du monde, Voltaire ne pouvait pas admettre d'autre interprétation de ce passage que celle-ci :

Les petits princes d'Allemagne ont des bouffons et des nains, comme le roi de Prusse a des gens de lettres *pour s'amuser* ou s'en *amuser*.

Rien n'était plus insultant pour Voltaire, roi des beaux esprits et s'égalant en cette qualité aux autres rois, que cette assimilation à des amusoires, qu'on me passe le mot, de l'espèce la plus dégradée ; rien ne le blessait, rien surtout ne devait paraître le blesser davantage, pas même la phrase dont cette assimilation est la suite et le complément. Dans la première, en effet, l'insulte lui est personnelle ; dans la seconde, elle lui est commune avec ses collègues de

---

(1) Lettre sur mes démêlés.

l'Académie, avec tous les savants et gens d'esprit qui vivaient à la cour ou des grâces de Frédéric.

C'est sur ce terrain, quelque effort que fît la Beaumelle pour l'attirer sur l'autre, que Voltaire maintint obstinément la question ; c'est en y entraînant tout le monde avec lui qu'il fit interdire à la Beaumelle tout accès auprès de Frédéric, qu'il le perdit même dans l'esprit de ce prince, et finalement qu'il le fit chasser de Berlin.

Cependant, le fameux passage fut, au souper du roi, la source d'une foule de plaisanteries. Frédéric n'en fournit pas vraisemblablement la moindre part, quoique de son côté il sentit peut-être quelque humiliation à voir qu'on ne faisait pas de différence entre son goût pour les nobles délassements de l'esprit et le goût ridicule et suranné des petits princes d'Allemagne. Chacun s'égaya sur l'ouvrage et sur l'auteur, et Voltaire ne fut pas non plus le moins prompt à dire son mot. Les gens de lettres qui étaient du souper acceptèrent de bonne grâce le parallèle avec des bouffons, parce qu'après tout, ils étaient un peu payés pour en faire l'office ; mais ils se vengèrent de cette abnégation, en faisant ressortir l'impertinence du parallèle entre Frédéric et les petits princes. Frédéric, à qui il n'avait point échappé, en montra en effet de l'humeur ; il en fut d'autant moins disposé à voir la Beaumelle, et surtout à l'admettre au nombre de ces bouffons desquels il se moquait si agréablement.

Cette affaire fût peut-être tombée d'elle-même, si Maupertuis ne s'en fût pas mêlé.

Il avait sa part dans les insolences de la Beaumelle, et toutefois celui-ci l'ayant assuré qu'il n'avait pas eu l'intention de l'offenser, Maupertuis parut touché de ses explications, et comme il trouvait là une excellente occasion de dauber Voltaire, il la saisit aux cheveux.

Il dit donc à la Beaumelle qu'il était vrai, comme l'avait déjà conjecturé l'auteur du *Qu'en dira-t-on*, que Voltaire avait donné, au souper du roi, une mauvaise interprétation au passage relatif aux gens de lettres, mais que le comte Algarotti ayant transcrit le passage, l'avait apporté à lui, Maupertuis, à minuit, qu'ils avaient jugé l'un et l'autre que Voltaire l'avait défiguré, que ce passage ne voulait pas dire autre chose que ce que la Beaumelle avait dit à Voltaire lui-même, que vraisemblablement ce qui avait piqué Voltaire, c'était : *Il y a eu de plus grands poètes que Voltaire; il n'y en eut jamais de si bien récompensés;* enfin, qu'il ne croyait pas que le roi fût irrité, mais qu'il lui avait paru que les convives étaient assez mal à leur aise, en voyant l'importance de Voltaire qui appuyait toujours sur ce qu'on les comparait à des bouffons, comparaison que le roi pouvait trouver juste (1).

A part le venin que ce rapport distille goutte à goutte, il était très-probablement vrai. Voltaire, avec son assurance ordinaire, en nia vainement l'exactitude et traita Maupertuis de calomniateur; vainement il imputa la dénonciation du passage incriminé

(1) Ibid.

au marquis d'Argens, et prit ce dernier à témoin, que, loin d'avoir voulu porter ces misères au roi, il avait presque mis la main sur la bouche du marquis, en lui disant : « Taisez-vous donc, vous révélez les secrets de l'Église (A M. Roque, avril 1752) ; » il avait pris trop à cœur cette ridicule affaire, il avait mis trop de zèle à inoculer en quelque sorte, sa passion à ses collègues, pour les abandonner en présence de celui qui allait juger l'affaire en dernier ressort, et pour ne pas être leur avocat devant Frédéric, comme il l'avait été auprès de la Beaumelle.

Quoi qu'il en soit, la Beaumelle était sous l'impression de ce rapport, quand Algarotti vint le voir.

Ami intime de Voltaire, mais plus fin, plus rusé, plus politique et même plus philosophe pratique que lui, railleur spirituel non pas seulement dans ses écrits, mais dans la conversation et à la barbe des gens, Algarotti, abordant la Beaumelle de l'air, je pense, le plus sérieux du monde, lui dit qu'il n'était pas indisposé contre lui, qu'il n'avait à lui offrir que des remercîments et des regrets d'avoir été trop crédule; que le trait était à la louange du roi, que le roi était Trajan, que la Beaumelle était Pline, et qu'entre tant de héros il n'osait se placer.

Charmante plaisanterie où tout le monde trouvait son compte; d'autant plus piquante, suivant moi, qu'elle fut dite en un patois grotesque, formé du mélange de l'italien avec le français, et qui échappa peut-être à la Beaumelle, parce qu'il croyait, d'après le rapport de Maupertuis, qu'Algarotti était dans ses intérêts.

Exaspéré de la confiance qui existait entre Maupertuis et la Beaumelle, Voltaire n'eut plus d'autre pensée que de contrecarrer celui-ci dans tous ses projets, et, s'il ne pouvait le faire chasser de Berlin, de le forcer du moins à en sortir de lui-même.

Il ne cessa donc, au témoignage de la Beaumelle, de lui rendre toutes sortes de mauvais offices auprès du petit nombre de personnes que voyait le fâcheux auteur du *Qu'en dira-t-on*.

Il disait aux uns que la Beaumelle était un homme dangereux, aux autres un petit esprit; il empêchait d'arriver jusqu'au roi un mémoire du même sur un projet de classiques français, dans lequel entrait Maupertuis; il lui faisait insinuer de partir bien vite, le roi ayant témoigné en termes exprès sa volonté à cet égard.

De plus, la Beaumelle ayant fait, à l'occasion de la mort de la reine de Danemark, une ode que tout le monde avait trouvée fort belle, Voltaire l'avait trouvée mauvaise, l'avait dit au roi; et lorsque le roi, parlant plus tard de cette ode, « dont les vers, dit la Beaumelle, valaient encore mieux que les procédés de Voltaire, » ajouta que la Beaumelle avait un recueil de lettres de madame de Maintenon acquises vraisemblablement par des voies malhonnêtes, Voltaire avait cru ou feint de croire que la Beaumelle les avait volées.

Enfin Voltaire lui aliéna lord Tyrconnel, en persuadant à celui-ci que la Beaumelle l'avait trompé sur le but de son voyage à Berlin, et en appuyant sur une incivilité que la faiblesse de la vue de la

Beaumelle lui avait fait commettre à l'égard de milady (1).

Tout cela est bien misérable, et peut-être que la Beaumelle ne l'inventait pas. Aussi la comtesse de Bentinck, qu'il entretenait de temps en temps de ses griefs, n'était-elle occupée qu'à le rassurer, à gronder Voltaire et à essayer de les rapprocher.

Une sorte de traité de paix avait même été conclue et acceptée sous les auspices de cette dame. La Beaumelle consentait à retirer les exemplaires du *Qu'en dira-t-on*, Voltaire à *nier* toutes les noirceurs dont on l'accusait : concessions illusoires et ridicules, puisque le livre de l'un et les méchancetés de l'autre avaient produit tout leur effet. Néanmoins le traité fut passé, peut-être même juré entre les mains de la belle plénipotentiaire; un événement inattendu, qui mit tout-à-coup les rieurs du côté de Voltaire, en suspendit pour jamais l'exécution.

(1) Lettre sur mes démêlés.

CHAPITRE III.

Un soir que la Beaumelle était allé à l'Opéra, il se trouva placé à côté d'une coquette dont les sourires et les œillades l'eurent bientôt captivé. Elle s'appelait madame Cocchius, et son mari, qui l'accompagnait, était le capitaine Cocchius.

Le capitaine Cocchius était un de ces officiers de fortune comme il y en avait plus d'un dans l'armée de Frédéric, débauché, fanfaron, faisant blanc de son épée, grand recruteur de dupes, et ne s'inquiétant guère comment il devait vivre, pourvu qu'il vécût. Sa femme paraît avoir été en tout assez digne de lui et contribué pour sa bonne part à l'honneur et à la prospérité du ménage. Elle plut tant ce soir-là à la Beaumelle, et elle trouva celui-ci tellement à son gré, qu'il s'ensuivit l'offre et l'acceptation d'un rendez-vous.

Pendant que la Beaumelle en goûtait les charmes, oubliant près de sa maîtresse improvisée Voltaire, lord et lady Tyrconnel, la comtesse Bentinck, Maupertuis sans doute et jusqu'à Frédéric, le capitaine Cocchius entra tout-à-coup. Qu'on juge de l'effroi des coupables à la vue de ce farouche interrupteur!

Cependant, à dire le vrai, il n'y avait de danger

que pour la Beaumelle, et encore ce danger n'était-il pas aussi grand que la circonstance du flagrant délit aurait pu le faire croire. Pour madame Cocchius, elle n'en courait d'aucune espèce; la suite de ce récit en donnera la raison.

Au lieu donc de demander à la Beaumelle une réparation que sa profession, indépendamment de sa qualité de mari, lui commandait d'exiger, au lieu même de tuer le coupable sur-le-champ, vengeance que l'occasion paraissait justifier, le capitaine Cocchius annonça simplement l'intention de rançonner la Beaumelle.

Rassuré sur sa vie, la Beaumelle crut qu'il serait quitte, même de mauvais traitements, en donnant sa bourse. Mais le capitaine n'avait pas attendu qu'on la lui offrît. Il l'avait demandée brutalement; puis l'ayant palpée et trouvée trop maigre, il l'avait gardée néanmoins, — non sans gémir, comme un filou de bas étage, d'être soi-même volé.

Pour se récupérer, j'imagine, et dans l'espoir sans doute que la justice saurait bien obtenir de la Beaumelle le complément du prix que le capitaine mettait à l'honneur *de sa femme,* Cocchius eut le front, au sortir de ce guet-apens, d'aller porter plainte contre l'adultère par-devant le comte de Hake, commandant de Berlin. « Le comte, dit la Beaumelle, entra dans cette affaire comme s'il eût été mon juge, et l'exposa au roi avec la même passion que s'il m'eût surpris avec la comtesse de Hake (1). »

(1) Lettre sur mes démêlés.

La Beaumelle fut condamné, sans avoir été interrogé ni confronté, et mis à la forteresse de Spandau.

Il n'y fut pas vingt-quatre heures que tout le monde l'abandonna, et, ce qui est pis, se moqua de lui.

On décida qu'un petit mois de prison, en l'aidant à réfléchir, tempérerait un peu l'opinion trop avantageuse qu'il avait de ses mérites, et lui ferait perdre quelque chose de sa passion pour les rivalités littéraires et de son goût pour la galanterie. Bientôt on n'y pensa plus.

La Beaumelle se plaint avec raison de cette lâcheté qui l'exposait à languir un temps indéfini dans une prison d'État, et cela pour avoir été la dupe d'un fripon d'intelligence avec une prostituée.

Heureusement, Maupertuis eut le courage de ne pas rire du récit que le roi lui-même faisait de cette affaire. Il remarqua judicieusement que, quand même la chose se serait passée comme le capitaine Cocchius la racontait, le capitaine Cocchius n'en serait pas moins coupable d'avoir excédé ses droits, et, comme le dit la Beaumelle, « de m'avoir coupé la bourse. »

Le roi goûta cette remarque ; le commandant de Berlin reçut ordre de réparer ses torts envers la Beaumelle et de le relâcher ; le capitaine Cocchius et sa femme furent saisis, entendus, confrontés, jugés, condamnés et punis dans l'espace de trois jours.

Revenu de Spandau à Berlin, la Beaumelle, qui soupçonnait Voltaire de tremper dans tout ce qui lui arrivait de fâcheux, n'eut rien de plus pressé que de courir aux informations.

Entre le témoignage de la comtesse de Bentinck, laquelle assurait que si l'on avait suivi le conseil de Voltaire, tous les Français se seraient allés jeter aux pieds des reines, pour demander justice contre l'infraction aux lois commises à l'égard d'un Français, et le témoignage d'un certain baron de Taubenheim, lequel affirmait que Voltaire avait dit que l'affaire de la Beaumelle ne regardait pas les Français, la Beaumelle n'étant pas Français, ou, s'il l'était, étant banni de France; ou s'il n'était banni de France, l'étant du Danemark, etc., la Beaumelle ne balança pas un moment; il choisit celui des deux témoignages qui s'ajustait le mieux à ses préventions, et il y crut fermement.

Il fit plus : impatient de provoquer Voltaire à s'expliquer sur les propos répétés par le baron, et ne s'inquiétant point de ce qu'allait en penser la comtesse de Bentinck, il osa prier cette dame de faire part à Voltaire combien lui, la Beaumelle, serait charmé de l'entendre en sa justification. Offensé de cette rare impudence, la comtesse dissimula et accepta la commission. J'imagine que Voltaire et elle firent une gorge chaude de la nouvelle prétention de la Beaumelle, et qu'il fut convenu que Voltaire la recevrait de la bonne façon.

Le lendemain donc la Beaumelle fut prié de passer chez lui.

Ici je cède la parole à la Beaumelle, aucune

analyse ne pouvant tenir lieu du récit qu'il fait lui-même de cette solennelle entrevue.

Le 14 il me fit prier deux fois de passer chez lui : je crus que madame de... (lady Bentinck) lui avait parlé et qu'il voulait se justifier. A peine fus-je assis, qu'il me dit :

— « J'ai appris avec le plus sensible chagrin qu'on a débité ici quelques exemplaires de ce livre où un chambellan du roi est traité de bouffon et de nain.

« Je lui répondis qu'avant le traité de paix, j'en avais donné douze à un libraire, que hier j'en avais racheté la moitié,.. qu'ainsi il n'y en avait que six de distribués.

— Six exemplaires! répliqua-t-il, ce sont six coups de poignard.

« Je ne vous avais point promis, lui répondis-je, de racheter des exemplaires; je l'ai fait par égard pour moi-même; je m'attendais à des remercîments, et vous me faites des reproches!.. Quelle conduite! »

« Après avoir fait deux tours dans la chambre, il me dit qu'il y avait un moyen de réparer l'outrage.

— Il faudrait, poursuivit-il, un carton.

« Je lui répliquai que je n'aimais pas les cartons, que le livre était déjà répandu à Paris, qu'un carton était inutile et que je ne savais qu'y mettre.

— Ne faites-vous pas, dit-il, à Hambourg une seconde édition?

« Oui... mais vous ne sauriez y entrer; on en ôtera tout ce qui n'est pas politique, on n'y laissera que de grands hommes. »

— Mais vous y laisserez M. de Montesquieu?

« Assurément :... mais M. de Montesquieu est un homme grand dans le grand, au lieu que les poètes ne sont grands que dans le petit. »

— Puisque vous ne m'entendez pas, me dit-il, c'en est fait!

« Volontiers, repartis-je; aussi bien n'était-ce que par égard pour le public que j'en ai eu jusqu'ici pour vous. »

« A ces mots, son visage s'enflamme, ses traits s'allongent, ses yeux s'arment de la foudre, sa bouche se remplit d'écume, ses bras se placent à ses côtés avec une majestueuse fureur; vous eussiez dit qu'il jouait *Rome sauvée*. »

— Traiter ainsi, s'écria-t-il, traiter ainsi un officier de deux monarques! Traiter ainsi un chambellan du roi!

« Si vous n'en êtes pas content, je vous traiterai comme il vous plaira; vous n'avez qu'à choisir. »

« Cependant il battait en retraite vers un cabinet voisin en assez mauvaise contenance. Je lui dis :

Que mes armes, consul, ne blessent point vos yeux.

Je ne violerai point l'hospitalité ; mais à cela près, craignez tout de moi. »

— Dieu ! s'écria-t-il, quelle insolence ! Dans ma maison ! Le téméraire s'en repentira.

« Le repentir, misérable que tu es, sera pour toi. Je sais toutes tes noirceurs; je souillerais ma bouche en les répétant; mais je saurai les punir. *Je te poursuivrai jusqu'aux enfers; je veux que tu dises*:

Hélas! Desfontaines et Rousseau vivent encore. Ma haine vivra plus longtemps que tes vers. »

« *En ce moment j'étais si indigné, que je crus qu'il me serait possible de lui tenir parole. Que je connaissais mal mon cœur* (1) ! »

Voilà ce que la Beaumelle, dans la préface de la première édition (à Héliopolis), appelle se justifier, « sans avoir recours aux invectives et au style des halles, mais par une relation des faits, simple, naturelle, dégagée de toutes passions, humeur et vivacité ; » voilà ce qu'il donne, dans l'avertissement de la seconde (à Colmar), « comme une preuve de sa modération, là où la modération est possible, et de son sang-froid à raconter le mal, égal au sang-froid avec lequel on le lui fit. » Et il ajoute : « Jugez-moi d'après ces détails. »

Cela ne sera pas difficile et ne sera pas long. Tout ce qu'on peut attendre d'un petit particulier infatué de son petit mérite et jaloux jusqu'à la fureur des avantages d'autrui, dont le ressentiment gratuit, ridicule d'abord, devient ensuite odieux; qui est étranger aux premières notions du savoir-vivre, impertinent dans son air, grossier dans ses paroles, brutal et bravache tout ensemble ; qui, n'ayant aucune raison d'insulter les gens, si ce n'est peut-être que parce que leur figure, leur vêtement ou leur esprit lui déplaisent, insulte de préférence ceux qui, étant ou plus célèbres par leurs talents, ou plus respectables

---

(1) Lettre sur mes démêlés. Tout ce qui est ici souligné appartient à la première édition de cette LETTRE et a été retranché de la seconde.

par leur âge, leurs dignités, leurs faiblesses même, sont tenus, par égard pour eux-mêmes, de ne pas le suivre dans sa provocation, et de lui céder, en quelque sorte, tout l'honneur de la lutte, la Beaumelle le réalise dans cette scène sans nom, où il eût mérité que Voltaire le fît jeter à la porte par ses valets. Et peut-être que Voltaire se fût donné ce plaisir si, indépendamment de l'aveu qu'il se faisait sans doute d'avoir trempé pour la meilleure part dans les infortunes de la Beaumelle, la position délicate où il était à Berlin depuis sa querelle avec Maupertuis, et le refroidissement que le roi lui témoignait à cette occasion, ne l'eussent détourné de l'envie de prendre une pareille licence.

Si pourtant quelque chose atténue ici l'indignité de la conduite de la Beaumelle, c'est l'espèce de franchise avec laquelle il l'expose, et qui est comme un hommage rendu à la vérité. Reste à savoir si cette crudité de ton, qui est la marque générale et presque unique de son récit, n'est pas plutôt une forme plus particulière d'un orgueil survivant à la cause qui l'a fait naître, et s'exaltant sur le papier, que l'effet d'un amour chevaleresque de l'impartialité. Pour moi, je le crois fort.

Quoi qu'il en soit, cette scène divertit le public de Berlin, aussi peu favorable sans doute à un champion qu'à l'autre. Elle fut, dit-on, mise en vers par un comédien.

La Beaumelle était ravi; on parlait de lui à Berlin autant que de Voltaire; on y disait peut-être que, pour qu'ils se gourmassent ainsi, il fallait que ces deux hommes se valussent. Il fut si fat que de prendre les reproches que la comtesse de Bentinck lui fit à ce sujet, pour des marques de bonté. La comtesse encore une fois se moquait de lui; elle se moquait même un peu de Voltaire, qui n'était pas assez bon pour que ses embarras n'amusassent pas quelquefois ses amis. Maupertuis seul pouvait prendre la Beaumelle au sérieux ; il se fit même son éditeur, et réimprima la *Lettre sur mes démêlés*. Voltaire l'en accuse du moins, et allègue des preuves assez vraisemblables. On le verra plus loin.

A la suite de ce récit, on lit dans l'édition primitive :

« Le lendemain je trouvai à mon lever cette épigramme :

> L'enfant, j'admire ta surprise
> De te voir honni, culbuté :
> Toi qui par la folie as ici débuté,
> Continué par la sottise,
> Fini par la fatuité.

« Il y avait du vrai dans cette épigramme. Je ne la crus pas de Voltaire; mais je me trouvai dans un moment de bile, et ma bile se répandit sur lui :

> Maître Arouet disait à B*** :
> Je le ferai mourir sous le bâton.
> — Vous savez bien, mon cher Voltaire,
> Qu'on n'en meurt pas, lui répond le libraire.

» M. de Voltaire trouva qu'il était indigne de moi de lui reprocher le malheur d'avoir reçu des outrages : comme si le reproche ne retombait pas sur les fautes qui les lui avaient mérités, et sur la patience avec laquelle il les avait endurés ! »

Il faut avouer que, puisqu'il était de mode alors de faire donner des coups de bâton à un homme de lettres dont on avait reçu des outrages, jamais volée de bois vert n'eût été mieux appliquée que sur les épaules de la Beaumelle. Mais la Beaumelle était bien impudent, lui qui venait d'accabler Voltaire d'injures sans voiles et presque sans esprit, d'oser lui rappeler la faute, c'est-à-dire le mot spirituel, juste, mais humiliant dont il avait payé le mépris d'un grand seigneur, et le railler de la patience avec laquelle il avait supporté cet indigne traitement, lorsque lui, la Beaumelle, devait savoir que Voltaire n'avait été mis hors d'état de venger son honneur que par son emprisonnement à la Bastille.

CHAPITRE IV.

Après de nouveaux efforts de la comtesse pour réconcilier son ami et la Beaumelle; après une lettre qu'elle obtint à ce sujet de la Beaumelle à Voltaire, lettre probablement insolente, à en juger par l'enveloppe où les qualités et titres officiels de Voltaire étaient sciemment omis; après que la Beaumelle eut lancé à Voltaire la menace d'*examiner* le *Siècle de Louis XIV*, et que cette menace eut même reçu un commencement d'exécution, bien que deux fois, à la prière de la comtesse, il eût détruit ses notes, il partit enfin de Berlin en mai 1752. Il se garda bien de dire qu'il en fut chassé; mais il paraît certain qu'on lui expédia une invitation d'en sortir équivalente à une expulsion.

Son but était d'aller à Francfort pour y faire imprimer ses fameuses notes.

Arrivé à Gotha, il s'enfuit bientôt après, dit Voltaire, avec une femme de chambre qui venait de voler sa maîtresse.

L'accusation est grave; mais ce qui la rend plus grave encore, c'est qu'elle part de plus haut que Voltaire. En effet, dans une note de l'Epître de Voltaire à d'Alembert (1771), on lit ce qui suit :

« Lorsqu'il fut en France, il demanda un certificat à madame la duchesse de Gotha, qui lui expédia celui-ci : On se rappelle très-bien que vous partîtes d'ici avec la gouvernante des enfants d'une dame de Gotha, qui s'éclipsa furtivement avec vous, après avoir volé sa maîtresse : ce dont tout le public est maintenant instruit ici. Mais nous ne disons pas que vous ayez pris part à ce vol. A Gotha, 24 juillet 1767; Signé ROUSSEAU, conseiller aulique de son Altesse Sérénissime. — Que vous êtes aimable, poursuit la duchesse, qui envoyait copie de ce certificat à Voltaire, d'entrer si bien dans mes vues au sujet de ce misérable la Béaumelle! Croyez-moi, vous ne pouvez rien faire de plus sage que de l'abandonner, lui et son aventurière, etc. »

Voltaire ajoute qu'il gardait les originaux de ces lettres écrites de la main de la duchesse.

Mais si, comme parle le conseiller Rousseau de cet air qui dit précisément le contraire de ce qu'on exprime, la Beaumelle n'eut point part à ce vol, il eût échappé difficilement à une accusation de complicité si la personne volée eût porté plainte. Pour la Beaumelle, je souffre de le voir se défendre si mollement d'un fait qui, à le bien prendre, n'avait sans doute pas la portée que lui donnait Voltaire.

On voit tous les jours des étourdis partir avec des malheureuses qui se sont ménagé par le vol des ressources pour vivre à l'aise dans leurs déportements, sans qu'ils aient pour cela trempé dans le vol, ni même qu'ils l'aient soupçonné. Une renommée, bonne jusqu'alors, et le témoignage de quelques personnes honorables, les préservent en cas de surprise, d'une accusation de complicité.

La Beaumelle n'oppose à celle dont il est l'objet, que ces faibles raisons, qu'il met dans la bouche d'un tiers officieux :

« Beau sujet, pour attester des personnes de ce rang! M. de Voltaire est peut-être le seul qui ose décrier par de telles voies ceux qui lui déplaisent. Pense-t-il donc que les princes soutiendront avec lui un personnage que le plus mince bourgeois, pour peu qu'il fût honnête homme, rejetterait avec horreur? C'est donc lui qui insulte véritablement le duc et la feue duchesse de Saxe-Gotha. Quant au fond de l'accusation, nous dirons que nous savons de bonne part que M. de la Beaumelle ne s'est point enfui de Gotha, qu'il en partit seul, qu'il fut longtemps en correspondance, après son départ, avec un ministre de cette cour et qu'il doit déposer à la bibliothèque du roi les lettres de ce ministre. »

En quittant Gotha, la Beaumelle se dirigea vers Francfort. Il y arriva pendant que Walther, éditeur de Voltaire, y préparait une édition du *Siècle de Louis XIV*. On pense bien qu'il ne lui porta pas ses notes sur cet ouvrage; mais un libraire nommé Esslinger lui offrit avec empressement de les imprimer.

Alors, au mépris du privilége de l'Empereur, dont Walther était en possession et qui lui reconnaissait le droit exclusif d'éditer le *Siècle de Louis XIV*,

Esslinger publia de son côté ce livre, *augmenté d'un très-grand nombre de remarques par M. de la B****. « On avait vu jusqu'à présent, dit Voltaire, des libraires ravir aux auteurs le fruit de leurs travaux en contrefaisant leurs ouvrages ; mais on n'avait point vu d'homme de lettres exercer cette piraterie. »

La Beaumelle vendit quinze ducats, selon Voltaire, et selon lui-même cent cinquante florins, cinquante exemplaires et quarante rames de papier d'impression, cette édition frauduleuse. Elle eut un débit considérable et fit un tort énorme à celle de Walther. Voltaire y avait mis tous les obstacles possibles ; il s'était adressé à cet effet, à M. Roques, ami de la Baumelle, à la Beaumelle lui-même, dont il n'avait pas dédaigné d'invoquer la loyauté ; mais et cet appel, et l'intervention de M. Roques avaient été sans succès.

On peut voir les détails de cette curieuse affaire dans la *Lettre à M. Roques*, qui précède le *Supplément au Siècle de Louis XIV*, dans deux autres lettres (avril 1752 et juillet 1753) de la *Correspondance générale*, écrites au même M. Roques, dans une autre à Thiriot, du mois de mai de 1755 ; enfin dans la préface du *Supplément* de l'édition Beuchot.

Je viens tout de suite aux *Notes* en question.

Elles sont de la même espèce et écrites du même ton avantageux et fat que le *Qu'en dira-t-on* ; mais l'impertinence en est la marque particulière dans le premier volume surtout, le seul que la Beaumelle convienne d'avoir annoté. Celles qui visent à contrôler, à corriger le style de Voltaire, sont à peine dignes d'un maître d'école de village, et celles qui ont pour objet la critique du plan du *Siècle de Louis XIV*, prouvent que la Beaumelle n'a point vu ou n'a point voulu voir le but que Voltaire s'est proposé dans cet écrit. Quelques-unes sont justes, et, de l'aveu même de Voltaire, révèlent une certaine étendue dans les connaissances historiques; d'autres sont d'une hardiesse de pensée qui aurait pu faire honneur à la Beaumelle, dans un temps où cette hardiesse n'était pas sans péril, mais qui n'est là qu'un effet de la suffisance, de la présomption du critique et d'un goût extravagant pour le bruit, qu'il ne paraît pas distinguer de la saine renommée. Tout ce travail enfin atteste qu'un ouvrier plus impatient qu'habile y a mis la main. Le parti pris de médire de Voltaire à quelque prix que ce soit, de le traiter tantôt comme un étourdi qui ne prend conseil que de ses fougues, tantôt comme un ignorant qui ne se fie qu'à des autorités indignes de crédit, y gâte ou rend suspects les meilleurs jugements. J'ajoute que la forme y est souvent barbare et presque toujours odieuse; chaque phrase, chaque mot y distille le fiel; l'insolence y dispute le rang à la pédanterie; la seconde n'y est même que l'expression adoucie de la première. C'est à en avoir des nausées.

« Effacez, dit-il à Voltaire, effacez sans pitié; on n'écrit pas ainsi (p. 2 et 79 du t. Ier). — Corrigez ces négligences, corrigez et dites, etc. (p. 3 et 214). — Où avez-vous pris cette anecdote (p. 6)? — Ceci n'est pas le terme; on se gâte à Potsdam (p. 13). — Variez, éloignez ces expressions parasites (p. 273).

— Retranchez cette dissertation (p. 237). — *Depuis Charles-Quint,..... l'Allemagne même (si on peut le dire) était devenue le patrimoine de l'Empereur :* Non, on ne peut pas le dire. » (p. 14.)

Voilà le pédant.

« Un sûr moyen d'avoir une pensée vraie, c'est de prendre justement l'opposé de celle de l'auteur (p. 12). — Le beau temps, M. de Voltaire, où un rouleau de louis était le prix d'un bon mot! Ne trouvez-vous pas comme moi que c'est là tout ce qu'il y a de plus beau dans la vie de Louis XIV (p. 193)? — M. de Voltaire a un tendre particulier pour les évaluations. Ce sont en effet de belles leçons pour les princes qui ont auprès d'eux des beaux esprits avides. » (p. 203.)

Voilà l'insolent. Cette édition, à peine publiée, Voltaire, transporté d'indignation et de fureur, mit tout en œuvre pour soulever les ministres, les magistrats contre le critique audacieux. Il écrivit à Paris vingt lettres remplies des plus terribles menaces contre la Beaumelle. Il descendit aux prières les plus basses pour déterminer ses amis à partager son ressentiment et à servir ses vengeances. Il députa, comme il avait fait au sujet de Desfontaines, madame Denis, sa nièce, à M. d'Argenson, pour se plaindre de l'iniquité du commentateur, pour faire voir au ministre que le régent était attaqué dans une note du troisième volume, et lui protester en outre que M. le duc d'Orléans en était fort irrité. Car alors, il ne savait pas si les notes des trois volumes étaient de la même main, ou, s'il le savait, il se gardait bien d'en parler, sa conscience ne lui reprochant jamais le mensonge, quand le mensonge pouvait l'aider à écraser un ennemi.

Toutefois, à l'égard de certaines personnes qu'il doit ménager, à cause de l'intérêt qu'elles portent à la Beaumelle, il dissimule sa colère et devient même assez maître de soi pour appuyer sa plainte sur d'excellentes raisons. Ainsi, la Beaumelle ayant dit que si Voltaire osait répondre à ses notes, *il le poursuivrait jusqu'aux enfers* : « il est bien le maître d'y aller, » écrivait Voltaire à M. Roques (avril 1752), ami de la Beaumelle, « et pour mieux mériter son gîte, d'imprimer contre moi beaucoup de choses personnelles, si j'entreprends de réfuter ses commentaires. J'observe seulement que c'est un vilain procédé d'imprimer trois volumes d'impostures et d'outrages contre un homme, et de lui dire ensuite : Si vous osez vous défendre, je vous calomnierai encore. »

Aussi ne tint-il aucun compte de la menace.

Incontinent il écrivit son *Supplément au Siècle de Louis XIV* qu'il acheva en quelques mois. Dans l'intervalle, il quitta Berlin de la manière que chacun sait; la Beaumelle vint à Paris. Il arriva en avril 1753, et le même mois il fut enlevé et jeté à la Bastille. Ce traitement était le fruit de la dénonciation de Voltaire, et était motivé sur ce que la Beaumelle, à l'occasion de la mort de plusieurs membres de la famille de Louis XIV, avait inséré dans ses *Commentaires*, une note injurieuse pour la mémoire du régent (1).

(1) Page 348 du tome II.

Hors d'état de répondre de la Bastille au *Supplément au Siècle de Louis XIV*, qui circulait dans Paris dès les premiers jours de mai, il eut le bonheur de trouver dans Maupertuis un homme qui le suppléa dans l'exécution des menaces qu'il avait faites à Voltaire, au cas où ce dernier répondrait à ses notes.

« Les *Apostilles* furent écrites, dit la Beaumelle (1), pour faire entendre à M. de Voltaire, par mon exactitude à repousser ses premiers traits, qu'il n'aurait en moi un ennemi ni patient, ni paresseux, ni muet. Il s'est plaint de ces *Apostilles;* il les appelle un vrai libelle. Qu'est-ce donc que son *Mémoire?* Ce *Mémoire* est si atroce que mes *Apostilles* paraîtront modérées ; à moins que, comme lui, on ne trouve mauvais que je ne me laisse pas égorger. »

Ces fameuses *Apostilles* servent en effet de pretexte à la *Réponse* de la Beaumelle au *Supplément* de Voltaire.

La Beaumelle se flatte qu'elles paraîtront modérées; je ne sais trop ce qu'en pensera le lecteur; mais comme il s'agit ici d'une de ces pièces innombrables auxquelles les procès de Voltaire avec ses critiques ont donné lieu, que ces pièces curieuses à tous égards, sont ou perdues, ou sur le point de l'être, ou pour le moins enfouies dans des recueils obscurs, sans méthode et sans ordre, j'aime à penser qu'on me saura gré de reproduire celle-là, d'autant qu'elle a peu d'étendue et qu'elle sera très-utile à l'éclaircissement de ce qui précède et de ce qui suit.

---

(1) Avertissement de la Lettre sur mes démêlés.

Elle est précédée d'un *avertissement* et, comme je l'ai dit, de la *Lettre sur mes démêlés;* elle a pour titre: *Mémoire de M. de Voltaire, apostillé par M. de la Beaumelle*, et est datée de Berlin le 27 janvier 1753.

Voltaire, passant à Cassel, avait appris que Maupertuis y avait séjourné quatre jours sous le nom de Morel, et y avait fait imprimer un libelle de la Beaumelle, sous le titre de Francfort, revu et corrigé par lui-même. (A d'Argental, 4 juin 1753.) Ce libelle était la *Lettre sur mes démêlés avec M. de Voltaire,* suivie d'un *Mémoire* de celui-ci *apostillé*. On connaît déjà la *Lettre;* le *Mémoire* est un court récit fait par Voltaire de ce qui s'était passé entre la Beaumelle et lui à Berlin, récit dont la Beaumelle contestait la vérité dans des notes ou *apostilles* aussi injurieuses que violentes.

MÉMOIRE.	APOSTILLE.
« Du jour que j'arrivai à Potsdam, Maupertuis m'a témoigné la plus mauvaise volonté (a). Elle éclata, lorsque je le priai de mettre M. l'abbé Raynal de son (b) Académie. Il me refusa avec hauteur et traita l'abbé Raynal avec mépris (c). Je lui fis (d) ordonner par le roi d'envoyer des patentes à M. l'abbé Raynal; on peut croire que Maupertuis ne me l'a pas pardonné (e).	(a) M. de Maupertuis et M. de Voltaire furent d'abord fort unis; tout Berlin, tout Potsdam le sait. *Voltaire,* écrivait alors M. de Maupertuis à ses amis, *est un homme admirable; il fait les choses les plus charmantes avec autant de facilité qu'un autre en fait de communes.* M. de Maupertuis ne traversa point son projet sur l'établissement d'une académie des arts. (b) Terme de mépris qui ne semble pas fait pour un corps dont le roi de Prusse est le chef, et dont M. de Voltaire est membre.

LA BEAUMELLE. 367

» Un homme (f) que je crois Génevois (g), ou du moins (h) élevé à Genève, nommé la Beaumelle, ayant été chassé (i) du Danemark, arrive à Berlin (k) avec la première édition du *Qu'en dira-t-on*, ou de ses *Pensées*. Dans ce livre devenu célèbre par l'excès d'insolence (1) qui en fait le prix, voici ce qu'on y trouvait :

« Le roi de Prusse a comblé
»de bienfaits les gens de lettres,
»par les mêmes principes que
»les princes allemands comblent
»de bienfaits un bouffon et un
»nain (m). »

(c) L'abbé Raynal a trop d'esprit pour donner dans ce piége. M. de Maupertuis m'a dit de lui ce que le public en dit, et le public en a parlé avec estime et avec éloge.

(d) Remarquez qu'ici c'est le roi qui *ordonne*, et M. de Voltaire qui *fait* ordonner.

(e) Ce n'est point l'abbé Raynal qui les brouilla ; ce fut l'histoire du Juif (1). M. de Maupertuis crut qu'il lui convenait de vivre à une certaine distance d'un homme qui en savait plus qu'un enfant d'Éphraïm, et duquel le ministre de France à Berlin écrivait : *Si Voltaire perd son procès, il sera pendu ; s'il gagne, il sera chassé*. M. de Maupertuis l'évita : si c'est un crime, tout Berlin est coupable.

(f) Que dirait M. de Voltaire de quelqu'un qui le désignerait ainsi : *Un homme célèbre par quelques bons vers, et par quantité de crimes, également digne de la fleur de lys et du laurier, nommé Arouet*? Du moins il ne l'accuserait pas de calomnie, et j'en accuse M. de Voltaire.

(g) M. de Voltaire me croit Génevois, parce qu'un jour que je lui disais que j'étais Français, il me demanda si je connaissais M. de *Beauregard*, et que la civilité voulait que je ne me remisse pas le nom de l'homme qui le premier lui a si bien appris à souffrir avec patience (2).

(1) Voyez Vie de Voltaire, et les pièces justificatives.
(2) Voltaire avait, dit-on, reçu des coups de bâton de ce Beauregard, près du pont de Sèvres.

(h) Je ne suis ni Génevois, ni élevé à Genève. J'y ai passé quelques mois avec la permission du roi. Du reste, si je n'étais pas né Français, je voudrais être né Suisse, et je trouve très-beau le titre que M. Rousseau met à la tête de ses ouvrages.

(i) Voltaire se trompe. Je demandai mon congé et je l'obtins. Je ne demandai point de gratification, et le roi de Danemark m'en accorda une très-considérable. Il ne tint qu'à moi de retourner à Copenhague reprendre mon poste. J'ai des preuves de ces faits. A la vérité, je ne suis plus payé de ma pension ; mais peut-être le serai-je un jour ; du moins elle n'est pas supprimée. *Nil desperandum Teucro duce.*

(k) Je n'avais, en arrivant à Berlin, qu'un seul exemplaire de la première édition du *Qu'en dira-t-on* ; et pendant tout mon séjour, je n'en ai distribué que douze exemplaires, que M. de Voltaire appelait alors douze coups de poignard.

(l) A cela, je n'ai rien à répondre, M. de Voltaire doit se connaître en excès et en *insolences.*

(m) Il fallait rapporter le passage en entier. Je ne me retrouve point dans cette citation.

» C'est cet homme proscrit (n) dans tous les pays que Maupertuis recherche, (o) dès qu'il est arrivé, et qu'il va soulever contre moi ; en voici la preuve dans une lettre écrite par la Beaumelle à M. le Pasteur Roques, au pays de Hesse-Hom-Lourg :

(n) *Proscrit?* dans quel pays ? et pourquoi ? Serais-je l'auteur de ce sermon des *Cinquante* qui ne put devenir public que le prédicateur ne soit mis en pièces par tous les peuples qui vivent sous la loi du Christ, de Moïse et de Mahomet.

(o) M. de Maupertuis ne me

Fragment de la lettre de la Beaumelle (q).

« Maupertuis vient chez moi » (r), ne me trouve pas ; je vais » chez lui. Il me dit qu'un » jour, au souper des petits » appartements, M. de Voltaire » avait parlé d'une manière vio- » lente contre moi, qu'il avait » dit au roi que je parlais peu » respectueusement de lui dans » mon livre, que je traitais sa » cour philosophe de nains et » de bouffons, que je le com- » parais aux petits princes alle- » mands, et mille faussetés de » cette sorte (s). M. de Mau- » pertuis me conseilla d'envoyer » ma lettre au roi en droiture, » avec une lettre qu'il vit et » corrigea lui-même. »

fit point l'honneur de me *rechercher ;* et quoique M. de Voltaire, dès mon arrivée, me fît la grâce de me persécuter, je ne *recherchai* point son ennemi. Je crus que M. de Maupertuis avait des préventions contre moi, et cette idée m'éloigna de lui.

(p) Ce qui me souleva contre M. de Voltaire, ce fut l'impossibilité de le gagner, ses bassesses et ses hauteurs, le peu de cas qu'il faisait de sa parole, la certitude qu'on ne pouvait l'adoucir qu'en entrant dans toutes ses faiblesses, et mon horreur naturelle pour toutes ces faiblesses-là. Mais quel est ce *soulèvement* ? Est-ce ma critique de son *Siècle* ? Il lui serait permis de faire des fautes, et il ne serait pas permis de les relever ?

(q) Il fallait rapporter cette lettre en entier. Voltaire en a une copie qui lui a été envoyée par mon ordre. La lettre avait éclairci le fait, rempli par le sens vide qui est dans le récit et justifie M. de Maupertuis.

(r) M. de Maupertuis au retour de Potsdam, me rendit la visite que trois semaines auparavant je lui avais faite à Berlin. Voilà tout le mystère. Voltaire veut absolument que M. de Maupertuis soit venu chez moi pour être son délateur. Rien n'est plus faux. M. de Maupertuis ne l'a point fait, et je n'ai ni écrit, ni dit qu'il l'eût fait.

(s) M. de Maupertuis ne me le dit qu'après que M. d'Arget me l'eut dit. J'allai chez M. de Maupertuis pour lui expliquer le passage ; je l'assurai que je

» Le roi de Prusse qui n'a su cette anecdote que depuis quelques jours, doit être convaincu de la méchanceté atroce de Maupertuis, puisque Sa Majesté sait très-bien que je n'ai jamais dit à ses soupers (t) ce qu'il m'impute Elle me rend (u) cette justice; et quand je l'aurais dit, ce serait toujours un crime (x) à Maupertuis d'avoir manqué au secret qu'il doit sur tout ce qui s'est dit aux soupers particuliers du roi (y).

n'avais pas voulu l'offenser. Il me répondit que le passage n'avait rien d'injurieux (1), et que le comte Algarotti qui, après souper, était descendu chez Voltaire, le lui avait transcrit, et avait jugé comme lui qu'il y avait eu beaucoup de mauvaise foi dans l'exposé de Voltaire.

(t) Qui l'a donc dit? D'Arget et Voltaire étaient les seuls qui eussent vu mon livre ; cela se dit au souper du roi. M. d'Arget ne soupe point avec le roi ; le marquis d'Argens n'en savait rien ; le baron de Polnitz non plus. Le comte Algarotti vint m'offrir des regrets d'avoir été trop crédule (2) : d'un autre côté, M. de Voltaire ne cacha pas qu'il était fort choqué de ce passage, me soutint qu'il était contre lui et contre le roi, et fut seul de cet avis. Après cela, que penser de la confiance avec laquelle il prit à témoin du contraire Sa Majesté? Que dire de son acharnement à imputer à M. de Maupertuis un rapport qu'il m'avait fait lui-même ?

(u) Qui le lui a dit? Certainement, ce n'est pas sa conscience.

(x) Eh! ne parlez donc pas de crimes, M. de Voltaire. Ce mot réveille des idées fâcheuses ; et d'ailleurs, quoi de plus ridicule que cette nouvelle loi du secret sur tout ce qui se dit chez un roi.

(y) On voit bien que M. de

---

(1) Maupertuis donnait là un triste échantillon de son intelligence ou de sa bonne foi.

(2) On a vu que la Beaumelle avait été sa dupe.

» On sait quelle violence inouïe (z) il a exercée depuis contre M. Kœnig, bibliothécaire de madame la princesse d'Orange : on connaît les lettres qu'il a fait imprimer, dans lesquelles il outrage tous les philosophes d'Allemagne, et fait dire à M. Wolf ce qu'il n'a point dit, afin de le décrier (a).

» On n'ignore pas par quelles affreuses manœuvres il est parvenu à m'opprimer (b). J'ai remis à Sa Majesté ma clef de chambellan, mon cordon (c), tout ce qui m'est dû de mes pensions (d). Elle a eu la bonté

Voltaire veut acquérir le droit de médire et de calomnier impunément à des soupers qui ne sont point faits pour cela. Il y a une variante sur ce qui s'est passé à ce souper du roi. Le même jour que M. de Voltaire se plaignit si amèrement à moi du passage, et s'en plaignait seul, il dit à madame la comtesse de *** (1) de qui je le tiens, qu'il avait seul pris mon parti à la table du roi, où l'on me déchirait, et qu'il s'était écrié : *Quoi ! faut-il qu'un étranger ne puisse paraître à Berlin sans être opprimé ?* M. de Voltaire commet donc quelquefois le *crime* de révéler ce qui se dit aux soupers particuliers du roi, et qui pis est, ce qui ne s'y dit pas.

(z) *On sait.* Qui le sait ? M. de Voltaire se prend et se donne toujours pour toute l'Europe.

(a) Excellente apologie de l'*Acakia*, ou de tant de procédés qui valurent à M. de Voltaire ces paroles si remarquables et si applaudies : *Je ne vous chasse point, parce que je vous ai appelé ; je ne vous ôte point votre pension, parce je vous l'ai donnée ; mais je vous défends de reparaître jamais devant moi.*

(b) M. de Maupertuis est président de l'Académie ; M. de Voltaire veut sa place. Kœnig est condamné par l'Académie ; Voltaire, sous prétexte de le défendre, écrit une douzaine de libelles contre M. de Mau-

---

(1) La comtesse de Bentinck.

de me rendre tout, et a daigné m'inviter à la suivre à Potsdam où j'aurais l'honneur de la suivre (e), si ma santé me le permettait. »

pertuis ; voilà toutes les *manœuvres* de M. de Maupertuis.

(c) C'était le cordon de l'Ordre du Mérite.

(d) Il est bien étonnant que ce mot de *pension* lui ait échappé, à lui qui me faisait un crime de l'avoir mis dans le passage ci-dessus mutilé. Il me disait alors que ce que le roi de Prusse lui donnait alors n'était point pension, que ce n'était qu'un simple *dédommagement*. Cependant, il avait vendu sa charge de gentilhomme ; il conservait ses appointements d'historiographe : les cinq mille écus du roi de Prusse étaient donc le *dédommagement* des jetons de l'Académie.

(e) Les lettres de Berlin s'inscrivent unanimement contre ce fait. Au reste, M. de Voltaire pourrait, sans être bien avec le roi, y être aussi bien qu'il y était autrefois. Qu'il me permette de l'exhorter à pleurer ses fautes passées, au lieu d'en faire de nouvelles ; qu'il employe à imiter M. de Maupertuis le temps qu'il passe à le déchirer. Qu'il m'en croye, et il fera bien.

Paris, 3 mars 1753.

Voltaire accusa Maupertuis de s'être fait l'éditeur de ces deux pièces. La Beaumelle le nia, mais faiblement et de manière à persuader que Voltaire avait dit vrai. « M. de Maupertuis, remarque-t-il, ne publie guère les ouvrages des autres (1). » Quel est donc l'éditeur ? La Beaumelle répond qu'il ne le con-

---

(1) Avertissement de la Lettre sur mes démêlés.

naît pas. Ce n'est pas lui, puisqu'il était à la Bastille; ce n'est pas Voltaire apparemment; il nous faut donc en revenir à Maupertuis, et reconnaître l'exactitude du renseignement obtenu par Voltaire à Cassel. Aussi « vous remarquerez, dit Voltaire dans la même lettre à d'Argental, qu'il imprimait cet ouvrage au mois de mai, sous le nom de la Beaumelle, dans le temps que ce la Beaumelle était à la Bastille dès le mois d'avril. C'est bien mal calculé pour un géomètre. »

CHAPITRE V.

Cependant, le *Supplément* se répandait dans le public avec la rapidité d'un fléau contagieux. La police y ayant soupçonné d'abord quelque délit, en avait fait, dès le 15 mai, rechercher les exemplaires chez l'éditeur Lambert ; mais, comme loin d'être un sujet d'inquiétude pour l'autorité, cette brochure en exaltait au contraire les représentants, dans la personne de Louis XIV, de sa famille, de son successeur et de tous les souverains de l'Europe, on la laissa débiter librement.

Tout le monde a lu ce factum étrange, sorte de pilori où la Beaumelle reçoit de la main la plus exercée qui fut jamais à ce métier, une longue et sanglante flagellation. L'esprit n'y est sans doute pas du plus délicat, mais les traits en sont acérés, et au lieu de piqûres, font de larges plaies ; la colère y a des accents, tantôt d'une énergie triviale, tantôt d'une indignation éloquente ; c'est en vain qu'elle voudrait ne jamais franchir les limites de la raillerie ; la raillerie annonce un certain effort de la pensée pendant lequel la passion, préoccupée du choix de ses expressions, se tempère et se refroidit ; Voltaire ne se donne pas le temps de faire ce choix ; il y a plus, il le prend tout fait dans la Beaumelle dont il n'a, en répondant, qu'à emprunter les formules impératives et familières que j'ai citées plus haut. On n'a qu'à lire les passages du *Supplément* qui commencent par ces mots : Apprenez, apprenez, jeune homme, etc., on verra avec quel art infini il se sert de ce mode dont la Beaumelle use grossièrement dans ses *Notes*, et combien cette forme, qui n'est qu'une impertinence reproduite à satiété par le critique, acquiert de grâce, de force, de dignité même sous la plume de l'écrivain critiqué. Il y a bien aussi dans ce libelle des fragments où Voltaire est, sinon plus modéré, du moins plus solennel, la discussion méthodique des faits allégués ou révoqués en doute par la Beaumelle ralentissant son allure et enchaînant sa verve; mais alors le ressentiment des outrages personnels dont il est l'objet dans les *Notes,* et qu'il affecte dédaigneusement de passer sous silence, surnage toujours à cette modération forcée, et, si j'ose m'exprimer ainsi, la fait grimacer.

La Beaumelle, écrivant à madame Denis (1), avait dit avec une ironie plus amère que spirituelle: « Ne faisant que d'entrer dans le monde, il me serait sans doute fort glorieux d'être annoncé par M. de Voltaire »; la publication du *Supplément* venait lui donner satisfaction complète à cet égard ; il ne lui restait plus qu'à remercier Voltaire. Malheureusement il

---

(1) Cette lettre est à la suite de la *Lettre sur mes démêlés*, et avant le *Mémoire apostillé*, dans le troisième volume de l'édition du *Siècle*, par la Beaumelle.

était prisonnier à la Bastille, et Voltaire, qui l'avait été un moment à Francfort, avec des circonstances plus ridicules, sinon plus humiliantes, était libre et témoin du succès de son *Supplément.*

Mais comme on pourrait croire qu'il avait profité, pour le rendre public, de ce que la Beaumelle était dans l'impuissance d'y répondre, il est à propos d'ajouter qu'il ignorait alors la détention de ce dernier.

« Je suis fâché, écrit-il à M. Roques (juillet 1753), d'avoir répondu à la Beaumelle avec la sévérité qu'il méritait. On dit qu'il est à la Bastille ; le voilà malheureux ; ce n'est pas contre les malheureux qu'il faut écrire. Je ne pouvais deviner qu'il serait enfermé, dans le temps même que ma réponse paraissait. Il est vrai qu'après tout ce qu'il a écrit avec une si furieuse démence contre tant de citoyens et de princes, il n'y avait guère de pays dans le monde où il ne dût être puni tôt ou tard..... Il était de mon devoir de donner un préservatif contre une scandaleuse édition, qui n'est que trop publique en Allemagne et en Hollande. »

Le *Supplément* avait paru dès le mois de mai 1753; la Beaumelle sortit de la Bastille au mois d'octobre de la même année : il y était donc resté six mois. Le duc d'Orléans avait fait commuer sa peine en un exil à cinquante lieues de Paris.

A peine libre, la Beaumelle prit la plume et écrivit sa *Réponse au Supplément*, qui ne put être imprimée qu'au mois d'avril 1754. Il y avait donc eu un intervalle d'un an entre celle-ci et le libelle qui y avait donné lieu.

En la lisant, il est facile de s'apercevoir que le séjour de la prison a eu sur l'esprit de la Beaumelle une influence salutaire. Rien n'est propre en effet à refroidir les chaleurs du sang, à ramener au calme plat les têtes qui se montent, à constater l'impuissance de l'orgueil en révolte contre la société ou contre la raison, comme un bon *pourpoint de pierre.* Six mois passés sous ce costume antiphlogistique apportent plus d'expérience et de maturité que dix ans passés dans le commerce des hommes.

Le début de la *Réponse au Supplément* en est un témoignage. Comme, ainsi que je l'ai déjà remarqué, cette sorte d'écrits ou de libelles devient de plus en plus rare, et que d'ailleurs je n'ai rien cité jusqu'ici d'assez considérable de la Beaumelle, pour que le lecteur soit en état de se former une idée à peu près juste de la nature de son talent, je rapporterai ici en entier ce début.

« Tout le monde vous abandonne, monsieur. Disgracié à Berlin où il ne tenait qu'à vous d'être heureux, on vous rebute à Hanovre où vous ne demandiez pour tout dédommagement que mille livres sterling de pension. On vous refuse un asile à Vienne, où, quelques mois auparavant, on avait eu la faiblesse de vous accorder une lettre de cachet contre moi (1). On rejette vos *Épîtres dédicatoires* à Berne. On n'aime aujourd'hui en Hollande que les esprits tranquilles

(1) Je ne saurais dire à quel sujet.

et doux. On m'assure que vous ne pouvez rentrer à Paris. Vos amis ne le sont plus. Vos ennemis triomphent; le pouvoir vous accable; la sagesse applaudit. Quel asile, quelle ressource vous restent-ils ? Colmar (1) et ma pitié.

« Oui, monsieur, vos infortunes me touchent, et dans l'instant que je sors de ce château, où une calomnie dont vous connaissez l'auteur m'a retenu pendant six mois, j'apprends vos malheurs et j'oublie ma vengeance.

« Je viens de lire votre *Supplément au Siècle de Louis XIV* ; c'est un tissu d'injures contre moi : j'en ai eu honte pour vous.

« J'ai lu ensuite votre déclaration datée du lieu de votre prison à Francfort, et, sensible aux maux d'autrui par un triste retour sur les miens, j'ai frémi de voir le plus bel esprit de France, un homme que j'avais laissé encore assez bien avec un grand roi, un vieillard, un vieillard infirme, de le voir avec une nièce qu'il aime, dans un état plus triste encore que celui d'où un ministre mieux informé vient de me tirer.

« Vous m'avez fait tout le mal qu'un homme peut faire à un homme. Vous avez commencé à me persécuter à Berlin, continué à Francfort, achevé à Paris. Vous avez attendu que j'eusse les mains liées pour me porter les plus sensibles coups. Je vous pardonne.

« C'est beaucoup pour vous qui sentez combien je suis en droit de vous haïr : c'est peu pour moi qui

(1) Voltaire y était alors, après avoir décampé de Berlin, puis de Francfort.

sais jusqu'où vont les droits des malheureux. Je vous plains. Que ne puis-je ajouter : je vous aime?

« Nous voilà libres, vengeons-nous des disgrâces en nous les rendant utiles. Laissons toutes ces petitesses littéraires qui ont répandu tant de nuages sur le cours de votre vie, tant d'amertumes sur ma jeunesse. Un peu plus de gloire, un peu plus d'opulence, qu'est-ce que tout cela? Cherchons le bonheur et non les dehors du bonheur. La plus brillante réputation ne vaut jamais ce qu'elle coûte. Charles-Quint soupire après la retraite ; Ovide souhaite d'être un sot.

« Nous voilà libres : je suis hors de la Bastille ; vous n'êtes plus à la cour. Profitons d'un bien qu'on peut nous ravir à tout moment. Respectons cette grandeur, dangereuse à ceux qui l'approchent, et cette autorité terrible à ceux mêmes qui l'exercent. Et s'il est vrai qu'on ne peut penser sans risque, ne pensons plus. Tous les plaisirs de la réflexion valent-ils ceux de la sûreté? Croyons-en, vous, soixante ans d'expérience, moi, six mois d'anéantissement. Soyons plus sages ou du moins plus prudents : et les rides de la vieillesse et le souvenir des verroux, ces outrages du temps et du pouvoir, deviendront pour nous de vrais biens.

« Voilà mes sentiments, si vous les haïssez dans un ennemi, vous êtes à plaindre ; si vous les partagez avec moi, vous vous rapprochez du vrai. C'est pour m'y attacher par un lien plus fort que je vous en fais le dépositaire.

« Après cela dois-je répondre à votre *Supplément*, à ce libelle atroce jusqu'au ridicule, à cette invective sans sel comme sans vérité, à cette philippique bien plus écrite contre vous que contre moi?

« La certitude où je suis que vous voudriez ne l'avoir pas faite, vos contradictions, mon goût pour la paix, mon aversion pour les disputes, mon mépris pour les disputes littéraires, des occupations plus importantes, tout concourt à m'en détourner.

« D'ailleurs, votre *Supplément* aura le sort d'une partie de vos ouvrages; je n'ai donc rien à craindre de la postérité; et votre passion est trop connue pour que j'aie rien à craindre de mon siècle.

« Mais vous attaquez mon honneur; je réponds.

« M. de Maupertuis, me direz-vous, n'a point répondu. Eh! vous répondrais-je, si j'étais le quart de Maupertuis?

« On me blâmera, je le prévois. J'entends déjà ceux qui prennent pour modération leur insensibilité aux injures de leurs semblables, me dire : Quel tort pouvaient vous faire les invectives de cet homme? Qu'est-ce qu'un libelle qui se réfute lui-même, à force de se contredire?

« Quand l'outrage est porté jusqu'à un certain point, et part de certaine bouche, la seule réponse est le silence et le mépris.

« Tel sera le sentiment des gens du monde. Ils ne peuvent souffrir les querelles des gens de lettres. Ils ont une extrême délicatesse sur l'honneur, et ils nous défendent cette délicatesse. Ils rempliraient l'Univers de leurs cris, si le trait le plus léger effleurait publiquement leurs mœurs, et ils ne nous pardonnent pas une plainte sur ces brochures calomnieuses où ils aiment à puiser la fausse idée qu'ils ont de nous; idée qu'ils ne veulent pas que nous détruisions, comme si les hommes qui, par leur caractère et l'habitude où ils sont d'exercer les facultés de leur âme sentent avec le plus de vivacité, étaient obligés de souffrir avec le plus de patience; comme si la défense des mœurs des citoyens n'était pas la plus noble prérogative de l'art d'écrire; comme si la probité la plus pure n'appartenait pas à la raison la plus éclairée.

« Que l'on condamne l'entreprise, on ne condamnera pas l'exécution.

« Au reste, qui sait mieux que moi-même ce que je me dois?

« Je répondrai donc sans fiel, je n'en ai point; sans déclamation, j'ai la voix trop faible; sans invectives, je sais les bienséances.

« Mais si, par une méchanceté qu'à peine je crois possible, des ennemis que je ne connais pas, parce que je ne les ai pas mérités, donnaient un mauvais sens aux paroles les plus mesurées; s'ils exigeaient que je connivasse par mon silence à mon propre déshonneur, je sors d'un lieu où j'ai fait le souhait d'un Empereur romain : *Utinam nescirem litteras* ! Et je n'hésite pas à faire celui d'un philosophe grec : Ἄπαγέ με εἰς τὰς λατομίας (1).

« Je vais donc me condamner et vous juger; non avec la partialité d'un critique, mais avec la franchise d'un homme qui a passé six mois avec lui-même. Il n'est pas question entre nous

(1) « Qu'on me ramène aux Carrières. » Réponse de Philoxène à Denys-le-Jeune.

de politesses ; il s'agit de vérité et de sentiment.

« Peut-être l'expression sera-t-elle forte : mais dans la solitude, l'âme se roidit. Et, qu'importe que l'esprit soit dur, pourvu que le cœur soit bon ?

« Je repousserai les personnalités, en m'abstenant de personnalités. Je ne m'appesantirai pas sur le fond de la question. Vous ne la présentez que masquée ; et, quand vous l'offririez sous ses véritables traits, je ne me bats point contre des atomes.

« Si ma réponse vous déplaît, vous n'en serez pas digne ; si elle vous plaît, je serai fâché de vous l'avoir faite. Dans le doute, je vais la commencer. »

Quel chemin a fait ce jeune homme, depuis le jour où, connaissant à peine Voltaire et parce que, sur des rapports et des indices frivoles, il le soupçonnait d'être son ennemi, la Beaumelle l'insultait effrontément à Berlin dans sa propre maison ; quel chemin, dis-je, il a fait depuis ce jour jusqu'à celui où nous le retrouvons maintenant ! Et cela, dans l'espace d'une année et après une halte de six mois à la Bastille !

Certes, la prison est un fâcheux séjour, et je plains de tout mon cœur le malheureux que l'État gratifie d'un pareil logement : mais quand on ne fait que d'y passer et dès qu'on en est dehors, il faut convenir qu'on n'a pas tout perdu à cette suppression momentanée de sa liberté.

Au lieu de poursuivre Voltaire de ses sarcasmes au sujet du guet-apens de Francfort, vengeance qu'il ne se fût point refusée s'il n'eût tâté de la Bastille, la Beaumelle fait un retour sur soi-même, et se rappelant les maux qu'il a soufferts, respecte ceux d'autrui jusque dans l'homme qu'il juge avoir le moins de droit à ses respects. Que dis-je? il lui pardonne, il le plaint, il essaye presque de l'aimer. Le moyen qu'il lui indique, d'ailleurs, pour rétablir la paix entre eux, pour vivre chacun en sûreté et dans le contentement de soi-même, est excellent. Mais peut-être est-ce aller trop loin que d'y ajouter sa recommandation de *ne plus penser*. Le sage tient compte de tout dans la société où il vit ; toujours pénétré des égards qu'il lui doit, il règle là-dessus ses pensées et ses discours, étudie les révolutions qui s'opèrent dans les esprits, les suit avec sollicitude, ne leur prépare pas des dénoûments terribles en gourmandant leur lenteur, et gagne à l'observation rigoureuse de ces conditions, l'avantage de n'être pas troublé dans l'exercice d'une liberté à laquelle il a posé lui-même des limites. Si donc la recommandation de la Beaumelle a trait à l'abus que Voltaire et lui ont fait de la pensée, la Beaumelle a raison ; si elle n'est qu'un avertissement contre les susceptibilités du pouvoir, elle est déplacée, n'y ayant qu'un pouvoir ennemi de sa considération et de sa durée qui eût fermé les yeux sur les impertinences politiques de la Beaumelle, sur les attentats de Voltaire contre la morale et contre la religion.

On remarquera que la Beaumelle impute à Voltaire d'avoir attendu que son ennemi fût hors d'état de se défendre pour l'attaquer ; mais les dates sont là, celle de l'écrou de la Bastille et celle de la publication du *Supplément*, qui s'élèvent contre cette imputation : la Beaumelle était saisi, incarcéré le 23 avril, et le *Supplément* arrivait de Dresde à Paris, dès les premiers jours du mois suivant.

Je regrette de ne pouvoir entrer dans de plus longs détails sur cette réponse de la Beaumelle qui parut d'abord en 1753, in-12, sous la forme de vingt-quatre lettres, avec cette épigraphe : *an si quis atro me dente petiverit, inultus ut flebo puer ?* C'est peut-être le meilleur de ses écrits. Il s'y élève parfois jusqu'à la véritable éloquence. On sent, à lire ces lettres, que la Beaumelle avait l'âme vraiment honnête, quoique cette âme ait eu le malheur d'être empoisonnée par l'orgueil. Voltaire, à son tour, y est au pilori, et, ce qu'on n'aura pas de peine à croire, n'inspire pas le moindre sentiment de pitié. Voilà qui rachète le récit de l'entrevue de Berlin et laisse bien loin derrière soi les Desfontaines et les Fréron.

Néanmoins, si on voit dans ces lettres que l'auteur se repent de ne s'être pas assez défié de son ressentiment, et d'avoir écrit ses *Notes* en jeune homme inconsidéré; s'il avoue qu'il mêla des railleries sur la personne de Voltaire à des remarques sur ses écrits, comme si l'auteur et l'homme n'étaient pas choses très-différentes; s'il confesse qu'il se manqua à soi-même au point de le traiter avec cette hauteur qui n'est pas même permise à la supériorité; s'il se condamne enfin galamment, il est loin de rabattre quoi que ce soit de sa critique du *Siècle de Louis XIV*. Au contraire : « Je me dégoûtai bientôt, dit-il, de ce travail; non que je ne trouvasse partout des fautes, mais je ne me trouvais pas la même humeur. Je ne passai donc point le premier volume (1). » O orgueil !

Voltaire ne répliqua pas, et jusqu'en août 1756, sa correspondance ne contient rien, ou à peu près, qui regarde la Beaumelle. Mais sa haine se ranima tout-à-coup, lorsque la Beaumelle eut publié les *Mémoires de madame de Maintenon*. Il faut voir, dans les *Honnêtetés littéraires* comment il traite ce salmigondis de vérités et de mensonges :

« On ne peut lire sans quelque indignation les *Mémoires pour servir à l'histoire de madame de Maintenon et à celle du siècle passé*. Ce sont cinq volumes d'antithèses et de mensonges. Et l'auteur est encore plus coupable que ridicule, puisque, ayant fait imprimer les *Lettres de madame de Maintenon* dont il avait escroqué une copie, il ne tenait qu'à lui de faire une histoire vraie, fondée sur ces mêmes lettres, et sur les Mémoires accrédités que nous avons. Mais la littérature étant devenue le vil objet d'un vil commerce, l'auteur n'a songé qu'à enfler son ouvrage et à gagner de l'argent, aux dépens de la vérité... On voit à chaque page un homme qui parle au hasard d'un pays (la cour) qu'il n'a jamais connu et qui ne songe qu'à faire un roman.

« Mademoiselle de la Vallière, dans une désha-
» billé léger, s'était jetée dans un fauteuil ; là, elle pen-
» sait à loisir à son amant. Souvent le jour la retrou-

---

(1) Il paraît, en effet, que les notes du second volume, qui sont, en général, bienveillantes et même louangeuses, sont du chevalier de Mainvillers.

» vait assise sur une chaise, accoudée sur une table,
» l'œil fixe dans l'extase de l'amour. »

« Hé, mon ami! l'as-tu vue dans ce déshabillé léger? l'as-tu vue accoudée sur cette table? Est-il permis d'écrire ainsi l'histoire? »

Quoi qu'il en soit, ce livre eut un grand succès.

Mais bientôt, Voltaire aidant, on ne tarda pas à reconnaître que les faits y étaient ou hasardés ou défigurés, et que ces *Mémoires* étaient une véritable spéculation sur la crédulité publique.

Plusieurs lettres de madame de Maintenon, qui faisaient suite à ces *Mémoires*, étaient falsifiées. On y en supposait quelques-unes du maréchal de Villars et du duc de Richelieu qui ne les avaient jamais écrites; enfin, et ce qui réussit fort mal à la Beaumelle, on disait au livre XIII, chapitre I, des *Mémoires*, « que la cour de Vienne était soupçonnée de réparer par ses empoisonneurs les fautes de ses ministres. » La rage de faire parler de soi lui avait fait oublier trop tôt les sages conseils que lui donnait tout-à-l'heure Voltaire. Informée de son incartade, et, dit-on, par Voltaire lui-même, Marie-Thérèse s'en plaignit au ministère français. La Beaumelle fut mis de nouveau à la Bastille. Voltaire s'en réjouit cordialement.

« Vous avez raison, écrit-il à la comtesse de Lutzelbourg (6 octobre 1756), de détester un polisson qui veut faire le plaisant, et parler en homme de cour des princes et des femmes dont il n'a jamais vu l'antichambre. Il y a encore une raison de mépriser son livre, c'est que d'un bout à l'autre il contient un tissu de mensonges ou de contes trainés dans les rues. Il est très-bien à la Bastille, etc. »

C'est ici le lieu d'examiner par quelle voie la Beaumelle avait été mis en possession des lettres de madame de Maintenon. Or il paraitrait que c'est simplement par la voie qui mène encore aujourd'hui les gens en police correctionnelle ou en cour d'assises. Je ne l'affirmerais pas certes ; mais je ne puis m'empêcher de dire que la Beaumelle ne s'est pas lavé de cette accusation ; que, sachant que le roi de Prusse s'en était fait l'écho dans les soupers de Potsdam, et Voltaire l'ayant recueillie et propagée, il devait à l'opinion, il se devait à soi-même de confondre ses accusateurs par des preuves palpables, authentiques, claires comme le jour, manifestes comme l'évidence. Au lieu de cela, il laisse tomber le bruit dont il est l'objet, et n'y fait pas plus attention que si cela ne le regardait pas. Serait-ce qu'il jugeait indigne de soi de se défendre? Je me plais à le croire. Mais, ne serait-ce pas aussi que l'accusation n'ayant fait que passer complaisamment d'une bouche en l'autre, sans aboutir à une publicité éclatante, la Beaumelle ne voulut pas lui donner cette publicité en la combattant? Cette prudence est également louable, et n'implique pas davantage qu'il fût coupable. Quoi qu'il en soit, je cède la parole à Voltaire, qui eut, un des premiers, vent de ce bruit :

« J'ai vu les *Lettres de madame de Maintenon*, écrit-il de Potsdam à d'Argental (22 novembre 1752) ;

heureusement ces lettres confirment tout ce que j'ai dit d'elle. Si elles m'avaient démenti, mon *Siècle* était perdu. Comment se peut-il faire qu'un nommé la Beaumelle, prédicateur à Copenhague, depuis académicien, bouffon, joueur, fripon, et d'ailleurs ayant malheureusement de l'esprit, ait été le possesseur de ce trésor?.. On disait, il y a quelques années, qu'on avait volé à M. de Caylus ces lettres et ces mémoires sur sa tante. N'en sauriez-vous pas des nouvelles? »

D'Argental lui répondit qu'en effet ces lettres avaient été volées, et la réplique de Voltaire va nous apprendre que d'Argental lui nomma le voleur, c'est-à-dire la Beaumelle.

« Je m'étais toujours douté que ce la Beaumelle avait volé ces lettres. Il est donc avéré qu'il a fait ce vol chez Racine. Ce la Beaumelle est le plus hardi coquin que j'aie encore vu... Le vol des lettres de madame de Maintenon pourrait bien le faire mettre au carcan. C'est un rare homme; il parle comme un sot, mais il écrit quelquefois ferme et serré, et ce qu'il pille, il l'appelle ses *pensées*. Dieu merci, ce vaurien est de Genève et calviniste; je serais bien fâché qu'il fût Français et catholique; c'est bien assez que Fréron soit l'un et l'autre (1). »

Mais voici qui est encore plus précis.

« Vous dites, écrit-il à Formey (17 janvier 1753),

(1) 18 Décembre 1752.

qu'il faudrait savoir par quelles mains ce dépôt a passé. M. le maréchal de Noailles, son neveu, avait ce dépôt ; son secrétaire le prêta à un écuyer du roi, et celui-ci au petit Racine. La Beaumelle le vola sur la cheminée de Racine et s'enfuit à Copenhague. C'est un fait public à Paris. »

J'ai rapproché avec intention ces trois passages. On y observe la marche suivie par un magistrat qui instruit une affaire, le fait soupçonné, le coupable inconnu et la nécessité des recherches, ensuite le vol constaté et l'auteur dénoncé, avec un crayon de son caractère, de ses actes (j'en ai omis la plupart, pour abréger) qui rendent probable l'incrimination dont il est l'objet ; enfin, les circonstances, les lieux, les témoins, toutes choses qui concourent à démontrer l'existence du fait, et ne laissent plus de doute sur l'identité de l'individu qui l'a commis. Il peut se faire malgré cela, que la Beaumelle soit innocent ; dans tous les cas, le procès est encore à juger. Mais, son édition du *Siècle de Louis XIV*, faite en dépit des plus énergiques, des plus touchantes et les plus légitimes protestations de Voltaire, en vue de le diffamer, et au risque de ruiner l'éditeur légal, privilégié de l'historien, cette édition, dis-je, qualifiée à bon droit d'acte insigne de piraterie, et le témoignage le plus éclatant du peu de scrupule de la Beaumelle à s'approprier les œuvres d'autrui, laissera toujours, à l'égard des lettres de madame de Maintenon, planer un doute menaçant sur sa probité.

La Beaumelle sortit pour la seconde fois de la Bastille, et n'y rentra plus. Cependant il y était encore, lorsque parut une édition falsifiée de la *Pucelle*, qui renchérissait, en fait d'ordures, sur l'original. On l'attribue généralement au capucin Maubert. Voltaire l'imputa à la Beaumelle et à d'Arnaud, puis à la Beaumelle seul.

Mais comment dénoncer de pareilles horreurs? Madame de Pompadour y était outragée d'une manière infâme. Se justifier à ses yeux n'était pas possible. « Comment, s'écrie-t-il avec désespoir, écrire à madame de Pompadour une lettre qui ferait rougir celui qui l'écrirait et celle qui la recevrait? » (A d'Argental, 22 novembre 1756.)

Il n'y a pas d'hypocrisie dans ces lamentations; elles partent du fond même des entrailles de Voltaire, plus inquiet de ce que dira la marquise des turpitudes où son nom est mêlé, que de ce qu'en diront les mœurs. Le long outrage dont elles sont l'objet dans la *Pucelle* témoigne assez de son peu de souci à leur égard; pour moi, je ne crois pas le capucin Maubert plus coupable que lui. J'ajoute qu'il avait un complice et que ce complice est peut-être bien Voltaire lui-même. Ce n'était pas la première fois que, pour échapper à la vengeance des lois, Voltaire dénonçait, comme auteurs de ses ouvrages immoraux ou impies, des malheureux qu'il n'eût pas été fâché de voir pendre à sa place.

Cependant, l'effet de l'espèce d'étourdissement que les lettres de la Beaumelle avaient laissé à Voltaire, fut que le poète parut respecter pendant cinq ou six ans le repos du critique. Ce ne fut qu'en 1759 qu'il recommença les hostilités. Suivant l'auteur de la *Vie polémique de Voltaire*, ce dernier avait coutume de se faire relire de temps en temps les écrits qui avaient été publiés contre lui. La *Réponse* au *Supplément* revint apparemment à son tour, et les impressions qu'elle avait faites sur Voltaire, réveillèrent sa fureur et le disposèrent à de nouvelles escarmouches. Il donnait dans ce temps-là l'*Histoire de Pierre-le-Grand*. Il profita de cette occasion pour lancer dans la préface du premier volume, quelques traits où l'on aperçoit plus de crainte que de modération. Ensuite, parurent les contes de Guillaume Vadé, où se trouve le chant à ajouter au poème de la *Pucelle*.

La Beaumelle, qui s'était retiré dans le pays de Foix, et qui avait épousé la sœur de ce jeune Lavaysse qui fut impliqué dans l'affaire de Calas et renvoyé absous, se contenta, dit l'auteur de la *Vie polémique de Voltaire*, de travailler à faire flétrir, par arrêt du parlement de Toulouse, les libelles où Voltaire travaillait à le déshonorer. De ce nombre était le XVIIIe chant de la *Pucelle*. Il présenta requête au parlement, pour demander la suppression des écrits qui le calomniaient. Cette requête fut répondue d'un *soit communiqué* aux gens du roi. L'affaire Calas survint dans cette rencontre; elle occupa tous les esprits, et la Beaumelle oublia ses misères pour ne songer qu'à la défense des accusés. Ce fut lui qui composa le premier mémoire publié dans cette cause.

Voltaire, à ce qu'il semblerait, ne fut informé de

cette alliance entre la Beaumelle et les Lavaysse, que dans le temps où il s'agitait pour obtenir, et après qu'il eut obtenu la réhabilitation de la mémoire de Calas. Il en fut vivement affligé ; et comme alors il pensait avoir découvert que quatre-vingt-quatorze lettres anonymes qu'il avait reçues de Lyon lui avaient été écrites par la Beaumelle, il ne put s'empêcher de témoigner aux Lavaysse sa douleur, ou plutôt son dépit de les savoir alliés à son mortel ennemi ; il ne put dissimuler l'étonnement où il était que le succès dont ses efforts, dans l'affaire de la réhabilitation, avaient été couronnés, et l'intérêt que les Lavaysse avaient dû y prendre naturellement, ne leur aient pas donné le pouvoir d'imposer silence à leur parent. (A d'Argental, à Damilaville, 4 juillet 1767 ; à Damilaville, 14 auguste, et au marquis de Villevieille, 18 auguste 1767.)

Toutes ses plaintes à ce sujet sont honteuses, et si elles n'autorisent pas à croire qu'il se repentait, à cause de la Beaumelle, des services qu'il avait rendus à la famille Calas, il n'est pas impossible que les Lavaysse en aient conçu le soupçon.

C'est en vain que d'Argental s'efforce de le rassurer, alléguant que rien ne prouve que les lettres anonymes soient de la Beaumelle, et que la Beaumelle lui-même est oublié : « Oublié ! s'écrie Voltaire hors de soi, tandis qu'il y a sept éditions de ses calomnies dans les pays étrangers, et qu'il a fait commencer secrètement, dans Avignon, une nouvelle édition de ces infamies ! » (A d'Argental, 22 juillet 1767.) « Tous les sots dont le monde est plein, dit-il au duc de Richelieu (22 juillet 1767), prennent ses impostures pour des vérités ; on ne recherche dans les pays étrangers d'autre édition du *Siècle de Louis XIV* que celle qu'il a faite, et qui est chargée de falsifications et de notes infâmes, de calomnies affreuses vomies contre la maison royale de France, contre Louis XIV, qu'il accuse d'être un empoisonneur, le plus grand des crimes après celui de Damiens. » — « Lavaysse, dit-il ailleurs, doit le renoncer pour son beau-frère. (A Damilaville, 14 auguste 1767)... Je l'avais tiré, à Berlin, de la misère; une veuve plus charitable que moi l'a épousé. Cette veuve est malheureusement la fille de M. Lavaysse, célèbre avocat de Toulouse, dont le fils fut mis aux fers avec les Calas, et dont je pris le parti si hautement et avec tant de chaleur. Il est triste pour moi que le gendre d'un homme que j'estime et que j'ai servi, soit si criminel et si méprisable. » (Au marquis de Villevieille, 18 auguste 1767.)

S'élevant bientôt jusqu'au paroxysme de la fureur, il dénonça la Beaumelle dans un *Mémoire* adressé au chancelier et aux ministres. Une quatre-vingt-quinzième lettre anonyme qu'il venait de recevoir le dispensait, selon lui, de tout ménagement.

Et pourtant il n'osait pas affirmer que cette lettre fût de la Beaumelle : je me trompe, il l'affirmait, mais avec la logique du loup qui cherche à rassurer sa conscience sur l'iniquité de l'attentat que lui conseille la faim. « J'en ai reçu une quatre-vingt-quinzième, écrit-il à Damilaville (4 juillet 1767), qui ne peut avoir été écrite que par la Beaumelle, ou par son frère, ou quelqu'un à qui ils l'auront dictée. »

Le loup ne s'exprime pas autrement dans La Fontaine; Voltaire n'a pas même varié la formule; c'est un plagiat tout pur. J'ajoute que la conclusion est la même chez l'un comme chez l'autre, sauf qu'au lieu de dévorer la Beaumelle, Voltaire ne veut que l'écraser. (Au même, 23 auguste 1767.)

Son *Mémoire* devait être à la tête de l'édition du *Siècle de Louis XIV* de 1768; mais ses amis le dissuadèrent de cette méchante action, plus déshonorante pour lui-même que pour la Beaumelle. Il leur obéit, mais en protestant. Il n'entendait pas quel mérite il y a à se laisser diffamer, et il était convaincu qu'aucun de ceux qui lui conseillaient de garder le silence, ne le garderait s'il était à sa place. Dans des cas pareils, il aimait fort à mesurer les autres à son aune, admettant chez les hommes l'égalité dans le vice quand il appréhendait d'être jugé pire qu'eux, mais prompt à traiter quiconque eût voulu établir l'égalité des talents, comme il traitait la Beaumelle.

Le *Mémoire* fut donc imprimé séparément. Le pays de Foix et tout le Languedoc en furent inondés. La Beaumelle était assez gravement malade, lorsque ce *Mémoire* lui arriva. Voltaire avait voulu qu'il fût un des premiers servis. Madame la Beaumelle ouvrit le paquet, et dans le premier moment de son indignation, elle écrivit à Voltaire, pour l'engager à désavouer ces atrocités. Cette lettre, au témoignage de l'auteur d'un livre qui a pour titre : *Tableau philosophique de l'esprit de M. de Voltaire*, était pleine de chaleur, de sentiment et de raison.

Quinze jours après, le curé et le juge de Mazères,

petite ville du comté de Foix, reçurent par la poste des paquets semblables, et le *Mémoire* parut bientôt après dans le *Journal encyclopédique*. La Beaumelle y était accusé du crime de lèse-majesté !

Véritablement, on ne sait qu'admirer le plus de l'habileté ou de la scélératesse de Voltaire qui, exploitant jusqu'au dégoût cette malheureuse note du *Siècle de Louis XIV*, où la Beaumelle parlait avec une légèreté coupable du duc d'Orléans et d'autres princes, n'avait pas de honte d'exagérer, d'envenimer l'outrage fait à ces augustes personnes, et ne sommait les magistrats de les venger que pour qu'ils le vengeassent lui-même.

Cependant, Voltaire devait une réponse à madame la Beaumelle. Il la fit, dit-on, pleine d'absinthe et de fiel. Ce sont les termes de l'auteur du *Tableau*. Loin de désavouer ses calomnies, il renchérit sur elles, et parut croire, tant la colère et l'orgueil l'avaient aveuglé, qu'il viendrait à bout d'inspirer à cette dame, à laquelle il prodiguait impudemment les flatteries, de la haine et du mépris pour son mari. Il envoya en même temps une copie de cette lettre à M. Lavaysse, père.

Quelle joie eût été la sienne, s'il eût réussi à porter la guerre au sein de cette famille ! Mais cette satisfaction infâme lui fut refusée. Il ne laissa pas de donner cours à ses dénonciations.

« Peu de jours après, poursuit l'auteur du *Tableau*, Voltaire ayant appris que le malade qui s'était un peu rétabli avait acquis la seigneurie du Carlat, petite ville que la naissance de Bayle a rendue célèbre, il envoya aux consuls et au curé du lieu de nouveaux libelles imprimés, composés contre le nouveau seigneur, et accompagnés d'un billet manuscrit encore plus violent, s'il eût été possible, que les libelles mêmes.

« M. de la Beaumelle n'y répondit point. Il se contenta du témoignage avantageux des personnes qu'on voulait soulever contre lui. Mais ayant appris que son ennemi l'avait accusé auprès du ministre, de lui avoir écrit quatre-vingt-quinze lettres anonymes dans l'espace d'une année, sans en avoir donné d'autre preuve que la copie ou l'original d'une, datée et scellée de Lyon, qui commençait ainsi : *Je hasarde cette quatre-vingt-quinzième lettre anonyme,* il crut devoir se justifier, en écrivant au ministre lui-même, et en lui faisant remarquer qu'ayant écrit en 1753, des lettres très-vigoureuses et très-publiques à M. de Voltaire, il n'était pas croyable qu'en 1766, il eût pris le masque, pour donner de petites surprises à quelqu'un qu'il avait battu à coups de massue, douze ans auparavant, aux yeux de l'Europe littéraire. Il le priait, en finissant, d'être désormais en garde contre les imputations de son ennemi, qui apparemment lui attribuerait bientôt aussi les *Questions de Zapata,* le *Dîné du comte de Boulainvilliers,* l'*Histoire du bannissement des Jésuites de la Chine,* et tant d'autres écrits où il se déchaîne contre le Législateur des Juifs et celui de Chrétiens. »

Voltaire obtint en outre du comte de Saint-Florentin que le commandant du pays de Foix ordonnerait à la Beaumelle, au nom du roi, de ne pas imprimer le

Siècle de Louis XIV à Avignon, et le menacerait de le jeter dans un *cul de basse fosse,* en cas de désobéissance. Il ne s'agit donc plus des lettres anonymes. C'est qu'en effet Voltaire ne pouvait rien obtenir sur ce chef, n'apportant aucune preuve à l'appui de sa dénonciation. Pour la Beaumelle il se tut, comme on l'a déjà dit.

Mais ce silence n'était qu'une partie de l'effet que Voltaire attendait de ses basses menées, et cela ne le contentait pas. « Ce n'est pas le silence de ce coquin que je demande, disait-il, c'est une rétractation. » (Au même, 14 auguste 1767.)

Le maréchal de Richelieu gouvernait alors fort à propos la Guyenne, Voltaire lui écrivit, lui demandant l'appui de son bras contre la Beaumelle. Il est sûr que le vainqueur de Mahon n'attendait plus que cet exploit pour couronner sa renommée, outre qu'il ne pouvait guère refuser ce service à la rancune de son bon ami. Il le lui refusa pourtant, sous prétexte que la Beaumelle *n'était pas de son département.*

Cependant Voltaire, craignant que les menaces de M. de Gudane, commandant du pays de Foix, ne continssent pas toujours la Beaumelle, imprimait à son Mémoire une circulation active, revenait à la charge auprès du maréchal de Richelieu, fatiguait de ses plaintes les ministres, la maison de Noailles, le maréchal d'Estrées et les personnes principales de l'Europe, dont les noms étaient intéressés dans les calomnies de la Beaumelle. (A d'Argental, 22 juillet 1767.) « C'est un énergumène, un esprit indomptable, s'écriait-il ; c'est un homme de la trempe des

Déon et des Vergy ; il niera tout et il en sera quitte pour désavouer l'édition. » (Ibid. et à Damilaville, 23 auguste 1767.)

Le concours que lui prêtèrent dans cette circonstance tant d'illustres personnages, était moins un effet du besoin de se venger eux-mêmes de la Beaumelle, que de l'habitude qu'ils avaient contractée de condescendre à tous les sentiments de Voltaire, et de partager même les haines dont il poursuivait des ennemis qui n'étaient que les siens ; mais, pour leur faire peu d'honneur, ce concours n'en fut pas moins efficace. La Beaumelle en fut intimidé ; il hasarda pourtant de se plaindre aux magistrats d'une persécution si odieuse, mais bientôt il rentra dans le silence.

On n'a jamais su s'il était véritablement l'auteur des lettres anonymes ; pour moi, je le croirais assez, comme aussi qu'il les faisait probablement transcrire par un tiers, afin que sa propre écriture ne le trahît pas. Aujourd'hui, on le reconnaîtrait peut-être au style de ces lettres, si Voltaire ne les eût toutes brûlées. (Au même, 4 juillet 1767.)

On n'entendit plus parler de lui jusqu'en 1772. A cette époque ses amis le rappelèrent à Paris où ils lui avaient procuré une place à la Bibliothèque du roi. Il n'en jouit pas longtemps, étant mort le 17 novembre 1773, à quarante-cinq ans.

Ainsi finit la Beaumelle. Son entrée dans la carrière des lettres, qu'on pourrait presque appeler son entrée dans la vie, tant il était jeune quand il débuta, fût bruyante comme un éclat de tonnerre et d'aussi

courte durée. Avec assez d'orgueil pour s'attaquer à
de plus forts que lui, il n'eut ni assez de talent ni assez d'opiniâtreté pour soutenir la lutte, et il quitta la
partie dans le temps que le corps a le plus de vigueur,
l'esprit plus de ressort, et qu'on apporte dans l'étude des lettres des vues plus ambitieuses. Comme
écrivain original et durable, il mérite à peine que
l'on s'occupe de lui; mais sa célébrité est inhérente
à celle d'un grand homme, et comme la postérité
pourrait bien avoir gardé quelques illusions sur le
genre de talent qui la lui a méritée, j'ai cru qu'il
importait de les détruire, et je l'ai tenté. Il l'importait
surtout à cause des nombreux héritiers de son impuissance et de son orgueil que la Beaumelle a laissés. Combien parmi eux qui, semblables à ces parasites qui tirent leur subsistance de l'épiderme de l'animal auquel ils s'attachent, ne tirent un peu d'éclat
que des injures dont ils poursuivent quelque éminent
écrivain, et se flattent même (tant la présomption les
aveugle) que, à la faveur de cette solidarité d'un nouveau genre, s'ils ne l'accompagnent pas à l'immortalité, ils le suivront peut-être à l'Académie! Cela tient
à la facilité qu'ils trouvent dans des communications
presque de tous les jours avec le public, à parler
haut et avec insolence, à rebattre à satiété les mêmes
sottises, à y employer tout ce qu'ils savent de français
et le peu de latin et de grec qu'ils ont l'air de savoir,
à ne pas permettre ainsi qu'on les oublie jamais, à
se faire enfin une réputation parmi le plus grand
nombre, c'est-à-dire les ignorants et les gens frivoles.
Ce sont là de précieux avantages qui ont manqué à

la Beaumelle, lequel au contraire eût été sans doute moins intéressant, si, comme Desfontaines et Fréron, il eût eu la fonction et la puissance du journaliste. Aussi n'est-il pas surprenant qu'il se soit découragé. En revanche, il en est un considérable, glorieux même, que n'ont jamais eu ou qu'ont eu rarement ses successeurs dont je parle : l'homme illustre qu'il attaqua lui fit l'honneur de lui répondre. En quoi, sans doute, il eut grand tort. Voltaire se fût épargné bien des déboires et bien des hontes, s'il eût payé d'un dédaigneux silence les outrages d'un présomptueux qu'il a immortalisé par sa colère; il n'eût pas lui-même douté de sa force au point de croire qu'il devait calomnier la Beaumelle pour avoir raison de lui; en un mot, il ne se fût pas déshonoré en trempant dans les persécutions auxquelles ce malheureux fut en butte, et en y applaudissant.

FIN.

TABLE DES MATIÈRES.

Préface, p. I.

L'ABBÉ DESFONTAINES.

Chap. I. — État de la littérature au commencement du xviii° siècle, p. 1, 2. — Naissance de Desfontaines; il professe chez les jésuites, obtient la cure de Thorigny, en Normandie, se démet, et embrasse la profession des lettres, p. 3, 4. — Il y débute par une ode et d'autres poésies, p. 4, 5, 6. — Son opinion sur la poésie française et la latine, p. 8, 9, 10. — Il se fait critique, p. 10, 11.

Chap. II. — Son examen de *la Religion prouvée par les faits*, de l'abbé Houteville; ses *Paradoxes* et sa critique d'*Inès de Castro*, de La Motte, p. 12 à 17. — Plaisante analyse en vers de cette tragédie, p. 18. — Succès de cette pièce, p. 19. — Desfontaines rétracte le jugement qu'il en avait porté dans ses *Paradoxes*, p. 19, 20. — Il se fait éditeur de la *Ligue* ou *Henriade* de Voltaire, p. 20, 21. — Origine du *Journal des Savants*; ses vicissitudes, p. 21 à 24. — Desfontaines est chargé de le diriger, p. 24 à 27.

Chap. III. — Aventure de Desfontaines avec un petit Savoyard; il est mis à Bicêtre, et en sort par le crédit de Voltaire, p. 28 à 31. — Il compose à Bicêtre un libelle contre Voltaire, et le publie, dès qu'il est libre, p. 32, 33. — Ce que c'est que ce libelle et à qui Desfontaines l'attribue, p. 33, 34, 35. — Il quitte la direction du *Journal des Savants*, 36.

Chap. IV. — Il publie son *Dictionnaire néologique*; examen de ce livre et des opuscules qui y sont joints: l'*Éloge historique de Pantalon Phœbus*, la *Réception de Christophe Mathanasius à l'Académie* et le *Pantalo-Phœbœana*, p. 37 à 48. — Il prête son nom aux livres d'autrui pour en assurer le succès, p. 49. — Il traduit l'*Essai sur l'Épopée* de Voltaire, p. 50. — Il fonde le *Nouvelliste du Parnasse* où il commence à critiquer Voltaire, p. 51 à 55. — Il continue ses critiques dans ses *Observations sur les écrits modernes*, p. 55 à 58.

CHAP. V. — Tactique de Voltaire à l'égard de Desfontaines, p. 59. — Critique de Desfontaines sur la *Mort de César*; vive contrariété qu'en éprouve Voltaire; explications auxquelles elle donne lieu de part et d'autre, p. 60 à 71. — Paix provisoire entre Desfontaines et Voltaire, p. 72. — Desfontaines la rompt en publiant une épître de Voltaire à Algarotti, où il était parlé confidentiellement de madame du Châtelet, p. 73.

CHAP. VI. — Libelle de Desfontaines contre l'Académie française, pour lequel il est condamné par la chambre de l'Arsenal et emprisonné au Châtelet, p. 75, 76. — Cette circonstance adoucit le ressentiment de Voltaire contre lui, p. 76. — Il est introduit par Voltaire dans son ode sur l'*Ingratitude*, p. 77. — Sorti de prison, Desfontaines reprend la plume et loue, sauf quelques légères restrictions, la tragédie d'*Alzire*, p. 78, 79. — Chanson satirique au sujet de cette tragédie, p. 79, 80. — Desfontaines répond à la publication de l'ode sur l'*Ingratitude* par une critique amère de l'*Enfant prodigue*; sentiment de Voltaire à ce sujet, p. 81 à 84. — Desfontaines soupçonné d'avoir dénoncé Voltaire comme l'auteur du *Mondain*, petit poëme à cause duquel Voltaire fut obligé de quitter la France, p. 85, 86. — Bon mot de Desfontaines sur les *Éléments de la philosophie de Newton*, par Voltaire, p. 87. — Sa critique de cet ouvrage, p. 88, 89.

CHAP. VII. — Voltaire publie le *Préservatif*, p. 90 à 93. — Rôle que joue Thiriot dans cette circonstance, p. 94

à 97. — Desfontaines répond au *Préservatif* par la *Voltairomanie*; ce que c'est que ce libelle, p. 97 à 110.

Chap. VIII. — Sentiments de Voltaire, à la lecture de la *Voltairomanie*, p. 111. — Lâcheté insigne Thiriot à l'égard de son ami, p. 112 à 121. — Portrait de ce personnage, p. 122, 123.

Chap. IX. — Voltaire entame un procès contre Desfontaines, au sujet de la *Voltairomanie*, p. 124, 125. — Longue histoire de ses fureurs, de ses intrigues, de ses mensonges à cette occasion, p. 126 et suiv. — Il renonce au procès, sur l'avis de d'Argental et n'exige plus de Desfontaines qu'un désaveu, p. 134, 135, 136. — Dénoncé de nouveau par son ennemi comme l'auteur de l'*Épître à Uranie,* il revient à l'idée du procès et pousse plus que jamais ses amis à le poursuivre en son nom, p. 137, 138.

Chap. X. — Voltaire, vaincu par le mauvais vouloir habilement déguisé des magistrats, au sujet du procès, revient au désaveu, p. 139, 140. — Desfontaines, à la prière ou plutôt sur l'ordre du lieutenant de police, signe ce désaveu, p. 141, 142, 143.— Voltaire distribue des récompenses à ceux qui lui ont prêté leur appui dans cette longue bataille contre Desfontaines, p. 144, 145.

Chap. XI. — Voltaire mécontent de n'avoir point obtenu la publicité du désaveu, dans les feuilles mêmes de Desfontaines, fait en sorte qu'il soit publié dans la *Gazette d'Amsterdam*, p. 146, 147, 148. — Fausse alerte de Voltaire, au sujet d'un prétendu désaveu du *désaveu,* p. 149, 150. — Desfontaines reprend le cours de ses critiques contre son ennemi, p. 151, 152.

Chap. XII. — Effets fâcheux du désaveu pour Desfontaines et pour ses feuilles, p. 154, 155. — Plaisante histoire de sa querelle avec l'abbé Gournè; mœurs littéraires de Desfontaines, p. 155 à 160. — Révocation du privilége des *Observations* de Desfontaines, et ce qui en fut la cause, p. 161, 162. — Il publie ses

Jugements sur les ouvrages nouveaux, p. 164. — Il tombe malade et meurt, ib. — Caractère et influence de Desfontaines, p. 165 à 168.

FRÉRON.

Chap. I. — Naissance de Fréron; il descend de Malherbe par sa mère, p. 172. — Élevé chez les jésuites, puis professeur à Louis-le-Grand, il s'attache bientôt à l'abbé Desfontaines et publie avec lui les *Lettres à madame la comtesse de* ..., p. 173. — Il quitte le petit collet et se fait appeler le *chevalier Fréron*, p. 174. — Son chagrin de la mort de Desfontaines, p. 175. — Il continue sous le titre de *Lettres sur quelques écrits de ce temps*, les *Lettres à madame la comtesse de* ..., p. 176. — Ce journal ayant été frappé de suspension, Fréron cherche des appuis et trouve des protecteurs dans Stanislas, ex-roi de Pologne, et dans la reine Marie Lecsinska, sa fille, p. 177, 178. — Ses feuilles reparaissent; il y escarmouche contre Voltaire, et critique la *Femme qui a raison*, p. 179, 180, 181.

Chap. II. — Comment Voltaire s'exprime pour la première fois sur Fréron, p. 182. — Bagage littéraire de Fréron, p. 183. — Il plaisante l'abbé de Bernis et est envoyé à Vincennes, d'où il sort pour aller en exil à Bar-sur-Seine, p. 184. — Il revient à Paris au bout de huit mois, reprend ses feuilles et attaque le *Temple de la Gloire*, p. 185 à 192. — La *Princesse de Navarre* jouée à la cour, p. 193, 194. — Voltaire reçu à l'Académie française, p. 195. — Conduite de Fréron à ce sujet, p. 196. — Son examen de l'*Esprit des lois* ; ses *Opuscules*, p. 198 à 200.

Chap. III. — Fréron trace un portrait satirique de Voltaire dans un numéro de ses *Lettres sur quelques écrits de ce temps*, p. 201. — Voltaire envoie madame Denis s'en plaindre à M. de Malesherbe qui suspend le journal de Fréron, p. 202. — Fréron recommence son journal six mois après, p. 203. — Il fonde l'*An-*

née *littéraire*, p. 204. — Il y gagne un argent énorme; usage qu'il fait de cet argent, p. 205, 206. — Origine du mot *mystifier*; aventure du petit Poinsinet, p. 206 à 210. — Voltaire feint d'entendre parler pour la première fois de l'*Année littéraire*, p. 211, 212. — Il se fait appeler comte de Ferney, et comte de Tournai, p. 243 à 246. — Il se désole de voir que Fréron est bien avec M. de Choiseul, p. 217.

CHAP. IV. — Voltaire lance dans Paris sa comédie de l'*Écossaise*, p. 218. — Stoïcisme extraordinaire de Fréron au sujet de cette pièce où l'auteur l'a mis en scène sous les traits d'un personnage infâme, p. 219 à 222. — Inquiétude de Voltaire sur l'issue de sa pièce, p. 223 à 225. — Récit de la représentation par Fréron, p. 226 à 231. — Insolence des comédiens à son égard, p. 232.

CHAP. V. — Fréron attaque les encyclopédistes; représailles de Voltaire, p. 233 à 238. — Du libelle intitulé *Anecdotes sur Fréron*, p. 239 à 240. — Comment Fréron se venge de ce libelle et des outrages dont il est l'objet dans le XVIIIe chant de la *Pucelle*; Voltaire et la petite-nièce de Corneille, p. 241 à 246. — La vengeance de Fréron atteint moralement cette jeune personne; Voltaire demande en vain qu'il en soit puni, p. 247 à 251. — *Pindare* Lebrun et son libelle (*l'Ane littéraire*) contre Fréron, p. 252 à 257. — Les *Frérons*, p. 258.

CHAP. VI. — La tragédie de *Tancrède* et son estampe, p. 260. — Examen de cette pièce par Fréron, p. 262. — Fréron va à la cour de Deux-Ponts; le grand Frédéric mande à la sienne Arnaud de Baculard, p. 263 à 265. — Opinion flatteuse de Voltaire à l'égard de Fréron et réciproquement, p. 266, 267. — Les Calas; Fréron se moque de la conduite de Voltaire au sujet de cette famille, p. 267 à 271.

CHAP. VII. — Affaires de Fréron avec mademoiselle Clairon; il échappe au For-l'Évêque, p. 272 à 274. — Réception que lui fait M. de la Chalotais à Rennes, p. 275.

— On joue dans cette ville l'*Écossaise* en son honneur, p. 276. — Fréron épouse sa nièce, p. 277. — Il épouse ensuite la sœur de Royou, l'historien, p. 277 à 279. — Discrédit de ses feuilles, ib. — Offre sa souscription pour le buste de Voltaire, qui est refusée, p. 280, 281. — Encore les *Anecdotes sur Fréron*, p. 283 à 285.

Chap. VIII. — Fréron découvre une des causes principales du discrédit de ses feuilles, p. 286 à 290. — La Présidente d'Aligre, p. 291. — Fréron payé par la police, p. 293. — Clément l'*Inclément*, p. 294. — Fréron, éditeur du *Commentaire de la Henriade* par la Beaumelle, ib. à 296. — Suspension des feuilles de Fréron; sa mort, p. 296, 297.

Chap. IX. — Du rôle que Fréron a joué dans la littérature; divers jugements portés sur lui; conclusion, p. 298 à 315.

LA BEAUMELLE.

Chap. I. — Naissance de la Beaumelle; son éducation: impudents mensonges de Voltaire à ce sujet, p. 320 à 326. — Il va à Copenhague pour y professer les belles-lettres françaises; son discours d'ouverture, p. 327, 328. — Ses *Pensées* ou le *Qu'en dira-t-on*, p. 329 à 332. — Il quitte Copenhague et va à Berlin, p. 332, 333.

Chap. II. — Arrivée de la Beaumelle à Potsdam, p. 334. — Effets de sa première entrevue avec Voltaire, p. 335 à 340. — Il communique ses *Pensées* à Voltaire, p. 340, 341. — Il explique ridiculement un passage où Frédéric et Voltaire sont outragés, p. 342. — Lecture et interprétation de ce passage au souper du roi, p. 343. — Maupertuis l'envenime; Algarotti en plaisante; Voltaire se défend d'être l'auteur de cette interprétation, p. 344, 345. — Voltaire travaille à faire chasser la Beaumelle de Berlin; armistice conclu entre l'un et l'autre sous les auspices de la comtesse de Bentinck, p. 346, 347.

Chap. III. — Aventure de la Beaumelle et de madame Cocchius, p. 348, 349. — Il est mis à la forteresse de Spandau, puis il en sort avec le ferme propos de se venger de Voltaire, p. 350, 351. — Mandé par Voltaire, il l'insulte dans sa propre demeure, p. 351 à 354. — Jugement de ce procédé, p. 354, 355. — Épigrammes réciproques, p. 356.

Chap. IV. — La Beaumelle quitte Berlin et va à Gotha, p. 358. — Il s'enfuit de Gotha avec la gouvernante d'une dame de cette ville qui avait volé sa maîtresse, p. 359, 360. — Il va à Francfort où il fait imprimer une contrefaçon du *Siècle de Louis XIV* avec des notes; ce que c'est que ces notes, p. 360 à 363. — Il est dénoncé par Voltaire à M. d'Argenson, comme ayant insulté dans ses notes le duc d'Orléans et la famille royale; est mis à la Bastille, p. 363, 364. — Voltaire écrit son *Supplément au Siècle de Louis XIV*, en réponse aux notes de la Beaumelle, p. 364. — Les *Apostilles* de la Beaumelle, p. 365. — *Mémoire* de Voltaire qui y a donné lieu, p. 365 à 372. — Maupertuis accusé par Voltaire d'avoir fait imprimer le *Mémoire* avec les *Apostilles*, p. 372, 373.

Chap. V. — Publication du *Supplément au Siècle de Louis XIV*, pendant que la Beaumelle est à la Bastille, p. 374 à 376. — Sorti de la Bastille où il était resté six mois, la Beaumelle écrit sa *Réponse au Supplément*; analyse de cette *Réponse*, p. 376 à 384. — Voltaire oppose le silence à la publication de cette pièce, mais il reprend la plume, lorsque la Beaumelle public les *Mémoires de madame de Maintenon*, qui le font mettre de nouveau à la Bastille, p. 385, 386. — La Beaumelle accusé d'avoir volé le manuscrit des *Lettres* de madame de Maintenon, p. 387 à 389. — La Beaumelle sort de la Bastille et est accusé par Voltaire d'avoir contrefait la *Pucelle*, p. 390. — Attaqué d'une manière ignoble dans le xviiie chant de la *Pucelle*, la Beaumelle présente requête au parlement à ce sujet, p. 391. — Affliction de Voltaire, en apprenant que la Beaumelle a épousé la fille de Lavaysse impliqué dans l'affaire des Calas, p. 392, 393. — Il dénonce au ministre la Beaumelle, comme lui ayant écrit quatre-vingt-quinze lettres anonymes ; il l'accuse du crime de lèse-majesté à ce sujet, et cherche à le déshonorer aux yeux de sa femme et de la famille Lavaysse, p. 394, 395. — Voltaire obtient de M. de Saint-Florentin l'ordre au commandant du pays de Foix de menacer la Beaumelle de la prison, s'il s'avise de faire réimprimer son *Siècle de Louis XIV*, p. 396, 397. — La Beaumelle intimidé, rentre dans le silence, p. 398. — Il vient en 1772 à Paris, où il avait obtenu une place à la Bibliothèque du roi, et meurt quelque temps après, ib. — Portrait de la Beaumelle, p. 399, 400.

FIN DE LA TABLE DES MATIÈRES.

Coulommiers. — Imprimerie de A. Moussin.

www.ingramcontent.com/pod-product-compliance
Lightning Source LLC
Chambersburg PA
CBHW051837230426
43671CB00008B/988